面向21世纪课程教材
Textbook Series for 21st Century

简明哲学通论

孙正聿 著

高等教育出版社·北京

内容简介

本书是教育部“高等教育面向21世纪教学内容和课程体系改革计划”的研究成果，是面向21世纪课程教材。它围绕“哲学是什么”展开追问，深入探讨了哲学的自我理解、思维方式、超越常识、寻求本体、反思科学等特点，具有较强的探索性和实验性，便于引导学生进入深切的哲学思考，形成哲学的思维方式和哲学的生活态度。

本书可作为高等学校哲学专业的教科书，也可供其他专业选用和社会读者阅读。

图书在版编目(CIP)数据

简明哲学通论 / 孙正聿著. —北京：高等教育出版社，2000.7
(2022.12重印)
面向21世纪课程教材
ISBN 978-7-04-007796-4
Ⅰ.①简… Ⅱ.①孙… Ⅲ.①哲学理论-高等学校-教材Ⅳ.①B0
中国版本图书馆CIP数据核字(2011)第161229号

出版发行	高等教育出版社	咨询电话	400-810-0598
社　　址	北京市西城区德外大街4号	网　　址	http://www.hep.edu.cn
邮政编码	100120		http://www.hep.com.cn
印　　刷	山东临沂新华印刷物流集团有限责任公司	网上订购	http://www.landraco.com
开　　本	787×960　1/16		http://www.landraco.com.cn
印　　张	16	版　　次	2000年7月第1版
字　　数	290 000	印　　次	2022年12月第19次印刷
购书热线	010-58581118	定　　价	32.00元

本书如有缺页、倒页、脱页等质量问题，请到所购图书销售部门联系调换

物 料 号　7796-00

前　言

哲学是一门最具理论魅力的学科。学习哲学,最重要的是培养一种既不囿于成见又不流于空疏的理论思维能力,形成一种既奋发进取而又睿智通达的生活态度。激发学生的理论兴趣,拓宽学生的理论视野,撞击学生的理论思维,提升学生的理论境界,这应该是哲学教学的基本方式,也应该是哲学教育的主要目的。正是基于这样的认识,我们试图在高等学校的哲学教育中增设一门新课——“哲学通论”,并相应地为学生提供一部关于这门课程的教材。

关于“哲学”的“通论”,这既不是国内长期讲授的“哲学原理”,也不是国外或港台关于各种哲学理论、哲学学科的介绍,而是集中地讲述一个问题:“哲学究竟是什么?”并以此来引导学生进入真切的哲学思考,形成哲学的思维方式和哲学的生活态度。因此,这门课程和这部教材所讲述的全部内容,都是围绕着对“哲学”的追问来引导学生拓宽和深化对哲学的理解,而不是分门别类地讲述有关哲学的各种问题、各种理论和各种知识。

这本《简明哲学通论》是在认真研究马克思主义哲学的基础上形成的,并特别注重以马克思主义基础理论来提出和回答问题;同时,认真地汲取了哲学史上的认识成果,特别是20世纪以来的现代哲学的研究成果,其中很重要的是改革开放以来的我国哲学工作者的研究成果。但是,由于作者本人水平的限制,也由于这门课程的试验的性质,这本教材一定会存在不当或疏漏之处,恳请学界同仁和广大读者予以批评指正。

对于“哲学通论”的课程和教材,我们还有一个更大的期待,这就是使之逐步地成为高等学校各专业的重要的人文素质教育课。现代教育,从其根本目标上说,决不仅仅是要培养具有某种专长的“专才”,而是要培养具有现代教养的“现代人”。深厚的人文教养,应当是我国社会主义现代化事业所需人才的基本素质。然而,长期以来,我国高等教育的培养人的目标经常被培养专家的目标所模糊,人文素质教育课又总是被政治理论课所取代,从而使高等教育失去了应有的人文底蕴和人文内涵。应当明确,我们要培养社会主义现代化建设人才,决不能以人文素质教育课取代政治理论课,但同样也不能以政治理论课取代人文素质教育课。二者的相互替代,既会模糊政治理论课的独特价值,也难以实现人文素质教育课的应有作用。因此,应当通过逐步开设一批诸如“哲学通论”的人文素质教育课,来激发学生的理论兴趣,拓宽他们的知识视野,增强他们的思维能力,陶冶他们的生活情趣,提升他们的人生境界。从这个更为宏大的目标看,“哲学通论”的课程和教材就更应该在各界的关怀下,不断地改进和提高。

目　　录

第一章　哲学的自我理解

"哲学究竟是什么?"这是哲学的最引人入胜而又最令人困惑的问题,也是古往今来的哲学家最感兴趣而又最为头痛的问题。

试想一下:举凡人类活动的一切领域,哪个领域不存在哲学问题?遍查整个哲学发展史,哪个具有划时代意义的哲学家不对哲学作出自己的解释?哲学不是宗教,为什么它也给予人以信仰?哲学不是艺术,为什么它也赋予人以美感?哲学不是科学,为什么它也启迪人以真理?哲学不是道德,为什么它也劝导人以向善?难道哲学什么都是又什么都不是吗?对此,著名的辩证法大师黑格尔曾经十分感慨地说:"哲学有一个显著的特点,与别的科学比较起来,也可以说是一个缺点,就是我们对于它的本质,对于它应该完成和能够完成的任务,有许多大不相同的看法。"①那么,我们就从哲学的自我理解入手,开始我们的艰苦而又愉快的哲学思想的遨游。

第一节　进入哲学思考

一、"爱智"的哲学

在汉语中,"哲"是聪明、智慧的意思。正因如此,人们常常把"哲理"视为智慧的结晶,把"哲人"视为智慧的人格化,而把"哲学"视为智慧的总汇或关于智慧的学问。

的确,哲学贵在高明。凡事望得远一程,看得深一层,想得透一成,这既是人类智慧精华之所在,也是哲学之理或哲人之智的表现。然而,哲学就是智慧吗?或者说,哲学究竟是一种怎样的智慧?

智慧与爱智　人们常说,人为万物之灵。这里所说的"灵",指的就是智慧,即人是有智慧的存在。正因为人类具有抽象概括、判断辨析、分析综合、归纳演绎、联想想象、直觉顿悟乃至灵感爆发和发明创造的智慧,才能够形成和交流思想,体验和沟通感情,磨练和实现意志,认识和改造世界,才能够创建出人类智慧的奇迹——灿烂辉煌的人类文明。

有这样一句大家熟知的广告词:"人类失去联想,世界将会怎样?"确实,

① 黑格尔:《哲学史讲演录》第1卷,商务印书馆1959年版,第5页。

如果没有人类智慧，怎么会有人的世界？就此而言，人类所创造的神话、常识、艺术、伦理、科学和哲学，以及由此构成的人的神话的世界、常识的世界、艺术的世界、伦理的世界、科学的世界和哲学的世界，无不是人类智慧的结晶；由物质文明和精神文明及其相互融合所构成的人类文明史，也可以说是人类智慧的发展史。

由此可见，哲学是智慧，但智慧并不就是哲学。仅仅把哲学视为智慧的代名词，显而易见是不恰当的。但是，对于理解哲学来说，根本的问题在于，哲学并不仅仅是一种智慧，而且是对待全部智慧的一种态度。这种态度，就是对智慧本身的真挚、强烈、忘我之爱，即“爱智之忱”。简言之，哲学智慧就是“爱智”。

“爱智”当然也是智慧的表现，但却不是通常意义的智慧。“爱智”，是对智慧的追求和追问，是把智慧作为反思的对象。就此而言，“爱智”的哲学是使“智慧”成为哲学探究的“问题”：人的智慧是从哪里来的？人都有哪些智慧？人的智慧有多大？人的智慧为何能够认识世界和改造世界？人类的知、情、意在智慧中如何统一？人类智慧能否达到对世界的终极性解释？世界是否就是人类智慧所理解的世界？人类智慧是“宇宙的立法者”吗？人类智慧是“万物的尺度”吗？智慧到底是怎样的存在？有智慧的人类究竟是怎样的存在？有智慧的人类为什么会犯错误？有智慧的人类的历史为什么会充满冲突？有智慧的人类为什么难于认识自己和改造自己？人类的智慧将给人类带来怎样的未来？有智慧的人类同世界到底是何关系？由于爱智的哲学对智慧的追问和反思，便形成了“人与世界”、“思维与存在”、“主观与客观”、“主体与客体”、“感性与理性”、“直觉与逻辑”、“理性与非理性”、“共性与个性”、“语言与实在”、“自由与必然”、“现实与理想”、“合规律性与合目的性”等等数不胜数的哲学问题。

爱智的“大智慧” 热爱智慧的哲学，既不是智慧的别名，也不是智慧的总汇，而是把智慧作为探究的对象。由热爱智慧和探究智慧而构成的哲学智慧，就不是回答和解决各种具体问题的“小智慧”和“小聪明”，而是关于人类生存发展和安身立命的“大智慧”和“大聪明”。

这种“大智慧”和“大聪明”，按照中国传统哲学的看法，就是“究天人之际，通古今之变”，“判天地之美，析万物之理”，“为天地立心，为生民立命”；按照西方传统哲学的看法，就是“寻求最高原因的基本原理”，“提供一切知识的基础”，“发现生命的意义”和“使人崇高起来”；按照现代西方哲学的看法，就是解决“精神的焦虑”、“信仰的缺失”、“形而上的迷失”、“人生的危机”、“意义的失落”和“人与自我的疏离”等等问题；按照马克思主义哲学的看法，最根本的就是解决“现实的人及其历史发展”的问题。所有这些问题，用通常的说法，就是哲学所研究的“世界观”、“历史观”、“人生观”和“价值观”等等问题。

哲学的这种“大智慧”和“大聪明”，借用我国当代哲学家冯友兰的话说，“是使人作为人能够成为人，而不是成为某种人"①。要成为"某种人"，即具有特定身份和从事特定职业的人，就要学习某种专业知识，掌握某种专业技能，扮演某种特殊角色。要把这"某种人"当好，就需要某种作为经验、常识、技能和知识的"智慧"或"聪明"。但这并不是哲学情有独钟、所爱所思的"大智慧"和"大聪明"。哲学智慧是超越了"某种人"的关于"人"的智慧、关于"人"与"世界"的关系的智慧。这种智慧是理解和协调人与自然、人与社会、人与历史、人与文化、人与他人以及人与自我的智慧，是"使人作为人能够成为人"、"使人崇高起来"和实现"人的全面的自由的发展"的智慧。

哲学的这种"大智慧"和"大聪明"，不是既定的知识，不是现成的结论，不是实例的解说，不是枯燥的条文，而是追究生活信念的前提，探寻经验常识的根据，反思历史进步的尺度，寻问评价真善美的标准。哲学智慧反对人们对流行的生活态度、思维方式、价值观念、审美情趣等等采取现成接受的态度，反对人们躺在无人质疑、因循守旧的温床上睡大觉。

哲学智慧是反思的智慧、批判的智慧、变革的智慧。它启迪、激发和引导人们在社会生活的一切领域永远敞开自我反思和自我批判的空间，促进社会的观念更新、科学发现、技术发明、工艺改进和艺术创新，从而实现人类的自我超越和自我发展。

爱智的激情　热爱和反思智慧的哲学，来源于一种"抑制不住的渴望"。这是一种探索宇宙的奥秘和洞察人生的意义的渴望，促进历史的发展和提升人类的境界的渴望；这是一种超越现实和向前提挑战的渴望，悬设新的理想和创建新的生活世界的渴望；这是一种为人类提供"安身立命之本"或"最高支撑点"的渴望。正是这种高举远慕的"抑制不住的渴望"，燃烧起古往今来的伟大哲人的"爱智"的激情。"路漫漫其修远兮，吾将上下而求索"。这是一切真正伟大哲人的真实写照。

哲学的"爱智"的激情，首先是一种驰骋人类智慧、探索宇宙奥秘的渴望。人类面对千差万别、千变万化、无边无际、无始无终的茫茫宇宙，又面对着有生有死、有爱有恨、有聚有散、有得有失的有限人生，怎么能不引发出对宇宙、人生的无限的追问和苦苦的求索呢？"明月几时有，把酒问青天。不知天上宫阙，今夕是何年。"为探索宇宙的奥秘而"寻取最高原因的基本原理"，并进而为阐释人生的意义而寻求"最高的支撑点"，由此便形成了追本溯源、寻根究底的"爱智"的哲学。

哲学的"爱智"的激情，又是一种求索历史的谜底和推进社会的发展的渴望。人类的历史进程，充满着错综复杂的矛盾，理想的冲突与搏斗，社会的动荡

① 冯友兰：《中国哲学简史》，北京大学出版社 1985 年版，第 16 页。

与变革,历史的迂回与前进,绘制出人类自己创造自己,自己发展自己的扑朔迷离、色彩斑斓的画卷。政治理想问题、社会制度问题、伦理道德问题、价值观念问题,更为切近地激发着哲学的"爱智"的激情和求索历史奥秘的"抑制不住的渴望"。在当代,日益严峻的"全球问题"则构成哲学反思的当务之急。"治理环境污染"、"保护生态平衡"、"与大自然交朋友"之声不绝于耳。然而,生态危机的根源,却在于人的利益与心态。倘若以局部利益牺牲整体利益,以眼前利益牺牲长远利益,以一己私利牺牲人类利益,则生态问题只能日趋严重。在人类准备"跨世纪"的今天,环顾当下的世界,思考人类的未来,积极地协调个人之间、群体之间、阶层之间、民族之间、国家之间的"利益"与"心态",不正是人类实现和平与发展的当务之急和长远之计吗?社会历史的发展总是表现为某种片面性。这就需要对社会的总体行为和历史的总体进程进行全面的反应、深层的反省、规范性的矫正和理想性的引导。哲学就是社会不断反观自身的观念与行为的"自我意识"。哲学的"爱智"的激情,就是对人类困境的焦虑和推进社会发展的渴望。

哲学的"爱智"的激情,也是一种求索人生意义和追求理想生活的渴望。李大钊说:"哲学者,笼统的说,就是论理想的东西。"①他还具体解释说:"人们每被许多琐屑细小的事压住了,不能达观,这于人生给了很多苦痛。哲学可以帮助我们得到一个注意于远大的观念,从琐屑的事件解放出来,这于人生修养上有益。"②社会人生纷繁复杂,利害、是非、祸福、毁誉、荣辱、进退,扑朔迷离、纷至沓来。人们总是感到"得不到想要的,又推不掉不想要的",总是感到一种"天上的太阳和水中的月亮谁亮"、"山上的大树和山下的小树谁大"的迷惘。因此,人们总是需要一种高举远慕的心态,慎思明辨的理性,体会真切的情感,执着专注的意志和洒脱通达的境界,方能"潇洒走一回"。哲学的"爱智"的激情,就是求索人生的意义和阐发人生价值的渴望,就是追求理想生活和阐发生活理想的渴望。

哲学熔铸着哲学家对人类生活的挚爱,对人类命运的关切,对人类境遇的焦虑,对人类未来的期待。哲学不是超然于人类社会生活之外的玄思和遐想,不是僵死的教条和冷冰冰的逻辑。哲学既是爱智的激情,又是"爱智之忧"的结晶。

二、对"自明性"的分析

人们常常用"抽象"、"高深"甚至是"玄虚"、"神秘"来形容"爱智"的哲学。这其实是一种误解。哲学所爱所求的智慧,是每个健全的普通人都具有的能力;哲学所问所思的问题,是每个健全的普通人都经常面对的问题。"爱智"的哲学

---

① 《李大钊文集》,人民出版社 1984 年版,第 345 页。

② 《李大钊文集》,人民出版社 1984 年版,第 644 页。

只不过是把人们习以为常、不予追究的问题作为“问题”去追究，把人们视为不言而喻、不证自明的问题作为“问题”进行反思。就此而言，对“自明性”的分析，这既是哲学研究的出发点，也是哲学智慧的座右铭。

熟知与真知　对“自明性”的分析，根源于“熟知而非真知”，因而也就是从“熟知”中去寻求“真知”。

例如，人们经常以一种毋庸置疑的态度说“规律是看不见的，又是可以被认识的”。对此，爱智的哲学就要追问：“看不见”的规律何以能够“被认识”？我们认识到的“规律”是客观世界自身所具有的还是我们的思维逻辑的产物？这种规律性的认识如何被检验是否正确？这种规律性的认识是否是发展的以及是怎样发展的？这种追问所提出的就是哲学始终关注的“思维和存在的关系问题”。

再如，人们常常以一种不容争辩的口吻说“艺术是一种创造”。然而，爱智的哲学却要追问：何为“创造”？艺术“创造”了什么？“画家创造不出油彩和画布，音乐家创造不出震颤的乐音结构，诗人创造不出词语，舞蹈家创造不出身体和身体的动态”①，为什么把艺术称为“创造”呢？我们用什么来评价艺术“创造”的水平呢？我们又是怎样接受艺术的创造呢？同样，当着人们说“科学发现”或“技术发明”的时候，爱智的哲学又要追问：何谓“发现”和“发明”？科学所“发现”的“规律”不是“客观存在”的吗？“客观存在”的“规律”为什么不是人人都能“发现”？科学是怎样“发现”规律的？由此便提出现代哲学越来越关注和追问的“语言”、“符号”、“文化”与“意义”的问题。

又如，人们常常以“真善美”和“假恶丑”来评论人的思想与行为。对此，爱智的哲学就要追问：何谓“真善美”？何谓“假恶丑”？区分“真善美”与“假恶丑”的标准是什么？这种区分的标准是绝对的还是相对的，是永恒的还是历史的，是客观的还是主观的？“真”与“善”是何关系？“真”与“美”又是何关系？人们普遍承诺的真善美的原则是什么？人们追求真善美的根据是什么？哲学的追问把人们据以形成其结论的“前提”暴露出来，使这些“前提”成为批判性反思的对象，从而使人们意识到“未经审视的生活是无价值的生活”。

再举一个最平常的例子。人们常说“狼是凶残的”，因为狼吃羊。然而，当我们“涮羊肉片”、“剁羊肉馅”、“吃羊肉串”的时候，为何不说“人是凶残的”？我们是以什么标准来断言狼的凶残与人的合理？在呼唤“生态平衡”、“保护动物”、“与大自然交朋友”的今天，究竟应当怎样理解“生态伦理”问题？人类能够超越“人类中心主义”吗？非人类中心的“主义”是什么样的“主义”？人类对自然的改造与利用和人类对自身的反省与控制到底是何关系？究竟如何看待和对待人类实践活动的“正效应”与“负效应”？这就是当代哲学特别关注和追问的

① 苏珊·朗格：《艺术问题》，中国社会科学出版社1983年版，第1页。

"全球问题"。

由此我们可以看到,"熟知"并非就是"真知",正是在"熟知"中隐含着"无知"。哲学的爱智,就是追问和反思种种人们"熟知"的问题,并在这种追问和反思中去寻求"真知"。正因如此,哲学是一种反思的智慧、批判的智慧、变革的智慧——变革人们的思维方式、价值观念和审美意识,从而变革人的存在方式以及人与世界的相互关系。

名称与概念　"熟知"是对世界的"名称"式的把握,"真知"则是对世界的"概念"式的把握。把"熟知"误为"真知",从根本上说,是把"名称"误作"概念"。哲学对"自明性"的分析,最重要的,就是对"熟知"的"概念"反思。

例如,我们面前有一张桌子,任何一个正常的普通人都会说"这是一张桌子"。而爱智的哲学却要从"思维和存在的关系"提出问题:究竟什么叫"桌子"?如果我没有"桌子"的概念,我怎么会把"这个东西"称作"桌子"? 离开我对"这个东西"的"感知",我能否知道"桌子"的存在? 我怎样判断这个"桌子"的真与假、善与恶、美与丑? 我为什么会爱护这张"桌子"而不是毁坏它? 我们为什么会把不是"这个东西"的"桌子"也称作"桌子"? 我们为什么能够"创造"出比我们已有的"桌子"更"高级"的"桌子"? 如此等等。

有人说,科学的特点是把复杂的东西变简单,而哲学则是把简单的东西变复杂。的确,我们在这里所提出的种种关于"桌子"的问题,在非哲学的思考中会被认为是荒唐、无聊和可笑的;然而,在对"桌子"的这种追问中,却的确蕴含着无限丰富的哲学问题。让我们简略地分析这些问题:

其一,主体和客体的关系问题。"我们"在认识"桌子",而"桌子"在被"我们"认识,因此,我们是认识的"主体",而桌子是认识的"客体"。那么,为什么"我们"与"桌子"之间会构成认识的"主体"与"客体"的关系? 究竟什么是认识的"主体"、什么是认识的"客体"? 哲学是如何看待和回答"主体"与"客体"的关系问题?

其二,感性和理性的关系问题。我们用眼睛所看到的"桌子",只能是桌子的"现象";我们用思想把握到的"桌子",却是桌子的"本质"。我们用"感性""看到"的永远是客体的"现象"而不是客体的"本质",我们用"理性""把握到"的又永远是客体的"本质"而不是客体的"现象";我们的"感性"和"理性"永远处于矛盾之中,被认识的客体的"现象"和"本质"也永远处于矛盾之中。那么,人的"感性"与"理性"究竟是何关系? 事物的"现象"和"本质"到底是何关系? 人的"感性"和"理性"同事物的"现象"和"本质"又是什么关系?

其三,思维和存在的关系问题。如果这里没有桌子,那么谁也不能说"这里有一张桌子";反之,如果这里有一张桌子,那么谁也不能说"这里没有桌子"。然而,即使这里真的有一张桌子,而一个根本不知"桌子"为何物的人,又能否把面前的这个“东西”看作是“桌子”？即使别人告诉他“这是桌子”，他又能否懂得“桌子”为何物？由此我们就会追问：“桌子”的存在与关于“桌子”的观念究竟是何关系？人为什么能够把千差万别、千变万化的“东西”既区别开来又统一起来？

其四，个别与一般的关系问题。“桌子”的形状有大有小、有高有矮、有方有圆，“桌子”的材料有木头的、有塑料的、有玻璃的、有金属的，“桌子”的颜色有红的、有黄的、有白的、有黑的，“桌子”的用途有书桌、有餐桌……那么，我们为什么能够把所有“这样的东西”都称之为“桌子”？是“个别”包含着“一般”，还是“一般”包含着“个别”？“一般”与“个别”的区分是绝对的还是相对的？

其五，真善美的关系问题。我们把面前的“这个东西”称作“桌子”，这并不只是一个简单的事实判断，而是一个融事实判断、价值判断和审美判断为一体的综合判断。因此当我们说“这是一张桌子”的时候，在我们的观念中既包括断定“这个东西”是不是“桌子”的真与假的事实判断，又包括“这个东西”是否有用以及有何用途的价值判断，还包括“这个东西”是使我愉悦还是使我讨厌的审美判断。那么，真善美三者之间究竟是何关系？我们判断真善美与假恶丑的根据和标准又是什么？

其六，现实与理想的关系问题。我们把面前的“这个东西”称作“桌子”，并不意味着我们认定只有“这样”的东西才是“桌子”，恰恰相反，它会引发我们对“桌子”的样式、属性和功能的无限的联想和想象，从而去创造更“好用”、更“漂亮”、更“新颖”、更“高级”的“桌子”。这就是现实与理想的矛盾。在这种矛盾中，蕴含着更为丰富和更为深刻的哲学问题：人的目的性要求与客观规律是何关系？人的现实性存在与理想性期待是何关系？人对现实的反映与人对世界的改造是何关系？人所创造的世界与自在的世界是何关系？

其七，人与世界的关系问题。这是由“桌子”所引发的最深层的哲学问题。人来源于自在的自然世界，人又创造了属于人的生活的世界，并且永远在创造人所理想的世界。人在改造世界的过程中，又在改造和发展人本身。那么，人究竟是一种怎样的存在？人与世界之间究竟是怎样的关系？人如何认识和改造世界？人怎样改造和发展自身？人是以“白板”式的头脑去反映“桌子”吗？人仅仅以自己的肉体器官去制造“桌子”吗？究竟什么是人的“认识”和“实践”？人的经验、常识和理论在“认识”和“实践”活动中起什么作用？人的思维、情感和意志在人的“认识”和“实践”活动中起什么作用？人类的历史、文化和传统在人的“认识”和“实践”活动中又起什么作用？人的认识和实践是如何“发展”的？人类的未来是怎样的？人们应当形成怎样的世界观、历史观和人生观？

如此想来，我们就不会认为“桌子”问题是荒唐、无聊和可笑的，而是亲切地体会到“熟知而非真知”的道理，体会到“名称不是概念”的道理，体会到对“熟知"的"名称"进行"概念"式追问的意义与魅力。

进一步说,如果我们把对"桌子"的追问拓展为对"科学"、"艺术"、"伦理"和"宗教"的追问,拓展为对"历史"、"文化"、"语言"和"逻辑"的追问,拓展为对"真理"、"价值"、"认识"和"实践"的追问,我们就会更加深刻地体会到反思的哲学智慧的意义与魅力。而要真正地进行这种哲学的追问和反思,则需要培养和锻炼我们的理论思维能力,特别是善于从哲学层面上提出问题和分析问题的能力。

有知与无知　从哲学层面提出问题,首先需要的是"熟知而非真知"的自觉。我国当代哲学家张岱年说:"哲学家因爱智,故决不以有知自炫,而常以无知自警。哲学家不必是世界上知识最丰富之人,而是深切地追求真知之人。哲学家常自疑其知,虚怀而不自满,总不以所得为必是。凡自命为智者,多为诡辩师。"①对于"爱智"的哲学,此言可谓一语中的。

古往今来的哲人,都具有比较渊博的知识,许多哲人甚至被称作"百科全书"式的人物。然而,真正哲人的首要特征,却在于他们"决不以有知自炫,而常以无知自警"。这是因为,"爱智"是批判的智慧、反思的智慧,是追本溯源、究根问底的智慧。在"爱智"的追求与追问中,一切既定的知识和现成的结论都是批判与反思的对象,因而一切的"有知"在批判性的反思中都成了"无知"。歌德说:"人们只是在知识很少的时候才有准确的知识,怀疑会随着知识一道增长。"在一定的意义上说,人们的学习和生活的过程,就是从"有知"发现"无知",从"熟知"求索"真知"的过程。

"常自疑其知",这是哲学家视"有知"为"无知"、对"有知"进行批判性反思的重要前提。"爱智"的哲学,内涵着以否定性的思维去对待人类的现实,提示现实所蕴含的多种可能性;内涵着以否定性的思维去反思各种知识和理论的前提,揭示知识和理论的前提所蕴含的更深层次的前提;特别是内涵着以否定性的思维去对待哲学家个人所占有的理论,从而实现理论的变革与创新。

哲学是批判与反思的智慧,而决不是可以到处套用的刻板公式和现成结论。"凡自命为智者,多为诡辩师"。恩格斯曾经嘲讽过的所谓"官方黑格尔学派",就是这种"诡辩师"的生动写照。恩格斯说:"自从黑格尔逝世之后,把一门科学在其固有的内部联系中来说明的尝试,几乎未曾有过。官方的黑格尔学派从老师的辩证法中只学会搬弄最简单的技巧,拿来到处应用,而且常常笨拙得可笑。在他们看来,黑格尔的全部遗产不过是可以用来套在任何论题上的刻板公式,不过是可以用来在缺乏思想和实证知识的时候及时搪塞一下的词汇语录。……这

① 张岱年:《求真集》,湖南人民出版社 1983 年版,第 102 页。

些黑格尔主义者懂一点‘无’，却能写‘一切’。”①如此这般地应用“哲学智慧”，怎么能不是“讲套话”、“说空话”呢？怎么能不是“诡辩师”呢？又怎么能掌握和创建哲学的“大智慧”和“大聪明”呢？“无知”的“自警”，是进入哲学思考的标志与前提。

我国大学者王国维在《人间词话》中，有一段关于读书“三境界”的脍炙人口的议论。他提出，“昨夜西风凋碧树，独上高楼，望尽天涯路”为第一境界；“衣带渐宽终不悔，为伊消得人憔悴”为第二境界；“众里寻他千百度，蓦然回首，那人却在灯火阑珊处”为第三境界。这里的第一境界，是指登高望远，博览群书，获得丰富的知识，具有坚实的功底。这里的第二境界，是指刻苦钻研，阐幽发微，超越对知识的“名称”式的把握，达到对知识的“概念”式的理解。这里的第三境界，则是指茅塞顿开，豁然开朗，超越对“熟知”的因袭，达到对“真知”的洞见。研究任何一种学问，都需要依次地进入读书的三种境界。真正地进入哲学思考，更是需要“以无知自警”，逐步地形成反思的、批判的、变革的哲学智慧。

三、品味黑格尔的比喻

关于哲学，德国古典哲学的集大成者、辩证法大师黑格尔曾经作过许多生动形象而又耐人寻味的比喻。仔细地品味这些比喻，认真地思考这些比喻，不仅会使我们了解哲学的意蕴，而且会使我们自己体会到什么是哲学思考，获得哲学的“爱智之忱”和哲学的辩证智慧。我们在这里主要欣赏黑格尔关于“庙里的神”、“厮杀的战场”、“花蕾、花朵和果实”、“密涅瓦的猫头鹰”、“消化与生理学”、“同一句格言”和“动物听音乐”等七个比喻。

其一，“庙里的神”。

谁都知道，“庙”之所以为庙，是因为庙里有被人供奉的“神”；如果庙里无“神”，那也就不成其为“庙”。正是借用“庙”与“神”的关系，黑格尔说，“一个有文化的民族”，如果没有哲学，“就像一座庙，其他方面都装饰得富丽堂皇，却没有至圣的神那样”②。

按照黑格尔的比喻，“庙里的神”是使“庙”成其为庙的“灵光”，哲学则是使人类的“文化殿堂”和“精神家园”成其为文化殿堂和精神家园的“灵光”。这就是说，哲学，它就像普照大地的阳光一样，照亮了人类的生活；如果失去了哲学，人类的生活就会变得黯然失色。

在黑格尔看来，人类应当追求高尚的东西，应当过一种高尚的生活。而这种“高尚的东西”，就是规范人类生活的“理性”。这样的“理性”，并不是个人的理

① 《马克思恩格斯选集》第2卷，第119页。

② 黑格尔：《逻辑学》上卷，商务印书馆1966年版，第2页。

性,而是一种"普遍理性";这种"普遍理性",需要一种特殊的文化形式,这就是"哲学"。哲学是照亮人类生活的"普照光",也就是人类的文化殿堂和精神家园之所以成其为"文化"和"精神"的"灵光"。正因如此,黑格尔把哲学比喻为"庙里的神"。

其二,"厮杀的战场"。

阅读哲学史,人们不难发现一个奇特的现象:每个哲学家都自认为找到了"庙里的神",即认为自己发现了哲学的真谛;而其他的哲学家则批判和反驳对哲学的这种理解,并各自宣布自己所理解的哲学才是惟一真正的哲学;所以哲学家们总是互相批判,哲学的历史就是哲学家们互相讨伐的历史,也就是哲学自我批判的历史。

对此,现代德国哲学家石里克曾作过颇为精彩的描述。他说:"所有的大哲学家都相信,随着他们自己的体系的建立,一个新的思想时代已经到来,至少,他们已发现了最终真理。如果没有这种信念,哲学家几乎不能成就任何事情。……他们全都坚信,他们有能力结束哲学的混乱,开辟某种全新的东西,它终将提高哲学思想的价值。"正是针对这种状况,石里克还颇有见地地指出:"哲学事业的特征是,它总是被迫在起点上重新开始。它从不认为任何事情是理所当然的。它觉得对任何哲学问题的每个解答都不是确定或足够确定的。它觉得要解决这个问题必须从头做起。"①

正是基于哲学史上的多样的哲学和分歧的思想之间的"彼此互相反对、互相矛盾、互相推翻"的"这个不可否认的事实",黑格尔把哲学史比喻为一个"厮杀的战场"。但是他认为,如果只是看到"这个不可否认的事实","全部哲学史这样就成了一个战场,堆满着死人的骨骼"②,哲学史就失去了"发展"的意义。在黑格尔看来,哲学的自我批判,本质上是由哲学的时代性所决定的。他说:"妄想一种哲学可以超出它那个时代,这与妄想个人可以跳出他的时代,跳出罗陀斯岛,是同样愚蠢的。如果它的理论确实超越时代,而建设一个如其所应然的世界,那么这种世界诚然是存在的,但只存在于他的私见中,私见是一种不结实的要素,在其中人们可以随意想象任何东西。"③正因为哲学是"思想中所把握到的时代",表达新时代的哲学必然要通过对表达旧时代的哲学的批判而获得哲学的统治地位,由此便构成了哲学史的"厮杀的战场"。

其三,"花蕾、花朵和果实"。

究竟如何看待哲学思想之间的"厮杀"?这种"厮杀"的结果是不是"埋葬"

① M·石里克:《哲学的未来》,转引自《哲学译丛》1990年第6期。

② 黑格尔:《哲学史讲演录》第1卷,商务印书馆1959年版,第21页。

③ 黑格尔:《法哲学原理》,商务印书馆1961年版,第12页。

了所有的哲学？我们来看黑格尔的又一个比喻。

黑格尔说："花朵开放的时候花蕾消逝，人们会说花蕾是被花朵否定掉了；同样地，当结果的时候，花朵又被解释为植物的一种虚假的存在形式，而果实是作为植物的真实形式出现而代替花朵的。这些形式不但彼此不同，并且互相排斥，互不相容。但是，它们的流动性却使它们成为有机统一体的环节，它们在有机统一体中不但不互相抵触，而且彼此都同样是必要的；而正是这种同样的必要性才构成整体的生命。"①

这是一个很美的比喻。花蕾孕育了花朵，花朵又孕育了果实；但花朵的怒放正是否定了花蕾，果实的结出也正是否定了花朵，由此看来，这个否定的过程，不正是以新的形式与内容肯定了先前的存在吗？如果这样来看哲学史，它就不再是一个"堆满着死人的骨骼"的战场，不再是一个徒然否定、一无所获的过程，而恰恰是一个"扬弃"的过程，结出果实的过程。这样理解的哲学史，才是哲学的发展史。

不仅如此。黑格尔关于"花蕾、花朵和果实"的比喻，还会启发我们用"否定之否定"的观点去看待每个哲学体系自身的发展。在黑格尔自己的哲学体系中，每个概念都是作为"中介"而存在的，它否定了前面的概念，却又被后面的概念所否定。这就像花朵否定花蕾，花朵又被果实否定一样，使概念自身处于生生不已的流变之中，并不断地获得了愈来愈充实的内容。而这种概念自我否定的辩证运动，正是深刻地展现了人类思想运动的逻辑，哲学发展的逻辑。

应当看到，在哲学的"花蕾、花朵和果实"的自我否定的运动中，矛盾着的双方往往是"高尚心灵的更迭"和"思想英雄的较量"。这种"更迭"与"较量"本身，就是对人类思维的撞击，对人类精神的升华。

其四，"密涅瓦的猫头鹰"。

许多人在谈论哲学的时候，都经常引用黑格尔的这个比喻。在黑格尔看来，哲学就像密涅瓦的猫头鹰一样，它不是在旭日东升的时候在蓝天里翱翔，而是在薄暮降临的时候才悄然起飞。

这里的"密涅瓦"即希腊罗马神话中的智慧女神雅典娜，栖落在她身边的猫头鹰则是思想和理性的象征。黑格尔用密涅瓦的猫头鹰在黄昏中起飞来比喻哲学，意在说明哲学是一种"反思"活动，是一种沉思的理性。

按照黑格尔的说法，"反思"是"对认识的认识"，"对思想的思想"，是思想以自身为对象反过来而思之。如果把"认识"和"思想"比喻为鸟儿在旭日东升或艳阳当空的蓝天中翱翔，"反思"当然就只能是在薄暮降临时悄然起飞了。

黑格尔把哲学比喻为在黄昏中起飞的猫头鹰，还有一层更深的含义，这就是

---

① 黑格尔：《精神现象学》上卷，商务印书馆 1983 年版，第 2 页。

哲学的反思必须是深沉的,自甘寂寞的,不能搞“轰动效应”。黑格尔说:“时代的艰苦使人对于日常生活中平凡的琐屑兴趣予以太大的重视,现实上很高的利益和为了这些利益而作的斗争,曾经大大地占据了精神上一切的能力和力量以及外在的手段,因而使得人们没有自由的心情去理会那较高的内心生活和较纯洁的精神活动,以至许多较优秀的人才都为这种艰苦环境所束缚,并且部分地牺牲在里面。”①因此黑格尔提出:“精神上情绪上深刻的认真态度也是哲学的真正基础。哲学所要反对的,一方面是精神沉陷在日常急迫的兴趣中,一方面是意见的空疏浅薄。精神一旦为这些空疏浅薄的意见所占据,理性便不能追寻它自身的目的,因而没有活动的余地。”②

哲学的反思需要“精神上情绪上深刻的认真态度”,需要从“日常急迫的兴趣”中超脱出来,需要排除“空疏浅薄的意见”,这就是黑格尔把哲学比喻为“黄昏中起飞的猫头鹰”的深层含义。

其五,“消化与生理学”。

列宁在阅读黑格尔的《逻辑学》一书时,写下了大量的读书笔记,其中就引证了黑格尔关于“消化与生理学”的比喻。列宁是这样写的:黑格尔“关于逻辑学说得很妙:这是一种‘偏见’,似乎它是‘教人思维’的(犹如生理学是‘教人消化’的?)”③。

那么,黑格尔关于逻辑学的说法“妙”在哪里呢?人们常常以为逻辑学是“教人思维”的。这种想法或说法似乎并无毛病。然而,拿“消化”与“生理学”的关系来比喻“思维”与“逻辑学”的关系,人们就会发现把逻辑学看成是“教人思维”该有多么荒唐。

谁都知道,人用不着学习“生理学”、“消化学”,就会咀嚼、吞咽、吸收、排泄;反之,如果有谁捧着“生理学”或“消化学”去“学习”吃饭,倒是滑天下之大稽。显然,“生理学”并不是“教人消化”的。同样,人的“思维”也不是“逻辑学”“教”出来的。

按照黑格尔的看法,逻辑学是使人“自觉到思维的本性”,也就是自觉到思维运动的逻辑。人是凭借思维的本性去思维,但人并不能自发地掌握思维运动的逻辑。这正如人是凭借消化的本性去消化,但人并不能自发地掌握消化运动的规律一样。

思维运动的逻辑,是人类认识一切事物和形成全部知识的基础。正因如此,黑格尔把他的哲学视为关于真理的逻辑,并把他的最重要的哲学著作称为《逻

① 黑格尔:《哲学史讲演录》第1卷,商务印书馆1959年版,第1页。

② 黑格尔:《小逻辑》,商务印书馆1980年版,第32页。

③ 《列宁全集》第38卷,第83页。

辑学》。这种关于真理的逻辑，不是“教人思维”，而是展现人类思想发展的概念运动过程。人们通过研究思想运动的逻辑，才能自觉到概念运动的辩证本性，从而达到真理性的认识。

其六，“同一句格言”。

人们在生活中常常用格言来说明生活的意义。黑格尔认为，同一句格言，在一个饱经风霜、备受煎熬的老人嘴里说出来，和在一个天真可爱、未谙世事的孩子嘴里说出来，含义是根本不同的。黑格尔还具体地提到，“老人讲的那些宗教真理，虽然小孩子也会讲，可是对于老人来说，这些宗教真理包含着他全部生活的意义。即使这小孩也懂宗教的内容，可是对他来说，在这个宗教真理之外，还存在着全部生活和整个世界”①。

黑格尔关于“同一句格言”的说法，会使我们想起辛弃疾的一首词。在《采桑子》这首词中，辛弃疾写道：“少年不识愁滋味，爱上层楼，爱上层楼，为赋新词强说愁。而今识得愁滋味，欲说还休，欲说还休，却道‘天凉好个秋！’”这大概就是老人与孩子对“愁”的不同感受与表达吧。黑格尔的这个比喻告诉人们，哲学不仅仅是一种慎思明辨的理性，而且是一种体会真切的情感，不仅仅是一系列的概念的运动与发展，而且蕴含着极其深刻的生活体验。因此，真正地进入哲学思考，还必须要有中国传统哲学所提倡的体会、领悟、品味、咀嚼乃至顿悟。哲学不是现成的知识，不是僵死的概念，不是刻板的教条，学习哲学不能“短训”，不能“突击”，更不能“速成”。哲学是一个熏陶的过程，体验的过程，陶冶的过程，它是人把自己培养成人（而不是“某种人”）的“终身大事”。

其七，“动物听音乐”。

哲学不是现成的知识。如果把哲学当作现成的知识去接受和套用，虽然可以使用某些哲学概念，但却始终不知道哲学为何物，因而也不可能真正地进入哲学思考。这就“像某些动物，它们听见了音乐中一切的音调，但这些音调的一致性与谐和性，却没有透过它们的头脑”②。

这个比喻也许过于刻薄了，但却尖锐而深刻地揭示了形成哲学智慧的艰难。黑格尔说，“常有人将哲学这一门学问看得太轻易，他们虽从未致力于哲学，然而他们可以高谈哲学，好像非常内行的样子。他们对于哲学的常识还无充分准备，然而他们可以毫不迟疑地，特别当他们为宗教的情绪所激动时，走出来讨论哲学，批评哲学。他们承认要知道别的科学，必须先加以专门的研究，而且必须先对该科有专门的知识，方有资格去下判断。人人承认要想制成一双鞋子，必须有鞋匠的技术，虽说每人都有他自己的脚做模型，而且也都有学习制鞋的天赋能

① 黑格尔：《小逻辑》，商务印书馆1980年版，第423页。

② 参见黑格尔：《哲学史讲演录》第1卷，商务印书馆1959年版，第5页。

力,然而他未经学习,就不敢妄事制作。唯有对于哲学,大家都觉得似乎没有研究、学习和费力从事的必要”①。这样地“高谈哲学”,当然也就如同动物听音乐一样,可以听见“音乐中一切的音调”,但却听不到这些音调的“一致性与谐和性”。

对待哲学的另一种态度,则是黑格尔所批评的“反对真理的谦逊”。黑格尔举例说,如果有人提出这样的问题:“真理是什么东西?”这意思就是说,“一切还不是那么一回事,没有什么东西是有意义的”。而这种把一切都视为虚幻的态度,所剩下的却只能是他自己的“主观的虚幻”②。因此,黑格尔在他的著作中,经常呼唤人们对崇高的渴求。

毫无疑问,我们必须批判地对待黑格尔的哲学思想;但是,在进入哲学思考的时候,仔细地品味黑格尔的这些关于哲学的比喻,我们起码可以得到这样一些初步的体会:

哲学如同普照大地的阳光,它照亮了人类的生活世界,使得人类生活显现出意义的“灵光”;

哲学作为“思想中所把握到的时代”,不同时代的哲学,以及同一时代的对生活意义具有不同理解的哲学,总是处于相互批判之中,哲学史便显得像一个“厮杀的战场”一样;

哲学思想之间的相互批判,并不是一无所获的徒然的否定,而是如同“花蕾、花朵和果实”的自我否定一样,在否定中实现自身的发展,因而哲学的历史是哲学发展的历史;

哲学是一种“反思”的智慧,它是“对认识的认识”,“对思想的思想”,它需要深沉的思考和深切的体验,因此它如同“密涅瓦的猫头鹰”一样,总是在薄暮降临时才悄然起飞;

哲学智慧并不是“教人思维”,而是使人自觉到“思维的本性”,掌握思想运动的逻辑,从而获得真理性的认识;

真正掌握哲学智慧,不仅需要慎思明辨的理性,而且需要体会真切的情感,需要丰富深刻的阅历,这就像“同一句格言”,在老人和孩子那里的含义不同一样;

哲学不是现成的知识性的结论,如果只是记住某些哲学知识或使用某些哲学概念,那就会像“动物听音乐”一样,听到各种各样的“音调”,却听不到真正的“音乐”。

真正的音乐会引起心灵的震荡,真正的哲学会引起思维的撞击。在哲学的

---

① 黑格尔:《小逻辑》,商务印书馆1980年版,第42页。

② 黑格尔:参见《小逻辑》,商务印书馆1980年版,第65页。

海洋中扬帆远航，会激发我们的理论兴趣，拓宽我们的理论视野，撞击我们的理论思维，提升我们的理论境界。

第二节　拓宽哲学视野

在哲学的海洋中扬帆远航，既不是自我封闭的苦思冥想，也不是固执己见的自我认同，而是需要以广阔的哲学视野为背景，以开放的哲学意识为基点，以变革的哲学理念为动力，在各种各样的哲学观、特别是当代的各异其是的哲学观的比较鉴别中，不断深化哲学的自我理解。

从总体上看，本世纪以来，特别是本世纪 50 年代以来，以当代世界哲学为背景，大致可以概括出八种最主要的哲学观，即普遍规律说、认识论说、语言分析说、存在意义说、精神境界说、文化批判说、文化样式说、实践论说。在学习和探讨哲学的各种主要问题之前，首先简要地了解和分析这些最主要的哲学观，有助于我们在当代的哲学背景和广阔的哲学视野中去理解哲学。

一、"普遍规律说"

作为一种通行的哲学观，"普遍规律说"认为，各门科学只是研究世界的各种"特殊领域"，并提供关于这些领域的"特殊规律"；而哲学则以"整个世界"为对象，并提供关于整个世界的运动与发展的"普遍规律"。

这种"普遍规律说"的哲学观，具有深远的哲学史背景。在哲学的发展史上，从古希腊哲学"寻取最高原因的基本原理"，到德国古典哲学寻求"全部知识的基础"和提供"一切科学的逻辑"，就其深层实质而言，都是把哲学定位为对"普遍规律"的寻求。

这种"普遍规律说"的哲学观，具有深刻的人类思维的根基。人类思维面对千姿百态、千变万化的世界，总是力图在最深刻的层次上把握其内在的统一性，并以这种"统一性"去解释世界上的一切现象，以及关于这些现象的全部知识。思维的这种追求以理论的形态表现出来，就构成了古往今来的追寻"普遍规律"的"哲学"。

这种"普遍规律说"的哲学观，更具有深切的人类实践的根基。人类的实践活动，是以人类关于世界的规律性的认识为前提，并以人类自己的目的性要求为动力去改造世界，把世界变成对人来说是真善美相统一的世界。没有关于世界的规律性的认识，人类就无法成功地改造世界以造福人类自身。因此，人类在自己的历史性的实践活动中，总是不满足于对世界的不同领域、不同侧面、不同层次的认识，而总是渴求获得关于"整个世界"的"普遍规律"的认识。寻求"普遍规律"的渴望，激发起一代又一代人的哲学思考。

然而,在对哲学的这种通常理解中,却常常存在两个值得认真思考的重要问题:其一,在把哲学解释为关于"普遍规律"的学说时,常常是离开哲学的基本问题——思维和存在的关系问题去看待哲学对"普遍规律"的寻求,其结果往往把哲学理论混同为其他的实证知识。这就启发我们,在对哲学的现代理解中,需要从哲学的基本问题即"思维和存在的关系问题"出发,重新理解这种"普遍规律说"的哲学观。其二,这种通行的"普遍规律说"只是从"哲学"与"科学"的二元关系(二者关系)中去理解哲学,而没有从"哲学"与人类把握世界的各种方式(包括科学在内的宗教、艺术、伦理等等)的多元关系中去理解哲学,因而无法解释和说明哲学的多重性质和多重功能。这又启发我们,在对哲学的现代理解中,需要从人类把握世界的多种基本方式的相互关系中,重新理解哲学。

二、"认识论说"

作为一种哲学观的"认识论说",是在反思"普遍规律说"的过程中形成的。这种哲学观认为:哲学的研究对象不是"整个世界",而是作为哲学基本问题的"思维和存在的关系问题";哲学关于"普遍规律"的认识,不是通过研究"整个世界"而获得,而是以辩证法、认识论和逻辑学三者统一的方式来实现。

这种"认识论说"的哲学观,也具有深厚的哲学史背景。人们通常把西方哲学的发展史概括为古代的本体论哲学、近代的认识论哲学和现代的语言哲学,并把近代哲学的变革称作"认识论转向"。对此,有的西方学者作出这样的解释:"首先,哲学家们思考这个世界,接着,他们反思认识这个世界的方式,最后,他们转向注意表达这种认识的媒介。这似乎就是哲学从形而上学,经过认识论,再到语言哲学的自然进程。"①这种解释告诉人们:在哲学还没有从"思维和存在的关系"提出问题的时候,只能是直接地"思考这个世界",并试图直接地揭示世界的"普遍规律";当着哲学开始"反思认识这个世界的方式"的时候,就出现了所谓的"认识论转向",从"思维和存在的关系"提出问题,去寻求思维和存在所服从的同一规律,并把这个"同一规律"作为真正的"普遍规律"。

关于这种"认识论转向",人们还经常以一句话来作出解释,即"没有认识论的本体论为无效"。这就是说,哲学关于"普遍规律"的认识,必须以对人类认识的反省为前提;哲学不能解决"思维和存在的关系问题",也就不能回答世界的"普遍规律"问题。这是近代以来的哲学达到的基本认识。

关于近代哲学已经达到的这种基本认识,恩格斯作出了深刻的阐述,并提出"全部哲学,特别是近代哲学的重大的基本问题,是思维和存在的关系问题"②。

---

① 斯鲁格:《弗雷格》,中国社会科学出版社 1989 年版,第 10 页。

② 《马克思恩格斯选集》第 4 卷,第 219 页。

后来,列宁在他的哲学名著《哲学笔记》中,又明确地提出,“辩证法也就是(黑格尔和)马克思主义的认识论;正是问题的这一‘方面’(这不是问题的一个‘方面’,而是问题的本质)普列汉诺夫没有注意到,至于其他的马克思主义者就更不用说了”①。本世纪五六十年代以来,前苏联的凯德洛夫、柯普宁和伊里因科夫等哲学家,以恩格斯关于哲学基本问题的论述和列宁关于辩证法、认识论和逻辑学三者一致的观点为出发点,以西方近代哲学的认识论转向为背景,比较系统地提出了“认识论说”的哲学观,并以这种哲学观重新解释马克思主义哲学。

自80年代以来,“认识论说”的哲学观在我国哲学界产生了重要影响。许多学者试图以列宁《哲学笔记》中关于辩证法就是认识论,辩证法、认识论和逻辑学三者一致,哲学唯心主义的认识论根源,哲学与哲学史的统一,辩证法和认识论的基本知识领域等重要论述,去反思“普遍规律说”的哲学观。从总体上说,人们已经认识到,需要从辩证法、认识论和逻辑学的统一中去理解哲学关于“普遍规律”的认识。

三、“语言分析说”

作为近代哲学“认识论转向”的合乎逻辑的后果,哲学从“反思认识这个世界的方式”而转向“注意表达这种认识的媒介”,这就是现代西方哲学的“语言转向”。在这种“语言转向”中,出现了“语言分析说”的哲学观。这主要是现代西方“分析哲学”的观点。

近代哲学的“认识论转向”,是要求哲学家在建立关于“世界”的理论之前,必须先有关于反省人类“认识”的理论,“没有认识论的本体论为无效”;现代哲学的“语言转向”,则要求哲学家在建立关于人类“认识”及其所表达的“世界”的理论之前,必须先有关于“语言”的理论,“没有语言学的认识论和本体论为无效”。

这种“语言转向”的根据在于,人类必须用语言去理解和表达自己的“认识”及其所表达的“世界”,并用语言去表达自己对“世界”和自己的“认识”的理解。就此而言,“语言转向”是以倒退的形式而推进了哲学的自我认识。具体地说,古代哲学离开对人类“认识”的反省,直接地断言“世界”的存在,因而是一种非反省的朴素的哲学意识;近代哲学从古代哲学对“世界”的直接断言而“倒退”回对人类“认识”的反省,但它却自觉地提出了哲学的基本问题——思维和存在的关系问题,因而近代哲学是一种自觉反思的哲学意识;现代哲学从近代哲学对“认识”的反省又“倒退”到考察思维与存在的中介——“语言”,但它却以“语言”为中介而展现了思维与存在之间的更为深层的矛盾关系,因而现代哲学是

① 《列宁全集》第38卷,第410页。

一种现实化的自觉反思的哲学意识。在这种以“倒退”的形式而推进哲学自我意识的意义上，现代哲学的“语言转向”既是合乎逻辑的，又是具有重大进步意义的。

在语言分析哲学家看来，传统哲学家们的根本弊病，在于他们企图“穿过语言”而达到对“世界”的认识。所以，语言分析哲学家们给自己提出的任务是，“分析人的思想，分析人们理解和接受这个世界或互相交流的概念的最好办法，就是研究它们的实际应用”①。这样，语言分析哲学就既改变了以往哲学的研究主题（寻求解释世界的“普遍规律”），也改变了以往哲学的研究方式（思辨的反思方式），而把“哲学的技术问题”即对语言的分析提升为哲学的中心问题。“语言分析说”的这种哲学观，存在着重大的缺陷。它过分地注重于“技巧”，而低估了“理论”的重要性，尤其是低估了哲学理论自身和哲学反思方式的重要性。

四、“存在意义说”

“语言分析说”的哲学观突出地强调对语言的“逻辑分析”，但却丢掉了语言的更深层的特性——人文性。因此，在现代哲学的“语言转向”中，既存在一种强调对语言进行逻辑分析的哲学思潮（人们通常称之为“英美分析哲学”），又存在一种强调反思语言的人文特性的哲学思潮（人们通常称之为“欧陆人文哲学”）。在这后一种哲学思潮看来，哲学的使命不是对语言的逻辑分析或澄清科学命题的意义，而是寻求人类存在的意义。这就是所谓“存在意义说”的哲学观。

在现代哲学的“语言转向”中，对“存在意义”的追问集中地表现在对语言的人文主义的理解与解释。许多现代哲学家认为，语言并不是人的一种工具，而是人自己的存在方式；人是一种历史文化的存在，语言则是储存历史文化的“水库”；人作为历史文化的存在，不是人去占有语言，而是人被作为历史文化“水库”的语言所占有；人从属于历史也就是从属于语言，人只有从属于语言才能实现人的自我理解和相互理解；因此，对人的存在意义的追问，应当诉诸对语言的理解与解释。

五、“精神境界说”

自近代以来，由于科学日新月异的迅猛发展及其在整个人类社会生活中的无可匹敌的显著作用的日益增强，在现代哲学观中，往往自觉或不自觉地以哲学与科学的二元关系问题遮蔽了对哲学的全面的沉思与阐释。与此不同，以中国传统哲学精神为旨趣的许多现代中国哲学家，则致力于弘扬哲学对人生境界的

① 麦基编著：《思想家——当代哲学的创造者们》，三联书店 1987 年版，第 182 页。

意义。我们把这种哲学观称之为“精神境界说”。

现代哲学家贺麟曾以优美的文字,精辟地概括了这种“精神境界说”的哲学观。他说:“哲学是一种学养。哲学的探究是一种以学术培养品格,以真理指导行为的努力。哲学之真与艺术之美、道德之善同是一种文化,一种价值,一种精神活动,一种使人生高清而有意义所不可缺的要素”①。

追求理想的精神境界,首先是为了追求理想的生活。冯友兰说:“中国的儒家,并不注重为知识而求知识,主要的在求理想的生活。求理想的生活,是中国哲学的主流,也是儒家哲学精神所在。”那么,中国哲学所追求的理想生活是怎样的?冯友兰认为,《中庸》所说的“极高明而道中庸”是最好的说明。这种理想生活既“超越一般人的日常生活,而又即在一般人的日常生活之中。超越一般人的日常生活,是极高明之意;而即在一般人的日常生活之中,乃是中庸之道。所以这种理想生活,对于一般人的日常生活,可以说是‘不即不离’,用现代的话说,最理想的生活,亦是最现实的生活”②。

“精神境界说”凸现哲学对完善人生境界的意义与价值,这对于哲学的自我理解是十分重要的。但是,仅仅把哲学理解为对精神境界的追求与完善,却是片面的。我们需要以更为开阔和更为开放的理论视野去审视哲学,以达到对哲学的更为全面的理解。

六、“文化批判说”

“批判”是人类特有的活动方式,也是哲学的最根本的特性。人类在观念形态的精神批判活动中,否定观念中的已有的世界图景,并在观念中构建人所要求的理想性的世界图景;人类在客观的实践批判活动中,则现实地否定世界的现存状态,把世界变成人所要求的理想性的现实。哲学,正是以理论的方式集中地表现了人类的批判本性,使人们“在对现存事物的肯定的理解中同时包含对现存事物的否定的理解”,“对每一种既成的形式都是从不断的运动中,因而也是从它的暂时性方面去理解”③。

从哲学发展史上看,哲学的批判在近代的“认识论转向”和现代的“语言转向”中发生了重大变化。近代的哲学批判,集中地表现为“理性的批判”,即对人类理性的批判反思;现代的哲学批判,在西方哲学中主要地表现为“文化的批判”。把现代哲学视为对“文化”的批判反思,就是所谓的“文化批判说”的哲学观。

---

① 贺麟:《哲学与哲学史论文集》,商务印书馆1990年版,第120页。

② 冯友兰:《儒家哲学之精神》,载《三松堂学术文集》,北京大学出版社1984年版,第497页。

③ 参见《马克思恩格斯选集》第2卷,218页。

在现代西方哲学的文化批判中,以法兰克福学派为代表的西方马克思主义的哲学活动是引人注目的。该学派产生和形成于本世纪的20年代,因以在德国美因河畔的法兰克福大学成立的社会研究所为活动中心而得名。关于哲学,这个学派的重要代表人物霍克海默提出:“哲学认为,人的行动和目的绝非是盲目的必然性的产物。无论科学概念还是生活方式,无论流行的思维方式还是流行的原则规范,我们都不应盲目接受,更不能不加批判地仿效。哲学反对盲目地抱守传统和在生存的关键性问题上的退缩。哲学已经担负起这样的不愉快任务:把意识的光芒普照到人际关系和行为模式之上,而这些东西已根深蒂固,似乎已成为自然的、不变的、永恒的东西。”①因此他认为“哲学的真正社会功能在于它对流行的东西进行批判”;“这种批判的主要目的在于,防止人类在现存社会组织慢慢灌输给它的成员的观点和行为中迷失方向。必须让人类看到他的行为与其结果间的联系,看到他的特殊的存在和一般社会生活间的联系,看到他的日常谋划和他所承认的伟大思想间的联系”,“防止人类对社会的有价值的、和平和幸福的倾向丧失信心”②。霍克海默的社会—文化批判的哲学观,对包括宗教、科学、政治、经济、哲学、文化、社会、家庭在内的诸多现象进行理论的分析与反思,构成了法兰克福学派的批判理论的纲领性文献,并影响到该派成员对社会—文化的批判考察。

应当看到,这种批判的哲学观并不限于“法兰克福学派”及其所代表的西方马克思主义,而且愈来愈成为人们对哲学的重要理解方式,在英国哲学家布莱恩·麦基主编的《思想家——当代哲学的创造者们》一书中,其“引言”部分就提出这样的基本思想:“如果不对假定的前提进行检验,将它们束之高阁,社会就会陷入僵化,信仰就会变成教条,想象就会变得呆滞,智慧就会陷入贫乏。社会如果躺在无人质疑的教条的温床上睡大觉,就有可能会渐渐烂掉。要激励想象,运用智慧,防止精神生活陷入贫瘠,要使对真理的追求(或者对正义的追求,对自我实现的追求)持之以恒,就必须对假设质疑,向前提挑战,至少应做到足以推动社会前进的水平。”③

七、“文化样式说”

所谓“文化样式说”,用一个比较通俗的比喻,就是认为哲学不是“思想王国的王后”,而是“思想共和国的公民”,即哲学只是“一种”文化样式,而不是其他文化样式的“基础”。

---

① 霍克海默:《批判理论》,重庆出版社1989年版,第243页。

② 霍克海默:《批判理论》,重庆出版社1989年版,第250、257页。

③ 布莱恩·麦基主编:《思想家——当代哲学的创造者们》,三联书店1987年版,第3-4页。

这种"文化样式说"的哲学观,是以否定哲学的"表象主义"、"基础主义"和"本质主义"为出发点的。持有这种哲学观的当代哲学家理查·罗蒂认为,长期以来,"作为一门学科的哲学,把自己看成是对由科学、道德、艺术或宗教所提出的知识主张加以认可或揭穿的企图";人们认为,"哲学相对于文化的其他领域而言能够是基本性的,因为文化就是各种知识主张的总和,而哲学则为这些主张进行辩护。"①这就是说,以往的哲学总是把自己当作裁判其他文化样式的特殊文化样式,即作为一切文化样式的"基础"的学科。罗蒂认为,这种哲学"基础主义"是一种必须予以批判的"学科帝国主义",必须"消解""知识分类表"或"自然等级秩序"对哲学的"诱惑"。这样,"哲学"就变成了与其他文化样式"平起平坐"的一种文化样式,它的使命就是沟通各种文化样式之间的"对话"。

八、"实践论说"

在把现代西方哲学称作"语言转向"的同时,人们常常把马克思的哲学称作"实践转向",并以"实践"的观点去理解和解释全部的哲学问题。我们把这种哲学观称作"实践论说"。

在通行的哲学原理教科书中,都承认"思维和存在的关系问题"是"哲学的基本问题"。但是,长期以来,人们总是简单化地把"思维和存在的关系问题"归结为"精神和物质的关系问题",并同样简单化地以"精神与物质谁为第一性"以及"思维能否认识世界"这样两个问题来概括"哲学基本问题"的全部内涵。这样的理解和解释,难以说明马克思主义哲学在哲学发展史上的革命性变革,特别是难以说明马克思主义哲学在"哲学基本问题"上的革命性变革。

这里的根本问题在于:马克思主义哲学所理解的"思维和存在的关系问题",既不是唯心主义者黑格尔所理解的"无人性的理性"与其"逻辑规定"的关系,也不是旧唯物主义者费尔巴哈所理解的"抽象的个人"与其"感性的直观"的关系,而是"现实的人"以"感性的活动"为基础与"现实的世界"的关系。

"现实的人"就是从事实践活动的人,"感性的活动"就是人的社会实践,"现实的世界"则是人类实践活动的对象。思维与存在的关系问题,在其现实性上,就是以实践为基础的人与世界之间的、历史地发展着的关系。马克思正是以实践论的哲学立场批判了旧唯物主义和唯心主义对"思维和存在的关系问题"的理解,从而也以实践论的哲学立场批判了旧哲学的哲学观。为了理解马克思的实践论的哲学观,我们有必要在这里体会一下马克思在《关于费尔巴哈的提纲》中的有关论述。

马克思说:"从前的一切唯物主义——包括费尔巴哈的唯物主义——的主

① 罗蒂:《哲学和自然之镜》,三联书店1987年版,第1页。

要缺点是:对事物、现实、感性,只是从客体的或者直观的形式去理解,而不是把它们当作人的感性活动,当作实践去理解,不是从主观方面去理解。所以,结果竟是这样,和唯物主义相反,唯心主义却发展了能动的方面,但只是抽象地发展了,因为唯心主义当然是不知道真正现实的、感性的活动本身的。"①在这段简洁精辟的文字中,马克思既尖锐地指出了旧唯物主义"只是从客体的或者直观的形式去理解"事物的"主要缺点",又深刻地揭露了唯心主义"抽象地发展了""能动的方面"的本质。而这二者的共同之处,则在于它们都不懂得"真正现实的、感性的活动本身",都不是从"实践"出发去理解"思维和存在的关系问题"。

近代以来的西方哲学所争论的根本问题是"思想是否具有客观性"的问题,或者说"思维与存在是否具有同一性"的问题。由于旧唯物主义和唯心主义哲学总是离开实践来争论这些问题,所以只能是"经院哲学"式的抽象的、繁琐的、无结果的争论。因此,马克思提出:"社会生活在本质上是实践的。凡是把理论导致神秘主义方面去的神秘东西,都能在人的实践中以及对这个实践的理解中得到合理的解决。"②

作为上述思想的最精辟的总结,马克思以这样一句名言宣告了自己的实践论的哲学观:"哲学家们只是用不同的方式解释世界,而问题在于改变世界。"③应当说,马克思的这份"包含着新世界观的天才萌芽的第一个文件"及其所具有的哲学内涵,已经明确地表述了马克思的新的哲学观,即从"现实的人及其历史发展"出发去理解全部哲学问题的哲学观,以实践的观点去理解人与世界之间的全部关系的哲学观。

这种实践论的哲学观,既是哲学发展史上的空前的革命性变革,又为我们合理地理解和解释现代哲学中的各种各样的哲学观,提供了最重要的理论基础。对于上述的"普遍规律说"、"认识论说"、"语言分析说"、"存在意义说"、"精神境界说"、"文化样式说"和"文化批判说",我们可以用"实践论说"的哲学观作出如下解释:寻求"普遍规律",这是基于人类实践本性的思维的渴求,这种渴求本身需要作出实践论的解释,这种渴求的发展也需要实践本身来实现;从断言世界本身到反省人类关于世界的认识,并从而以"认识论"的观点去看待哲学,这是哲学的历史性进步,但是,只有用实践的观点才能回答认识论所要回答的"思维和存在的关系问题";从反省人类关于世界的认识到探索历史文化的"水库"——语言,无论是对语言的"分析",还是对语言的"解释",同样是哲学的历史性进步,但是,只有从实践出发才能真正理解语言的逻辑性与人文性,使"语

① 《马克思恩格斯选集》第1卷,第16页。
② 《马克思恩格斯选集》第1卷,第18页。
③ 《马克思恩格斯选集》第1卷,第19页。

言转向”获得坚实的实践论基础；人的存在意义问题，人的精神境界问题，始终是哲学关注的重要问题，在现代的人类生活中更具有突出的重大意义，但是，由于实践是人的存在方式，只有从人的实践活动及其历史发展出发，才有可能深化对人的存在意义及其精神境界的理解；哲学在本质上是批判的，这种批判性同样是源于人的实践的存在方式，因而也只有从实践的批判性去解释哲学的批判性，才能全面地理解和发挥哲学的批判性；哲学不是凌驾于科学之上的“科学的科学”，也不是“裁判”人的各种文化样式的“学科的帝国主义”，而是人类把握世界的一种基本方式，因此我们只有从人类的实践存在方式出发去理解人类把握世界的各种方式及其相互关系，才有可能真正理解哲学这种“文化样式。”

第三节　面向生活之思

当代哲学的各种各样的哲学观，从根本上说，都是以各自的独特理解去阐释哲学对人类的生存与发展的特殊价值，并从而说明哲学存在的根据和哲学发展的动力。这表明，一种哲学观具有怎样的深层的合理性与广泛的解释力，就在于它在何种程度上把握到人的存在方式，以及在何种程度上把握到人与世界之间的关系。我们之所以认为马克思的实践论的哲学观具有深层的合理性与广泛的解释力，就在于它深刻地揭示了人的特殊的存在方式，并从而深刻地揭示了人与世界之间的特殊关系。因此，我们应当面向人类生活，去思考“哲学究竟是什么。”

一、哲学与人类存在的矛盾性

关于“人”的存在的特殊性，我们首先可以作出两个方面的比较：在与非生命物质相区别的意义上，人类的存在同其他所有有生命的存在一样，都是一种生物性的存在即“生存”；然而，在与其他生物相区别的意义上，人类的存在却与其他所有有生命的存在不同，是一种特殊的人类性存在即“生活”。

“生存”与“生活”都是“生命”的存在方式，然而，生命的这两种存在方式却具有本质的区别。“生存”与“生活”的本质区别在于：“生存”是一种本能地适应环境的生命活动，“生活”则是一种创造生存“意义”的生命活动。这正如马克思所说：“动物是和它的生命活动直接同一的。它没有自己和自己的生命活动之间的区别。它就是这种生命活动。人则把自己的生活活动本身变成自己的意志和意识的对象。”①

“动物是和它的生命活动直接同一的”。动物的存在方式就是它的生命活

① 马克思：《1844年经济学-哲学手稿》，人民出版社1979年版，第50页

动,动物的存在同它的生命活动是没有区别的。因此,动物在它的“生命活动”中,只能形成动物的“生存世界”。这个“生存世界”是无所谓“意义”可言的。

与此相反,“人则把自己的生活活动本身变成自己的意志和意识的对象”。人的“生活活动”与动物的“生命活动”的根本区别,在于人的“生活活动”是按照自己的“意志和意识”而进行的“生命活动”,从而使人的“生命活动”具有了“意义”,也就使人的“生命活动”变成了人的“生活活动”,并使人的“生存世界”变成了人的“生活世界”。人的世界是人自己所创造的“有意义”的“生活世界”。

人的“生活世界”是人自己创造的“有意义”的世界,是实现人自身的历史性发展的世界。因此,人既要按照客观世界的规律去创造世界,同时又要按照自己的“意志和意识”去创造世界。对此,马克思在区分动物的“生命活动”与人的“生活活动”的基础上,又进一步提出:“动物只是按照它所属的那个物种的尺度和需要来进行塑造,而人则懂得按照任何物种的尺度来进行生产,并且随时随地都能用内在固有的尺度来衡量对象;所以,人也按照美的规律来塑造。”①

在这里,马克思对动物的“生命活动”与人的“生活活动”的区别提出了实质性的内容,这就是:动物的“生命活动”只有一个“尺度”,即它所属的“那个物种”的尺度;人的“生活活动”则有两种“尺度”,即“任何物种”的尺度和人的“内在固有”的尺度。动物只是按照它自己所属的“那个物种”的“尺度”进行“生命活动”,因此,动物永远只能是一代又一代地复制自己,而没有自己的“历史”和“发展”。与此相反,人则不像动物那样只是在“生命活动”中一代又一代地复制自己,而是在人类特有的“生活活动”中一代又一代地发展自己。人类的自我发展,人类的“生活世界”的不断丰富,是人的“生活活动”及其所创造的“生活世界”的全部意义。

人类作为物质世界链条上的特定环节,是“自在的”或“自然的”存在,即同世界上其他存在物一样的自然而然的存在;人类作为认识世界和改造世界的主体,则是“自为的”或“自觉的”存在,即区别于世界上其他所有存在物的“超越自然”的存在;因此,人类作为“自在”存在与“自为”存在、“自然”存在与“自觉”存在的对立统一,是既“自在”又“自为”、既“自然”又“自觉”的存在,即作为物质世界中达到自我认识和自我改造的能动性主体而存在。

作为“自在的”或“自然的”存在,人类统一于物质世界,人类的根本属性是自然性,物质世界是人类生存和发展的根据;作为“自为的”或“自觉的”存在,人和人的世界又是人类自己创造的产物,人类的根本属性是社会性,人类本身是自己生存和发展的根据;因此,人类是自然性与社会性、受动性与能动性、适应性与创造性的对立统一。

---

① 马克思:《1844年经济学-哲学手稿》,人民出版社1979年版,第50-51页。

人类存在的矛盾性,根源于人类自身的存在方式。人类自身的物质生产活动,使人类从动物式的纯粹的“生命活动”,转化为人类所特有的“生活活动”,并使人类从动物式的纯粹的“生存世界”,转化为人类所特有的“生活世界”。人类使自己的“生命”存在成为“生存”与“生活”的矛盾性存在。人类使自己的“世界”成为“生存的世界”与“生活的世界”的矛盾性的存在。人的“生命”的“生存”与“生活”的矛盾,人的“世界”的“生存的世界”与“生活的世界”的矛盾,构成了人类存在的最根本性的“矛盾”。这种根本性的矛盾,决定了人类存在的矛盾性。

世界就是自然,而从自然中生成的人类,却要在“我”与“自然”的“关系”中,认识自然和改造自然,把自然变成马克思所说的“人化了的自然”。为了让自然满足自己的需要,人类要从这个自然而然的世界去探索“真”(世界是怎样)、去寻求“善”(世界应怎样)、去实现“美”(“是”与“应当”的统一),把世界改造成对“我”(人和人类)来说是真、善、美的世界。由此便构成了人与世界之间的无限丰富的矛盾关系。

人生也是自然,而从自然中生成的人类,却要在生命的活动中,认识人生和改造人生,把人生变成“有意义”的“生活”。为了使生活具有“意义”,人们在对人生的认识和改造中去寻找意义(为何生存)、去追求价值(怎样生活)、去争取自由(实现人生的意义与价值),把人类的“生存”变成人类所向往和追求的“生活”,把人类的社会变成人类所憧憬的理想性的现实。人类创造自己和发展自己的过程,正是构成人与自然、人与历史、人与社会、人与他人、人与自我的无限丰富的矛盾关系的过程。

人类存在的矛盾性,在于现实的人总是不满足于人的现实,总是要使现实变成对人来说是更为理想的现实。这就是人类存在的理想与现实的矛盾。人类的全部活动——科学探索、技术发明、政治变革、艺术创新、道德践履、理论研究、工艺改造、观念更新——都是现实的人对人的现实的超越。人在现实中生活,又在希望、期待、向往和憧憬的理想中生活。现实规范着理想,理想引导着现实。对于人类的存在与发展来说,美好的理想和坚定的信念则比人类已经获得的全部成果更重要,因为只有理想才能引导人类为使自己崇高起来而斗争。正是在以理想对现实的观照中,激发了人们的深切的哲学思考。

哲学,它根源于人类存在的矛盾性,根源于人类对自身存在的矛盾性的自觉。自觉到自身存在的矛盾性,并以理论的方式反思人与自然、人与社会、人与他人、人与自我的矛盾,并进而反思在这些矛盾中所蕴含的思维与存在、主观与客观、主体与客体、感性与理性、个别与一般、逻辑与直觉、理想与现实、自由与必然等等矛盾关系,这就是人类把握世界的反思方式——哲学。

二、哲学与人类存在的实践性

人类存在的矛盾性,从根本上说,就是人类存在的实践性。实践是人的存在方式,哲学的生活基础是人类的实践活动及其历史发展。实践活动是人类有意识、有目的、能动地改造世界的客观物质活动,它自身具有深刻的内在矛盾性:

其一,实践主体的自然性与超自然性。实践活动是人以自己的感性的自然(肉体组织),并通过感性的中介(物质工具),去改造感性的对象(物质世界)。离开实践主体的自然的感性存在,就没有感性的实践活动。"但人不是简单的自然存在物,而是具有理智的人的自然存在物。人不像动物那样无意识地适应自然界,而是在适应自然界的同时使自然界适应自己,满足自己的需要"。"正是这种双重的适应性,即环境对人和人对环境的不断作用与反作用,决定了人的活动的本质"①。离开超自然性的自然性,人只能像动物一样去适应自然;反之,离开自然性的超自然性,人的超自然性只能是一种神秘的、抽象的特性。因此,作为实践主体的人,其自然性是具有超自然性(自为性)的自然,其超自然性是具有自然性(自在性)的超自然性。只有辩证的哲学反思,才能超越把人的自然性与超自然性分割开来的知性思维,达到对人的自在自为的辩证理解。

其二,实践活动的合目的性与合规律性。实践是人的有目的的自觉活动,是人把自己的目的和要求变成现实的活动。作为实践主体的人,自己给自己构成人所要求的世界图景,并以自己的实践活动使世界变成自己理想的世界。但同时,实践作为人的客观物质性活动,又必须面对客观世界,以客观世界为转移。因此,一方面,实践主体要按照自己的欲望、目的、要求去改变世界;另一方面,实践主体的目的性要求又必须积淀着关于世界的规律性认识,这种目的性要求才能得以实现。由此便构成了实践活动中的"合目的性"与"合规律性"的矛盾。这种矛盾也只有在辩证哲学的反思中才能得到合理的理解。

其三,实践活动的"人的尺度"和"物的尺度"。人类实践活动的特殊性,在于人类是依据"两种尺度"来进行自己的生命活动。实践活动的"合目的性",本质上是以"人的尺度"去要求客观世界;实践活动的"合规律性",则是以"物的尺度"去规范人的目的与活动。因此,实践活动的"合目的性"与"合规律性"的矛盾,深层地看,是"人的尺度"与"物的尺度"的矛盾。动物只有一个"尺度",即它所属的那个"物种"的尺度;人则有两种"尺度",即"任何物种"的尺度和人的"内在固有"的尺度;人的实践活动既是以"人的尺度"去改变世界,又是按照每种"物的尺度"去规范自己的思想与行为;正是在这两个"尺度"的对立统一中,实践活动实现为"合目的性"与"合规律性"的对立统一。

① 科尔纽:《马克思的思想起源》,中国人民大学出版社 1987 年版,第 75 页。

其四,实践活动中的客体主体化与主体客体化。实践活动是一个双重化的过程:一方面,实践主体以"人的尺度"去要求实践客体,把自己的"目的性要求"变成现实的存在,这就是所谓的主体客体化(客体变成主体所要求的客体);另一方面,实践主体又以"物的尺度"去规范自己的思想与行为,按照"客观规律"去进行实践活动,这就是所谓的客体主体化(主体成为掌握客体规律的主体)。正是在这种主体客体化与客体主体化的对立统一中,人实现了改造世界与改造自身的对立统一。在人类的实践活动中,这种主体客体化与客体主体化的过程是不断扩展与深化的。因此我们可以说,"实践既是消除主观性与客观性各自的片面性、使主体与客体达到统一的活动,又是发展主观性与客观性的对立、造成主体与客体新的矛盾的活动。总之,在实践活动中不仅蕴藏着人类社会生活的一切秘密,也蕴藏着人的对象世界的一切秘密;它是人类面对的一切现实矛盾的总根源,同时又是人类能够获得解决这一切矛盾的力量和方法的源泉和宝库"①。

实践作为人的存在方式,它不仅蕴含着实践主体的自然性与超自然性、实践活动的合目的性与合规律性、实践过程的人的尺度与物的尺度、实践结果的主体客体化与客体主体化等诸多矛盾,而且还蕴含着实践活动的现实性与普遍性、现实性与理想性、现实性与无限性的矛盾。这些矛盾更为深刻地构成了哲学反思的生活基础。

现实性与理想性,是蕴含在实践活动之中的一对矛盾。列宁说:"人的实践=要求(1)和外部现实性(2)"②。关于人的实践的"要求",列宁解释说:"世界不会满足人,人决心以自己的行动来改变世界。"③而关于人的实践对世界的"改变",列宁则更为深刻地指出:"人给自己构成世界的客观图画,他的活动改变外部现实,消灭它的规定性(=变更它的这些或那些方面、质),这样,也就去掉了它的假象、外在性和虚无性的特点,使它成为自在自为地存在着的(=客观真实的)现实。"④实践活动的"理想性"与"现实性"的矛盾,使人与世界之间构成了一种独特的否定性的统一关系,即人以"理想性"的要求而"现实"地"否定"世界的现存状态,使世界变成人所要求的现实,并在这种现实中实现人与世界的统一。正是在实践活动的"理想性"与"现实性"的矛盾中,构成了思想自我反思的生活基础:人与世界之间究竟是怎样的关系?人应当如何对待理想与现实?是现实规范理想,还是理想塑造现实?在人的思想活动中,"是"(现实)与"应当"(理

① 高清海:《论实践观点作为思维方式的意义》,载《高清海哲学文存》第1卷,吉林人民出版社1997年版,第125页。

② 《列宁全集》第38卷,第229页。

③ 《列宁全集》第38卷,第229页。

④ 《列宁全集》第38卷,第235页。

想）如何统一？人类思想的"逻辑支撑点"究竟是什么？

实践活动中的又一对矛盾，是现实性与无限性的关系。人类实践活动的"每次现实"和"个别实现"是有限的，而人类实践活动本身却是一个无限的历史展开过程。实践活动作为思维与存在、主观与客观、人的尺度与物的尺度、合目的性与合规律性、自然的世界与属人的世界、人的自然性与人的自为性、人们创造历史与历史发展规律等人与世界之间全部矛盾的"交错点"，它并不是一个凝固的、静止的、孤立的"点"，而是聚集在这个"交错点"上的全部矛盾的历史展开过程。

人类的实践活动，是把世界变成人所希望的世界的活动，也就是把理想变成现实的活动。人类的实践活动中所蕴含的理想性是一种无限的指向性。实践具有无限的指向性，哲学则试图通过对世界统一性（终极存在）的确认、对知识统一性（终极解释）的占有、对意义统一性（终极价值）的规定，来奠基人类自身在世界中的安身立命之本，即人类存在的"最高支撑点"。因此，从哲学与人类存在的矛盾性的关系中，从哲学与人类存在的实践性的关系中，我们应当得出这样的基本结论：对于改造世界和认识世界的主体来说，哲学是人类把握世界的不可或缺和不可替代的基本方式；而哲学的存在与发展，则深深地植根于人类自身的存在方式——实践。

三、人类把握世界的哲学方式

人类的自我发展，人类的"有意义"的"生活世界"，是人类自己的历史性的"生活活动"创造出来的。人类的创造性的"生活活动"，是在实践的基础上，以人类把握世界的各种基本方式实现的。哲学就是作为人类把握世界的一种特殊方式而存在的。

人与世界的现实关系是极其丰富的，这既是因为世界具有无限的丰富性，也是因为人类具有把握世界的各种基本方式。以人类的实践活动为基础的人类把握世界的基本方式，主要包括神话、常识、宗教、艺术、伦理、科学、哲学等等。正是由于人类以这些"基本方式"去把握世界，才构成了人的"神话世界"、"常识世界"、"宗教世界"、"艺术世界"、"伦理世界"、"科学世界"和"哲学世界"。因此，在哲学的自我理解中，或者说在对各种哲学观的当代阐释中，我们应当这样提出问题，即在人类创造自己的"生活世界"并实现人的自我发展的诸种基本方式中，"哲学"的不可或缺和不可替代的特殊作用和独特价值是什么？这就需要我们超越哲学与科学的"二元"关系，具体地探讨哲学与人类把握世界的其他基本方式的"多元"关系。

首先我们来分析"神话"。神话方式是一种"幻化"的方式，是对人和世界的双重的幻化。它既以宇宙事件来看待人的行为，又以人的行为去解释宇宙事件，从而构成了神话意义的世界。比如,风调雨顺或涝旱成灾,风和日丽或电闪雷鸣,在神话的意义世界中,或是神灵的恩赐,或是神灵的惩罚,宇宙事件被拟人化为情感或意愿的表达。神话,表现了人对意义的寻求。对人来说,人的行为也好,宇宙事件也好,都不能是“无意义”的。用人的行为来解释宇宙事件的“意义”,或者反过来,用宇宙事件来解释人的行为的“意义”,都表明人无法忍受无意义的生活。

神话,它能够成为人类把握世界的一种方式,也许最重要的是表现了人对生命意义的寻求。人无法忍受自己只是浩渺宇宙中的匆匆过客式的存在,更无法忍受自己只能是无声无息、一了百了地死去。生命的无所归依的毁灭,是无法接受的,也是无法忍受的。于是,在神话的意义世界中,生命活动具有了宇宙事件的意义,生命消逝具有了灵魂转移的再生的意义。

其次我们来分析“宗教”。宗教,是人创造的另一个意义世界。它以神圣的形象使人的存在获得“神圣”的意义。宗教中的神圣形象,把各种各样的力量统一为至高无上的力量,把各种各样的智能统一为洞察一切的智能,把各种各样的情感统一为至大无外的情感,把各种各样的价值统一为至善至美的价值。这样,宗教中的神圣形象,就成为一切力量的源泉,一切智能的根据,一切情感的标准,一切价值的尺度,人从这种异在的神圣形象中获得存在的根本意义。

人创造了宗教,是为了从宗教中获得存在的神圣的意义。然而,对人来说,宗教的神圣意义,却恰恰表明了人的悖论性存在:生活的意义来源于宗教的神圣意义,这意味着人把自己的本质力量异化给了宗教的神圣形象,是人还没有获得自我或再度丧失了自我的自我感觉和自我意识;消解掉宗教的神圣意义,这意味着生活本身不再具有神圣的意义,生活失落了规范和裁判自己的最高的根据、标准和尺度。如果存在宗教的神圣意义,人的生活就具有宗教赋予的神圣意义;如果不存在宗教的神圣意义,人就是宇宙中的匆匆过客,死亡就是不可再生的永逝。意识到神圣形象的存在,会感受到人的全部思想和行为都被一种洞察一切的力量监视,因此生活变得“不堪忍受之重”;意识到神圣形象的消逝,会感受到人的一切思想与行为都只不过是自己在思想和行为,因此生活变得“不能承受之轻”。

人能够超越宗教意义世界的悖论,在于人有多重的文化意义世界。

现在我们来分析“艺术”。艺术是人类把握世界的又一种基本方式,它构成人的艺术的意义世界。艺术的意义世界,不是关于世界究竟是怎样的那种“知识”的世界,也不是关于人究竟应当怎样的那种“价值”的世界,而是使我们的感受更加强烈、生命更富色彩的“审美”的世界。

关于艺术,有种种不同的观点,“摹仿说”认为艺术是对自然的摹仿;“想象说”认为艺术是人的想象力的产物;“显现说”认为艺术是对理念的感性显现;

"表现说"认为艺术是情感的对象化存在;"象征说"认为艺术是苦闷的宣泄;"存在说"认为艺术是人诗意地生活的方式……。但是,不管对艺术有多少不同的理解,艺术总是为人类展现了一个审美的世界,一个表现人的感觉深度的世界,一个深化了人的感觉与体验的世界。在艺术世界中,情感体验本身获得了自足的意义。

艺术使个人的感受条理化,使个人的体验和谐化,它调整和升华了人的感受与体验。艺术又使人的情感对象化、明朗化,在想象的真实中获得真实的想象。艺术没有"创造"画布和颜料,没有"创造"肉体和声音,也没有"创造"语言和文字,然而,它创造了美的线条和色彩,创造了和谐的舞姿和韵律,创造了形象和意境。一句话,艺术创造了艺术的意义世界。它把宗教的神圣形象的情感意义,展现为艺术世界的审美意义。

如果说艺术创造了属人的艺术世界,那么,科学则创造了属人的认知的世界、知识的世界、智能的世界。

"科学",它首先是为人类提供了科学的世界图景。在科学的世界图景中,人们不只是"看"到了离开科学所看不到的存在,比如分子、原子、基本粒子、遗传基因、历史规律等等,更重要的是"看"到了世界对人的"意义",比如能量转换的意义,生物进化的意义,历史发展的意义,信息交换的意义等等。正是在科学所展现的"意义"中,人们愈来愈深刻地认识到科学的"意义",并以科学的"意义"去取代神学的"意义",用科学的世界图景去取代神学的世界图景。"科学"已经成为人的思想与行为的根据。

在科学的意义世界中,人们不仅获得了科学的世界图景,也不仅展现了智力的奇迹,而且获得了价值评价的尺度和价值规范的依据。"科学"与否,成为判断人的思想与行为的标准。人们用"科学"去衡量人的思想是否"合理",科学成为"合乎理性"的标准;人们用"科学"去裁判人的行为是否"适当",科学成为"适宜恰当"的标准。于是,作为宗教的神圣形象所具有的裁判人的思想与行为的意义,被科学的价值标准所取代了。

科学为人类提供的世界图景、思维方式和价值规范,构成了一个系统的、完整的、强大的意义世界。然而,在科学的意义世界中,也隐含着科学自身所无法解决的主观与客观、主体与客体、个别与一般、观察与理论、逻辑与直觉、意识与潜意识、理性与非理性等等的矛盾与冲突。对这些矛盾与冲突的意义的寻求,构成了人的哲学的意义世界。

人的意义世界,在"同时态"上表现为人类把握世界方式的多样性、人类文化形式的多样性,以及这种多样性的统一性。神话的世界、宗教的世界、常识的世界、艺术的世界、伦理的世界、科学的世界、哲学的世界,构成了五彩缤纷的人的意义世界。各种文化形式作为"同一主旋律的多重变奏",就如同赤、橙、黄、绿、青、蓝、紫合成的阳光，又构成统一的意义世界。哲学作为人类把握世界的一种基本方式，它的特殊作用和独特价值，在于它是“意义”的“普照光”。

任何时代的生活世界的“意义”，都是人类以其把握世界的全部方式创造出来的。然而，这种创造活动的结晶——生活世界的“意义”——却像经过三棱镜的太阳光，被这些不同的方式分解为赤、橙、黄、绿、青、蓝、紫的“七色光谱”，“意义”的“普照光”反而黯然失色了。哲学的巨大的生活价值，首先就在于它把人类以各种方式所创造的“意义”“聚焦”为照亮人的生活世界的“普照光”。作为文化哲学家的恩斯特·卡西尔，曾经深刻地指出：“我们全神贯注于对种种特殊现象的丰富性和多样性的研究，欣赏着人类本身的千姿百态。但是哲学的分析给自己提出的是一个不同的任务。它的出发点和它的工作前提体现在这种信念上：各种各样表面上四散开的射线都可以被聚拢来并且引向一个共同的焦点。”①他还具体地指出：“它能使我们洞见这些人类活动各自的基本结构，同时又能使我们把这些活动理解为一个有机整体。语言、艺术、神话、宗教决不是互不相干的任意创造。它们是被一个共同的纽带结合在一起的。”“在神话想象、宗教信条、语言形式、艺术作品的无限复杂化和多样化现象之中，哲学思维揭示出所有这些创造物据以联结在一起的一种普遍功能的统一性。神话、宗教、艺术、语言，甚至科学，现在都被看成是同一主旋律的众多变奏，而哲学的任务正是要使这种主旋律成为听得出的和听得懂的。”②

哲学作为“意义”的“普照光”，这是它对人类的存在与发展的最大意义。任何一种哲学理论，都凝聚着哲学家所捕捉到的该时代人类对人与世界相互关系的自我意识，都贯穿着哲学家用以说明人与世界相互关系的独特的解释原则和概念框架，都熔铸着哲学家用以观照人与世界相互关系的价值观念、审美意识和终极关怀。因此，任何一种真正的哲学理论，都是黑格尔所说的“思想中所把握到的时代”，都是马克思所说的“时代精神的精华”。它以自己提出的新的问题、新的提问方式以及对新问题的新的求索，批判性地反思人类生活的时代意义，理论性地表征人类生活的矛盾与困惑、理想与选择，从而塑造和引导新的时代精神。这是哲学作为“意义”的社会自我意识和时代精神的“精华”的真义之所在，也是哲学在人类把握世界的全部方式中的不可或缺和不可替代的生活价值之所在。

小结：

哲学智慧是“爱智”，它把智慧作为自己的思考对象。由热爱智慧和探究智

---

① 卡西尔：《人论》，上海译文出版社1985年版，第281页。

② 卡西尔：《人论》，上海译文出版社1985年版，第87、91页。

慧而形成的哲学智慧,是关于人类生存发展和安身立命的“大智慧”。哲学的这种“大智慧”是反思的智慧、批判的智慧、变革的智慧,它通过对种种“自明性”问题的批判性反思,启迪、激发和引导人类的自我超越和自我发展。

当代的哲学智慧为我们展现了哲学自我理解的广阔视野。从总体上看,当代的哲学观可以概括为“普遍规律说”、“认识论说”、“语言分析说”、“存在意义说”、“精神境界说”、“文化批判说”、“文化样式说”和“实践论说”。马克思的实践论的哲学观,既是哲学发展史上的空前的革命性变革,又为人们合理地理解和解释当代哲学中的各种各样的哲学观,提供了最重要的理论基础。

探索各种不同的哲学观,我们会发现,各种哲学观都是以各自的独特理解去阐释哲学对人类的生存与发展的特殊价值,从而说明哲学存在的根据和哲学发展的动力。一种哲学观具有怎样的合理性和解释力,就在于它在何种程度上把握到人的存在方式以及人与世界之间的关系。

以人类的实践活动为基础,人类以经验的、神话的、宗教的、伦理的、艺术的、科学的和哲学的等基本方式把握世界,从而构成了属人的丰富多彩的世界,构成了人与世界之间极其复杂的矛盾关系。哲学在人类生活中的不可或缺和不可替代的特殊作用和独特价值,就在于它是一种区别于常识、宗教、艺术、科学等方式的独特方式。人类把握世界的哲学方式,是把人类以各种方式所创造的生活“意义”聚焦为照亮人的生活世界的“普照光”。

思考题:

1. 怎样理解哲学是“爱智”?
2. 为什么说哲学是对“自明性”的分析?
3. 简要评述当代哲学的几种主要的哲学观。
4. 谈谈你对哲学与宗教、艺术、科学相互关系的理解,并概括你对哲学的初步认识。

第二章　哲学的思维方式

哲学作为人类把握世界的一种基本方式，它的首要特征，在于它是一种区别于神话、常识、宗教、科学和艺术等等方式的哲学思维方式。

关于哲学的思维方式，人们常常以“反思”这个概念予以表述。那么，究竟如何理解哲学的“反思”？“反思”的哲学思维具有哪些特性？人们怎样进行哲学的“反思”？“反思”的哲学思维具有何种独特的意义与价值？这些就是本章所要探讨的主要问题。

第一节　哲学的基本问题

哲学思维的本质、特性和功能，是同哲学的基本问题密切相关的。在总结哲学史的基础上，恩格斯曾作出这样的概括：“全部哲学，特别是近代哲学的重大的基本问题，是思维和存在的关系问题。”①然而，正是由于人们对哲学基本问题理解的不同，又造成了对哲学思维方式的不同理解。因此，我们需要从哲学的基本问题——思维和存在的关系问题入手去探讨哲学的思维方式。

一、对哲学基本问题的通常解释

关于哲学的基本问题，通常的解释主要包括如下的基本内容：

其一，认为“思维和存在”的关系问题也就是“精神和物质”的关系问题，因而实际上是以“精神和物质”的关系去理解和解释哲学的“基本问题”。

其二，由于把“思维和存在”的关系问题归结为“精神和物质”的关系问题，因而把哲学的基本问题分解为两个方面：一是思维和存在、精神和物质“谁为第一性”的问题，也就是精神和物质谁为“本原”、谁为“派生”的问题；二是思维和存在、精神和物质“有无同一性”的问题，也就是精神能否认识物质的问题。通常把前一方面称作“本体论”问题，而把后一方面称作“认识论”问题。

其三，由于对精神和物质“谁为第一性”问题的截然相反的回答，构成了贯穿哲学始终的唯物主义与唯心主义的对立与斗争。凡是认为物质是第一性的而精神是第二性的，即认为物质是“本原”的存在而精神是“派生”的存在的哲学属于唯物主义；与此相反，凡是认为精神是第一性的而物质是第二性的，即认为精

① 《马克思恩格斯选集》第4卷，第219页。

神是“本原”的存在而物质是“派生”的存在的哲学属于唯心主义。由于唯物主义和唯心主义都认为世界只有一个“本原”(物质或精神),因而是哲学的“一元论”。在哲学史上,还有主张精神和物质同为“本原”的哲学学说,这就是哲学“二元论”。但是,由于这种所谓的“二元论”往往需要设想一个凌驾于精神和物质之上的“上帝”的存在,所以总是最终导致哲学唯心主义。

其四,由于对精神和物质“有无同一性”问题的截然相反的回答,又可以把各种不同的哲学派别区分为“可知论”与“不可知论”。凡是认为思维和存在具有“同一性”、精神能够认识物质的哲学学说均属于“可知论”,反之则属于“不可知论”。

其五,承认物质第一性、精神第二性的唯物主义哲学,在哲学发展史上经历了三个基本发展阶段并构成了三种基本理论形态,这就是:古代的朴素唯物主义、近代的形而上学唯物主义、马克思主义的辩证唯物主义和历史唯物主义。在哲学史上,唯心主义有过许多派别,但归结起来有两种基本形式,这就是主观唯心主义和客观唯心主义。

其六,在哲学思想的发展过程中,除了存在唯物主义与唯心主义的矛盾和斗争之外,还同时交织着辩证法与形而上学的矛盾和斗争。辩证法和形而上学都有唯物主义与唯心主义之分;唯物主义与唯心主义也有辩证法与形而上学之别。

为了便于把握上述的基本观点及其相互关系,也为了便于在此基础上深入地探讨作为哲学基本问题的“思维和存在的关系问题”,我们可以把对哲学基本问题的通常解释,简要图示如下:

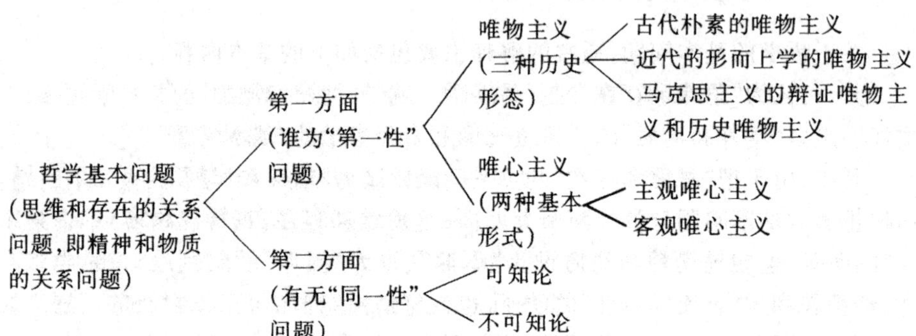

首先我们应当承认,关于哲学基本问题的通常解释,对人们理解哲学基本问题的基本内涵和把握哲学基本问题的基本内容,是必要的和重要的。同时,人们也只有在熟悉这种通常解释的基础上,才有可能进一步地思考各种哲学问题。但是,我们必须看到,在这种关于哲学基本问题的通常解释中,隐含着一系列需要认真思考和深刻反省的理论问题:(1)究竟如何理解作为哲学基本问题的“思维和存在的关系问题”?能否把“思维和存在的关系问题”等同于“精神和物质的关系问题”？(2)作为哲学基本问题的“思维和存在的关系问题”究竟包括哪些方面？能否仅仅把哲学基本问题归结为精神和物质“谁为第一性”以及精神和物质“有无同一性”这样两个方面？(3)究竟如何理解哲学的唯物主义与唯心主义？唯物主义和唯心主义这两个术语的含义究竟是什么？(4)辩证法与“本体论”和“认识论”到底是什么关系？能否把辩证法排斥于“思维和存在的关系问题”之外？(5)究竟如何从哲学基本问题去理解哲学的“反思”的思维方式？哲学“反思”的对象、性质、方式和功能与哲学的基本问题是何种关系？

如何理解和解释哲学的基本问题，这关系到对哲学的研究对象、理论性质和社会功能等全部哲学问题的理解与解释，当然也直接地关系到对哲学的思维方式的理解与解释。因此，我们需要从探索恩格斯关于哲学基本问题的经典论述入手，以哲学发展的历史与逻辑为背景，重新理解和解释作为哲学基本问题的“思维和存在的关系问题”。

二、探索哲学基本问题的思想内涵

在《路德维希·费尔巴哈和德国古典哲学的终结》这部哲学名著中，恩格斯不仅明确地提出了关于哲学基本问题的论断，而且对这个论断作出了精辟的分析与论述。恩格斯的这些分析与论述，既是我们深刻理解哲学基本问题的基本依据，也是我们具体地探索哲学的思维方式的理论前提。

首先，关于哲学的基本问题，恩格斯的论断非常明确：“全部哲学，特别是近代哲学的重大的基本问题，是思维和存在的关系问题。”①这个论断明确地告诉我们：哲学的重大的基本问题是“思维和存在”的“关系问题”，而不是“思维”和“存在”的问题。这就是说：哲学不是以“思维”和“存在”为研究对象，去形成关于“思维”和“存在”的某种知识，而是把“思维和存在的关系”作为“问题”来研究，考察和追究“思维和存在的关系”。这种区别的意义是十分重大的。它直接地决定着人们能否以哲学的思维方式去思考哲学，或者说，它直接地决定着人们能否形成哲学的思维方式。

在通常的关于哲学及其基本问题的解释中，或者把哲学界说为“关于整个世界的学说”，或者把哲学归结为“关于思维规律的科学”，这正是把“存在”或“思维”视为哲学的对象，并把研究“思维和存在”当成哲学的基本问题。这种理解的结果，就把哲学归结为关于“整个世界”的知识了。

与此相反，恩格斯强调指出的是，哲学的基本问题是“思维和存在的关系问题”。为了使人们深刻地理解这个问题，恩格斯还作出重要的提示：作为哲学基本问题的“思维和存在的关系问题”，“只是”在近代哲学中才被“十分清楚”地

---

① 《马克思恩格斯选集》第4卷，第219页。

提了出来并获得了“完全的意义”。这就告诉人们,考察近代哲学如何提出和探讨“思维和存在的关系问题”,是理解“哲学的重大的基本问题”的必要前提。而只要人们了解近代哲学,就会懂得,被称之为“认识论转向”的近代哲学,它的突出特征就是从人的认识出发去反省“思维和存在的关系问题”。这种“认识论转向”的近代哲学,既不是提供某种关于“存在”的知识,也不是提供某种关于“思维”的知识,而是为人类确立了关于思维与存在之间的矛盾关系的自我意识,也就是为人类提供了一种不断深化的辩证的思维方式。

其次,哲学的基本问题是“思维和存在”的关系问题,不能把它简单地、直接地归结为或等同于“精神和物质”的关系问题。理解这一点,对于哲学的自我理解,对于掌握哲学的思维方式,对于解释哲学发展的历史与逻辑,都是非常重要的。

从哲学的发展史上看,“思维和存在的关系问题”,是在对“精神和物质”的关系的再抽象的基础上发展起来,因此两者既有着密不可分的历史联系,又有着重要的原则性区别。恩格斯说,作为哲学基本问题的思维和存在的关系问题,在远古时代就以“灵魂对外部世界的关系”而萌发了;在“中世纪的经院哲学”中,思维和存在的关系问题则表现为“什么是本原的,是精神,还是自然界?”“世界是神创造的呢,还是从来就有的?”①而在近代哲学中,则不仅“十分清楚”地提出了“思维和存在的关系问题”,而且使之获得了“完全的意义”。

“精神和物质”的关系,从根本上说,是一种何者为“本原”、何者为“派生”、何者为“第一性”、何者为“第二性”的“时间先在性”问题。在“时间先在性”的意义上,精神和物质的对立是僵硬的,其先后顺序是不能颠倒的,即先有物质,后有精神;物质是第一性的,精神是第二性的;物质是精神的“本原”,精神则是物质的“派生物”。

应当看到,强调“精神和物质”的关系问题在“思维和存在”的关系问题中的重大意义,是十分重要的。这有助于人们鲜明地区分哲学的唯物主义和唯心主义。但是,简单地把“思维和存在”的关系问题归结为“精神和物质”的关系问题,却会导致对哲学的简单化、经验化的理解,以至于丢弃哲学的“反思”的思维方式。

“思维和存在”的关系,其重要特征在于,不仅具有“精神和物质”关系的“时间先在性”问题,而且具有超越“精神和物质”关系的“逻辑先在性”问题。这是二者的重大区别。在“精神和物质”的“时间先在性”问题中,二者的关系是不可变易的,即“物质”是“本原性”的存在。而在“思维和存在”的“逻辑”关系中,则表现出极为丰富和极为复杂的矛盾关系。

---

① 《马克思恩格斯选集》第4卷,第219-220页。

显而易见,“存在”这个范畴不等于“物质”这个范畴,它不仅包括“物质”的存在,也包括“精神”的存在。用近代哲学的方式说,“存在”不仅是“意识外的存在”,而且是“意识界的存在”。与这种“存在”范畴相对应,“思维和存在”的关系,至少就应当包括“精神和物质(意识外的存在)”的关系,也包括“精神和精神(意识界的存在)”的关系。

同样,“思维”这个范畴也不等同于“精神”或“意识”。从狭义上看,“思维”似乎只是“精神”或“意识”的一部分,但在哲学(特别是近代哲学)的意义上,“思维”就不仅是指“意识的内容”,而且是指“意识的形式”;不仅是指关于思维对象的“对象意识”,而且是指构成、把握、统摄和反省“对象意识”的“自我意识”;不仅是指“思想的内容”,而且是指“思想的活动”。

这表明,在哲学(特别是近代哲学)所自觉到的“思维和存在”的“关系问题”中,不仅“存在”范畴具有相对性和多义性,与之相对应的“思维”范畴也具有相对性和多义性。正是这种“思维和存在”之间的相对性和多义性,构成了“思维和存在”之间的极为错综复杂的矛盾关系,并从而形成了哲学的极其丰富多彩的理论内容。如果把作为哲学基本问题的“思维和存在的关系问题”简单地、直接地归结为和等同于“精神和物质的关系问题”,就会忽视甚至无视“思维和存在”之间的极其错综复杂的矛盾关系,因而也就会忽视甚至是丢弃哲学自身的极其丰富多彩的理论内容。

第三,在对哲学基本问题的理解中,不能把“辩证法”问题排斥在外,而把哲学基本问题仅仅归结为“本体论”和“认识论”问题。

正如人们所熟知的,在对哲学基本问题的通常解释中,是把辩证法排斥于“思维和存在的关系问题”之外的。按照通常解释,哲学基本问题被分解为关于思维和存在“谁为第一性”(何者为本原)的“本体论”问题,以及思维和存在“有无同一性”(思维能否认识存在)的“认识论”问题。辩证法则变成与哲学基本问题无关的另一类问题。

作为这种理解的逻辑延伸,辩证法被分别地解释为与“本体论”和“认识论”相联系的理论形态和理论内容:其一,与“本体论”相联系的辩证法,即关于客观世界矛盾运动的“客观辩证法”(包括“自然辩证法”和“历史辩证法”);其二,与“认识论”相联系的辩证法,即关于人类认识和人类思维矛盾运动的“主观辩证法”(包括“认识辩证法”和“思维辩证法”);其三,作为“客观辩证法”和“主观辩证法”的总和,辩证法则被解释为关于自然、社会和思维的发展的“普遍规律”的学说。

对此,我们应当提出的问题是:(1)能否把“客观辩证法”视为离开“思维和存在的关系问题”的关于“存在”的辩证法?(2)能否把“主观辩证法”视为离开“思维和存在的关系问题”的关于“思维”的辩证法?(3)能否把“关于普遍规律的学说"视为离开"思维和存在的关系问题"的关于"整个世界"的辩证法？为此，我们有必要在这里具体地探析马克思、恩格斯和列宁是怎样提出和回答这些问题的。

在《关于费尔巴哈的提纲》中，马克思既批评旧唯物主义"只是"从"客体的或者直观的形式"去理解事物，而没有从人的感性活动、人的实践和"主观方面"去理解，又批评唯心主义"只是"抽象地发展"能动的方面"，而不知道真正现实的、感性活动的本身。① 其结果，近代的唯物主义变成了形而上学的唯物主义，辩证法却成了"无人身的理性"的自我运动和自我认识的辩证法，即唯心主义的辩证法。

在《自然辩证法》中，恩格斯提出，"我们的主观的思维和客观的世界服从于同样的规律，因而两者在自己的结果中不能互相矛盾，而必须彼此一致，这个事实绝对地统治着我们的整个理论思维。它是我们的理论思维的不自觉的和无条件的前提"。据此，恩格斯一方面指出18世纪的唯物主义只就这个前提的"内容"去研究这个前提，而没有从"形式"方面去研究这个前提，另一方面则指出近代的辩证唯心主义哲学（特别是黑格尔），"还从形式方面去研究了这个前提"。对此，恩格斯作出的评论是，尽管"思维和存在的统一"在黑格尔哲学中"采取了唯心主义的头足倒置的形式"，但却把思维过程同自然过程和历史过程联系起来了。②

在《哲学笔记》中，列宁更为尖锐地提出，"如果一切都发展着，那么这是否也同思维的最一般的概念和范畴有关？如果无关，那就是说，思维同存在没有联系。如果有关，那就是说，存在着具有客观意义的概念辩证法和认识辩证法"。列宁认为，这里所提出的问题，就是"关于辩证法及其客观意义的问题"。③ 在批评普列汉诺夫把辩证法"当作实例的总和……而不是当作认识的规律（以及客观世界的规律）"时，列宁又进一步明确地提出，"辩证法也就是（黑格尔和）马克思主义的认识论"。对于这个论断，列宁又特别强调地指出，"正是问题的这一'方面'（这不是问题的一个'方面'，而是问题的实质）普列汉诺夫没有注意到，至于其他的马克思主义者就更不用说了"④。

把马克思、恩格斯和列宁的上述论断集中到一点，那就是：必须把辩证法同哲学基本问题统一起来，从思维和存在的关系问题去定义和解释辩证法理论，真正揭示辩证法理论的世界观、认识论和方法论的统一。

上面，我们初步地探讨了恩格斯关于哲学基本问题的经典论述，分析了"思

---

① 参见《马克思恩格斯选集》第1卷，第16页。

② 参见《马克思恩格斯选集》第3卷，第564页。

③ 参见《列宁全集》第2版，第55卷，第215页。

④ 参见《列宁全集》第2版，第55卷，第305、308页。

维和存在的关系问题”的哲学内涵，并分析了辩证法同哲学基本问题的关系。下面，我们具体地分析近代哲学和现代哲学与哲学基本问题的关系，这将使我们更为深刻地理解哲学的基本问题和哲学的思维方式。

三、近代哲学与哲学基本问题

在关于哲学基本问题的论述中，恩格斯不仅强调地指出，“思维和存在的关系问题”“特别是近代哲学的重大的基本问题”；而且具体地指出，“思维和存在的关系问题”“只是”在近代哲学中“才被十分清楚地提了出来”，“才获得了它的完全的意义”①。因此，要掌握哲学基本问题的历史前提、理论内涵及其“完全的意义”，就必须具体地了解和探讨近代哲学的基本特征。

人们常常把西方的近代哲学称作哲学发展史中的“认识论转向”。哲学基本问题之所以能够在近代哲学中“被十分清楚地提了出来”并“获得了它的完全的意义”，从哲学发展的历史与逻辑上看，就在于近代哲学实现了这种“认识论转向”。

所谓“认识论转向”，是相对于古代的“本体论哲学”而言的。近代以前的哲学还没有自觉到“思维和存在的关系问题”，而是离开思维对存在的关系，直接地寻求和断言某种经验的或超验的“存在”，并把这种经验的或超验的“存在”归结为“万物的本原”，用这种经验的或超验的“存在”去解释全部的经验世界以及关于经验世界的全部知识。这就是所谓的“本体论哲学”。

“认识论转向”，从根本上说，就是自觉到了“思维与存在”之间的矛盾，把“思维与存在的关系”当作最重要、最基本的哲学“问题”来进行研究，从而使研究思维与存在、主观与客观、主体与客体矛盾关系的“认识论”问题成为哲学的根本问题。

在这种“认识论转向”中，近代哲学以探寻思想的客观性为聚焦点，不仅研究了外在的世界与人的观念之间的关系，而且特别深入地考察了人的观念内部的诸种关系问题。对此，恩格斯曾经指出，“我们的主观的思维和客观的世界服从于同样的规律”，这是“我们的理论思维的不自觉的和无条件的前提”。恩格斯接着指出：“18 世纪的唯物主义，由于它在本质上是形而上学的性质，只就这个前提的内容去研究这个前提。它只限于证明一切思维和知识的内容都应当起源于感性的经验，而且又提出了下面的这个命题：凡是感觉中未曾有过的东西，即不存在于理智中。只有现代唯心主义的而同时也是辩证的哲学，特别是黑格尔，还从形式方面去研究了这个前提。”②在这里，恩格斯在提出理论思维的“前

① 参见《马克思恩格斯选集》第 4 卷，第 220 页。

② 《马克思恩格斯选集》第 3 卷，第 564 页。

提”问题的基础上，指出18世纪的唯物主义和辩证的唯心主义分别地研究了这个“前提”的“内容”与“形式”。恩格斯的这个论断对于我们理解哲学的基本问题及其“完全的意义”是十分重要的。

具体地看，围绕着“思维和存在”的关系问题的“内容”与“形式”这两大方面，近代哲学主要是提出和研究了“客观世界与意识内容”、“意识内容与意识形式”、“对象意识与自我意识”、“外延逻辑与内涵逻辑”、“知性思维与辩证思维”、“分析判断与综合判断”、“思维规律与存在规律”、“理论理性与实践理性”等一系列关于“思维和存在”的“关系问题”，从而“十分清楚”地提出了“哲学的基本问题”，并使之“获得了完全的意义”。

首先，近代哲学明确地区分了“意识外的存在”与“意识界的存在”，也就是明确地区分了“客观世界”与“意识内容”，从而清楚地提出了“对象与表象”或“对象与映象”的关系问题，也就是清楚地提出了“思维和存在”的关系问题。这就是恩格斯所说的从“内容”上去考察思维和存在的关系问题。

与此同时，近代哲学还特别地从“形式”上去研究思维和存在的关系问题。这突出地表现在，近代哲学比较自觉地考察了“意识内容”与“意识形式”的关系问题、“对象意识”与“自我意识”的关系问题、“理论理性”与“实践理性”的关系问题等一系列“思维和存在”的“关系问题”。通过探索这些“关系问题”，近代哲学揭示出对象与经验、经验与知觉、知觉与表象、表象与观念、观念与思维、思维与想象、想象与情感、情感与意志、意志与自我、小我与大我、理论与实践等极为错综复杂的矛盾关系，从而使“思维和存在的关系问题”获得了“完全的意义”。

这里必须说明的是，思维和存在的关系问题在近代哲学中所获得的“完全的意义”，是与近代哲学的“认识论转向”相对应的。也就是说，近代哲学所实现的哲学基本问题的“完全的意义”，主要是在“认识论”的意义上实现的。现代哲学所实现的“实践转向”、“语言转向”和“生存论转向”，则在现代的水平上深化了哲学基本问题，使“思维和存在的关系问题”获得了更为丰富和深刻的理论内涵。

具体地说，整个近代哲学的根本问题，是“思想的客观性问题”，也就是人的思想是否具有客观内容的问题。这个问题的形成，是以自觉到“思维”与“存在”的矛盾为前提的，又是以哲学的“认识论转向”来实现对这种矛盾的探索的。

近代的唯物论哲学认为，思想的客观性在于，思想映象是关于对象的映象，思维通过分析、抽象感性映象而形成的思想观念，它表达的就是思维对象的规定性。近代的唯心主义哲学则认为，思想的客观性在于，思想的对象即是思想的内容（意识界的存在），思想通过自我认识而形成的思维规定，也就是思维对象的规定。

然而，对于这两种关于“思想客观性”的哲学回答，我们可以分别提出如下的问题：(1)对于近代唯物论哲学来说，它必须回答这样一个问题：思想映象不仅仅是关于对象的映象，而且只能是经过思维主体的思维活动所形成的映象，因此，思想的客观性，也要求主体的思维活动的客观性。那么，主体的思维活动具有客观性吗？(2)对于近代唯心论哲学来说，它必须回答这样一个问题：把思想的对象限定为“意识界的存在”，那么，“意识界的存在”是从哪里来的？“意识界的存在”与“意识外的存在”是何关系？如果不解决“意识界的存在”与“意识外的存在”的统一性问题，又如何确认“思想的客观性”？

正是针对上述两方面的问题，恩格斯在论述近代哲学与哲学基本问题的关系时指出，18世纪的唯物主义“只限于”证明一切思维和知识的内容都应当起源于感性的经验，而没有从“形式”方面去考察“思维和存在的关系问题”；与此相反，近代的唯心主义则从“形式”方面去研究“思维和存在的关系问题”，但却把“意识外的存在”作为在认识论上无意义的问题而排斥在“思想的客观性”问题之外，因此只能是抽象地发展思维的能动性，而不可能真正地解决思想的客观性问题。

作为整个近代哲学的理论总结，18世纪末到19世纪初的德国古典哲学，进一步丰富和升华了“思维和存在的关系问题”。德国古典哲学的奠基人康德，从认识主体与认识对象的矛盾，以及认识内容与认识形式的矛盾去探索“思维和存在的关系问题”，集中地考察了主体的认识能力问题。德国古典哲学的集大成者黑格尔，则从思维的矛盾运动中去论证思维与存在的统一性，又从思维的建构与反思的对立统一中去展现思维的矛盾运动，力图在辩证法的“本体论”、“认识论”和“逻辑学”的统一中去解决“思维和存在的关系问题”。费尔巴哈在批判黑格尔的唯心主义的过程中，则把“思维和存在”的关系归结为思维与“感性存在”的关系。这就是马克思主义哲学以前的西方近代哲学所达到的关于哲学基本问题的认识水平，也就是西方近代哲学在“认识论”的意义上使哲学基本问题获得的“完全的意义”。

四、现代哲学与哲学基本问题

整个近代哲学始终在思维与存在、主观与客观、主体与客体的二元对立中去寻求思想的客观性，因而始终是在“认识论”的意义上去回答作为哲学基本问题的思维和存在的关系问题。这表明，近代哲学对哲学基本问题的理解存在着一个根本性的缺陷，这就是离开人的实践活动及其历史发展去回答“思维和存在的关系问题”。正是针对这种状况，马克思尖锐地指出：“哲学家们只是用不同的方式解释世界,而问题在于改变世界。"①

在揭露近代哲学的主—客二元对立模式的内在矛盾的过程中,始于19世纪中叶的现代哲学,出现新的革命性的"哲学转向"。这就是马克思主义哲学的"实践转向"以及现代西方哲学的"语言转向"。现代的"哲学转向"深化了哲学基本问题的理论内涵,也丰富了哲学基本问题的理论内容。

马克思主义哲学认为,人的思维的最本质最切近的基础是人类自己的实践活动,"思维和存在的关系问题"所蕴含的全部矛盾关系都植根于人类的实践活动之中,"思维和存在的关系问题"的历史演化和历史发展都展开在人类实践的历史过程之中。因此,只有从现实的人及其历史发展出发,达到对哲学基本问题的实践论理解,才能正确地理解和解释"思维和存在的关系问题"。这就是马克思主义哲学所实现的"实践转向"。

在这种"实践转向"中,马克思主义哲学所理解"思维和存在的关系问题",既不是黑格尔的"无人身的理性"与其"逻辑规定"的关系,也不是费尔巴哈的"抽象的个人"与其"感性的直观"的关系,而是"现实的人"以"感性的活动"为基础的与"现实的世界"的关系。这样,作为哲学基本问题的"思维和存在的关系问题",在马克思主义哲学中,就是以实践为基础的人与世界之间的、现实地和历史地发展着的关系。以"实践转向"的观点去看待"思维和存在的关系问题",我们就会形成动态的而不是静止的、发展的而不是凝固的关于哲学基本问题的认识。

人们常常把马克思主义哲学的革命性变革称作"实践转向",与此同时,人们还常常把现代西方哲学的特征概括为"语言转向"。这种"语言转向"在文化层面上展现了"思维和存在"的丰富的矛盾关系。了解"语言转向"的基本内容,对于在当代的水平上认识哲学基本问题,是十分必要的。

近代哲学的"认识论转向",它所批判的是,离开"思维和存在的关系问题"而直接断言"世界";它所要求的是,在建立关于"世界"的理论之前,必须先有关于"认识"的理论;这种要求的实质是,哲学家必须把反省"思维和存在的关系"作为最重大的"基本问题"。

现代西方哲学的"语言转向",它所批判的是,离开对人类"语言"的考察而直接断言"思维和存在的关系";它所要求的是,哲学家在建立关于人类意识和世界及其相互关系的理论之前,必须先有关于"语言"的理论;这种要求的实质是,哲学家必须把作为"文化的水库"的"语言"作为研究"思维和存在的关系问题"的出发点。

在现代西方哲学的"语言转向"中,显示出对"思维和存在"、"人和世界"的

① 《马克思恩格斯选集》第1卷,第19页。

"中介环节"的寻求,显示出现代西方哲学对"思维"、"语言"和"存在"三者关系的总体理解。这种总体理解就是:人类必须而且只能用"语言"去理解"世界"和自己的"意识",并用"语言"去表述对"世界"和自己的"意识"的理解;虽然"世界"在人的"意识"之外(世界不依赖于人的意识而存在),但"世界"却在人的"语言"之中(人只能在语言中表述世界和表达对世界的理解);"语言"既是人类"存在"的消极界限(语言之外的世界对人来说是存在着的无),又是人类"存在"的积极界限(世界在人的语言中变成属人的世界);"语言"中凝聚着"思维和存在"、"主观和客观"、"主体与客体"的对立统一,因而也是消解主—客二元对立的文化结晶。

由此我们可以看到,在寻求思维与存在、人与世界的"中介环节"的意义上,在实现思维与存在、人与世界的文化层面上的统一的意义上,"语言转向"具有不容忽视的积极意义。我们应当以马克思主义哲学的实践论的观点,批判地汲取现代西方哲学"语言转向"的积极成果,在当代的水平上深化对思维与存在关系问题的理解,并丰富哲学基本问题的理论内容。

随着社会实践和现代科学的发展,思维和存在的关系问题在当代得到了多侧面、多层次的展开。这主要是表现在:其一,从主体与客体的交互作用中去展开哲学基本问题。这种研究首先是深化了对主体和客体及其中介系统的具体认识,同时又显露出了主体与客体之间各种关系的相互制约和相互转化。实践关系、认知关系、价值关系和审美关系交织在一起,从而促使人们从知、情、意和真、善、美的统一中去考察思维和存在的关系问题;其二,从认识的结构、机制和功能上去展开哲学基本问题。随着生理学、心理学、语言学、逻辑学、脑科学、信息论等科学的发展,认识的生理基础和心理过程,认识的语言中介和逻辑规则,思维的结构、机制和功能等等,都在实证科学的层次得到了不同程度的科学解释。这就促使哲学在概括实证科学成果的基础上去展开思维和存在的关系问题;其三,从社会—文化的角度考察哲学基本问题。随着人类学、文化学、科学学、传播学、民族学等人文科学的发展,认识的人类性、民族性、时代性等社会—文化方面的测度性已日趋明显和精确。这就为研究思维和存在的关系问题提供了新的视角。主体的能动性与受动性问题,认识的反映性与选择性和随机性问题,科学发展及其社会后果问题,微观客体与认识中介问题,客观实在与理论解释问题,人类智能与人工智能问题,语言与意义问题,价值观与真理观问题,文化传统与人的现代化问题,人的自由与历史规律问题,人与自然的统一问题,人类未来与人的自我认识问题等等,都为深化哲学基本问题提出了新的理论问题和新的理论内容。

思维和存在的关系问题是哲学的基本问题。通过对哲学基本问题的经典论述和理论内涵的探析,通过对思维和存在的关系问题在近代哲学和现代哲学中的历史演进的分析,我们就会从作为哲学基本问题的"思维和存在的关系问题"去理解哲学的思维方式,为探索哲学的反思活动做好必要的理论准备。

第二节 哲学的反思活动

哲学是一种"反思"的思维活动,或者说,是一种"反思"的思维方式。因此,只有在"反思"的意义上,才能够理解作为哲学基本问题的"思维和存在的关系问题";反过来说,也只有在理解哲学基本问题的过程中,才能深化对哲学"反思"的认识和领悟。

一、反思的维度

"反思",是思维对存在的一种特殊关系。思维对存在的"反思"关系,从根本上说,就是思维把"思维和存在的关系"作为"问题"(对象)来思考。思维对存在的这种"反思"关系,构成了人类思想的哲学维度。

思维对存在的反思关系,是同哲学的基本问题——思维和存在的关系问题密切相关的。思维与存在之间具有无限丰富的矛盾关系,这些矛盾关系,是作为人类把握世界的全部方式的共同对象而存在的。人类以常识、神话、宗教、艺术、伦理和科学等各种方式把握世界,从而构成思维与存在之间的经验的、幻想的、直觉的、体悟的、审美的、逻辑的等等无限丰富的矛盾关系,并以这些矛盾关系作为自己的对象。同时,我们也可以反过来说,正因为人类是以各种不同的方式(如常识、神话、宗教、艺术、伦理和科学)去构成思维与存在之间的矛盾关系,人类才得以形成关于思维与存在之间的无限丰富的矛盾关系的自我意识。这表明,思维和存在的矛盾关系本身,并不就是哲学的重大的"基本问题"(人类把握世界的各种方式的"基本问题",都可以说是"思维和存在"的矛盾关系);只有在思维把"思维和存在的关系"当作"问题"进行"反思"时,"思维和存在的关系问题"才成为哲学的重大的"基本问题"。正是思维对"存在"(这里的"存在"是指"思维和存在的关系")的这种特殊关系,构成了人类思想的哲学维度——哲学的"反思"维度。

这里,我们必须首先强调指出的是,思维与存在之间虽然具有无限丰富的矛盾关系,但是,从人类思想的"维度"上看,"思维与存在的关系"却可以归结为两个最基本的"维度":一是构成思想的维度,也就是思维以人的认识活动和实践活动为中介而实现的思维与存在相统一的维度;二是反思思想的维度,也就是思想以自身为中介实现的把"思维和存在的关系"作为"问题"而予以"反思"的维度。这就需要我们从"构成思想"与"反思思想"这两个思想维度的比较中,去理解哲学的"反思"。

"构成思想"与"反思思想",是人类思想的两个最基本的维度。"反思思想"是人类思想的哲学维度,"构成思想"则是人类全部认识活动的思想维度。

"构成思想",是以某种具体的方式(如常识的、神话的、宗教的、艺术的、伦理的和科学的方式),去形成某种认知的、价值的、审美的关于存在的思想,并把这种思想作为某种目的性要求,以实践活动的方式获得某种形式的现实性。这就是"构成思想"的维度所形成的"思维和存在"在认识活动和实践活动中的统一。

"反思思想",则是以人类把握世界的诸种方式(如常识、神话、宗教、艺术、伦理和科学)及其全部成果(知识形态的常识、神话、宗教、艺术、伦理和科学)作为"反思"的对象,去追问"思维和存在"统一的根据,去考察断定"思维与存在"相统一的标准,去揭示"思维与存在"之间的更深层次的矛盾,从而实现人类思想在逻辑层次上的跃迁。

对比"构成思想"与"反思思想"这两个维度,我们会看到:"构成思想"是以"世界"(神话的世界、常识的世界、宗教的世界、艺术的世界、伦理的世界和科学的世界)为对象,历史地(发展地)构筑"属人的世界";"反思思想"则是以"思想"(人类把握世界的各种方式所形成的认识成果)为对象,揭露这些"思想"的内在矛盾,以及这些"思想"之间的矛盾,从而为人类思想敞开自我批判的空间,推动人类思想的变革,并从而推动人类社会的进步与发展。

在人类把握世界的全部基本方式当中,哲学具有其特殊的价值与功能。哲学的这种特殊的价值与功能,就在于它是一种特殊的思想维度——反思的思想维度。

需要说明的是,哲学作为人类思想的反思维度,或者说,哲学作为"反思思想"的思想,它本身也是"构成思想"的一种方式。但是,在人类把握世界的全部方式中,哲学不只是"构成思想"的一种方式,而且是"反思思想"的方式。正是后者,标志着哲学理论的特殊性质,标志着哲学思维方式的特殊功能。

对此,我们可以通过对哲学与科学以及哲学与人类把握世界的其他各种基本方式的比较来阐发这种思想。所有的具体科学,有一个共同的根本特点,都把思维与存在的统一性作为"理论思维的不自觉的和无条件的前提",运用理论思维去研究各种具体的存在,而不去追问理论思维的"前提"。或者说,在具体科学那里,不管是数学和自然科学,还是社会科学和人文科学,他们都"不自觉的和无条件的"把思维和存在的统一性当作自己认识世界的"前提"。不仅如此,在人类把握世界的诸种方式中,除哲学之外的各种方式也都把理论思维的"前提"当作不言而喻和不证自明的东西,而去进行生产劳动、经验累积、科学探索、技术发明、工艺改进、艺术创新、政治变革、道德践履等等。就是说,它们的使命都不是研究理论思维的前提、探索思维与存在的关系,都不是把"思维和存在的关系”作为“问题”来研究,而是使“思维和存在”在观念和实践两个基本层次上获得现实的、具体的统一。它们现实地实现思维和存在的统一,但不去“反思”实现这种统一的前提——思维和存在的关系问题。与此相反,哲学则是把“思维和存在的关系”作为“问题”而予以“反思”,从而不断地揭示隐含在理论思维的“不自觉的和无条件的前提”之中的矛盾,实现人类在思维方式上的变革。

哲学,它作为人类思想的“反思”的维度,深深地植根于人类的存在方式——实践本性——之中。人类作为改造世界的实践—认识主体,其全部活动的指向和价值,在于使世界满足人类自身的需要,把世界变成对人来说是真、善、美相统一的世界。因此,具有理论思维能力的人类,不仅仅是把思维和存在的统一当作“理论思维的不自觉的和无条件的前提”,去探索自然的、社会的和人生的奥秘,而且总是对“前提”本身提出质疑,力图在最深刻的层次上把握人及其思维与世界的内在统一性,并以人类所把握到的统一性去解释人类经验中的一切事物和规范人类的全部行为。哲学的特殊性质就在于,它是人类的这种最深层的渴望与追求的理论表达;哲学的独特价值就在于,它在反思理论思维前提的进程中,使人类不断地深化对思维和存在关系问题的认识,从而不断地更新人类的思维方式、价值观念和审美意识,并引导人类现实地变革自己的生存状态和生活方式。

需要指出的是,当我们这样来理解哲学的时候,并不是说科学家、文学家、艺术家、政治家、军事家等等都不去思考作为世界观矛盾的理论思维前提问题。恰恰相反,正因为“思维和存在的关系问题”是一切理论思维活动的“前提”,所以人们在理论思维活动的一切领域都会不可逃避地提出理论思维的“前提”问题。也正因如此,哲学反思的领域是极为广阔的,甚至可以说在人类活动的一切领域是无所不在的。问题在于:当人们在各种不同的活动领域中自觉地提出上述的“前提”问题,并试图对这些“前提”问题进行理论的反思和给予理论的解释时,就超越了自己的特定的研究对象和研究领域,而进入到了哲学的问题领域,进行了哲学的“反思思想”的活动。

毫无疑问,作为“思想”的哲学,只能以“知识”的形态出现。但是,问题的实质在于,哲学是人类思想的一种特殊维度,而不是人类关于经验世界的某种特殊知识,因此,只有深切地理解和真正地把握哲学的“反思”的特性,才能形成哲学的思维方式,并运用哲学的思维方式去“反思”人类创建的全部科学和人类把握世界的各种方式及其成果。

人类关于经验世界的任何认识成果,都凝聚、结晶在关于经验世界的概念规定之中。概念、范畴,它们作为人类认识和掌握“自然现象之网的网上纽结”,构成了人类认识和人类实践发展的“阶梯”和“支撑点”。在人类的文明史上,人类认识的“网上纽结”是需要不断地扩展和深化的,人类认识的“阶梯”和“支撑点”是需要不断地“提高”和“强化”的。这就需要实现概念、范畴的逻辑层次的跃迁。而这种概念、范畴的“逻辑层次的跃迁”，首先是以对概念、范畴的批判性反思为前提的。正是在这里，人类思想的哲学维度——反思——显示了它的不可取代的特殊价值。

二、反思的思维

人类思想的反思维度，在人类的理论思维的发展过程中，构成了反思的思维方式，这就是哲学的思维方式。对此，黑格尔曾经提出，“哲学乃是一种特殊的思维方式，——在这种方式中，思维成为认识，成为把握对象的概念式的认识。所以哲学思维无论与一般思维如何相同，无论本质上与一般思维同是一个思维，但总是与活动于人类一切行为里的思维，与使人类的一切活动具有人性的思维有了区别”①。黑格尔还具体地指出，这种哲学思维的特殊性，就在于它“以思想的本身为内容，力求思想自觉其为思想”②。黑格尔把这种哲学的反思的思维称作“思辨的思维”。

对于这种“思辨的思维”，黑格尔通过“感觉”、“直观”、“想象”、“意志”同“思维”的对比来予以解释。他说：“精神，作为感觉和直观，以感性事物为对象；作为想象，以形象为对象；作为意志，以目的为对象。但就精神相反于或仅是相异于它的这些特定存在形式和它的各个对象而言，复要求它自己的最高的内在性——思维——的满足，而以思维为它的对象”。③ 这就是人类思维的反思活动，即人类思维以自身为对象反过来而思之。因此，我们应当通过对“表象思维”和“形式思维”与黑格尔所说的“思辨思维”的比较，来阐释“反思”的“哲学思维”。

黑格尔说：“表象思维的习惯可以称为一种物质的思维，一种偶然的意识，它完全沉浸在材料里，因而很难从物质里将它自身摆脱出来而同时还能独立存在。与此相反，另一种思维，即形式推理，乃以脱离内容为自由，并以超出内容而骄傲；而在这里，真正值得骄傲的是努力放弃这种自由，不要成为任意调动内容的原则，而把这种自由沉入于内容，让内容按照它自己的本性，即按照它自己的自身而自行运动，并从而考察这种运动。”④这就是说，作为“反思”的“哲学思维”，它既不是以经验材料为对象而形成关于经验世界的各种知识的“表象思维”，也不是以思维的形式推理为对象而形成关于思维的结构与规则的知识的“形式推理”。正是在这个意义上，哲学是“对认识的认识”、“对思想的思想”，

---

① 黑格尔：《小逻辑》，商务印书馆 1980 年版，第 38 页。

② 黑格尔：《小逻辑》，商务印书馆 1980 年版，第 39 页。

③ 黑格尔：《小逻辑》，商务印书馆 1980 年版，第 51 页。

④ 黑格尔：《精神现象学》上卷，商务印书馆 1979 年第 2 版，第 40 页。

也就是思想以自身为对象的“反思”。

哲学,它作为思想以自身为对象的“反思”,必然是一种“概念性的认识”,也就是把“概念”作为再思想、再认识对象。但也正因如此,哲学的思维方式不仅是难于掌握的,甚至也是难于理解的。黑格尔曾经指出,“一般人所说的哲学的难懂性”,一部分是由于他们“不惯于作抽象的思维”,另一部分是由于他们“亟欲将意识中的思想和概念用表象的方式表达出来”①。这就是说,人们总是习惯于寻求某种“熟悉的”、“流行的”“观念”或“表象”来思想,而“意识一经提升到概念的纯思的领域时,它就不知道究竟走进世界的什么地方了”②。

在《黑格尔〈逻辑学〉一书摘要》中,列宁曾摘录黑格尔这样的一段论述:“凡是没有思维和概念的对象,就是一个表象或者甚至只是一个名称;只有在思维和概念的规定中,对象才是它本来的那样。”对此,列宁评论道:“这是对的!表象和思想,二者的发展,而不是什么别的。”③而在“辩证法是什么?”的标题下,列宁又提出,辩证法就是“概念的相互依赖”,“一切概念的毫无例外的相互依赖”,“一个概念向另一个概念的转化”,“一切概念的毫无例外的转化”,“概念之间对立的相对性”,“概念之间对立面的同一”④。在《黑格尔〈哲学史讲演录〉一书摘要》中,列宁曾经更为尖锐地提出问题:“对于‘发展原则’,在 20 世纪(以及 19 世纪末叶),‘大家都已经同意’。——是的,不过这种表面的、未经过深思熟虑的、偶然的、庸俗的‘同意’,是一种窒息真理、使真理庸俗化的同意。——如果一切都发展着,那末一切就都相互转化,因为发展显然不是简单的、普遍的和永恒的生长、增多(或减少)等等。——既然如此,那就首先必须更确切地理解进化,把它看做一切事物的产生和消灭、互相转化。其次,如果一切都发展着,那末这点是否也同思维的最一般的概念和范畴有关?如果无关,那就是说,思维和存在不相联系。如果有关,那就是说,存在着具有客观意义的概念的辩证法和认识的辩证法。”⑤这表明,只有升华为“概念性的认识”,才能达到哲学思维。

三、反思的对象

“反思”是思想以自身为对象反过来而思之。显然,“反思”的对象就是“思想”。“思想”是关于思想对象的思想;没有思想的对象,就不会有“思想”。这正如马克思所说,“意识在任何时候都只能是被意识到了的存在”⑥,“观念的东西

① 参见黑格尔:《小逻辑》,商务印书馆 1980 年版,第 40-41 页。
② 参见黑格尔:《小逻辑》,商务印书馆 1980 年版,第 41 页。
③ 《列宁全集》第 38 卷,第 242 页。
④ 《列宁全集》第 38 卷,第 210 页。
⑤ 《列宁全集》第 38 卷,第 280 页。
⑥ 《马克思恩格斯选集》第 1 卷,第 30 页。

不外是移入人的头脑并在人的头脑中改造过的物质的东西而已"①。因此，在关于"反思"的对象的思考中，我们就不能局限于对"反思"与"思想"二者关系的思考，而必须是扩展为对"反思"、"思想"和"思想对象"三者关系的思考。从这三者关系中，我们既会看到"反思"对象的普遍性，又会懂得"反思"对象的特殊性，从而在"反思"对象的普遍性与特殊性的统一中，深化对"反思"的哲学思维的理解。

首先，我们分析"思想"与"思想对象"的关系。在人类的"构成思想"的思想维度中，"思维与存在的关系"中的"存在"就是"思想"的对象。在这种"构成思想"的维度中的"存在"，不仅是指"物质性"的存在，而且是指"精神性"的存在。如果借用英国科学哲学家卡尔·波普的"三个世界"来表述作为思想对象的"存在"，那么，这里的"存在"主要包括三个方面：(1)所谓"物理自然世界"，即客观物质世界；(2)所谓"人的意识世界"，即主观精神世界；(3)所谓"客观知识世界"，即语言文化世界。实际上，作为"思想"对象的"存在"，就是构成思想对象的全部的存在。

与"构成思想"的思想维度不同，哲学反思的直接对象是"思想"，而不是思想的对象。如果反思的对象仍然是作为思想对象的"存在"，那么，这仍然是"构成思想"的思想维度，它所形成的也仍然是关于世界的思想。正因为"反思"的对象是"思想"，而不是思想的对象，因此，"反思"才把"思维和存在的关系"作为"问题"来思考。就是说，在人类思想的反思维度中，不是具体地实现思维与存在之间的统一，从而构成关于"存在"的某种"思想"；恰恰相反，人类思想的反思维度，是揭露思维与存在之间的矛盾，对各种关于"存在"的"思想"进行反省和批判。正因为"思想"的"对象"是构成思想的全部"存在"，"思想"本身是无限丰富、复杂的，所以，反思的对象是无限开阔的，古往今来的各种哲学从未停息对"思想"的"反思"，当代哲学则愈来愈强烈地感受到"反思"的任重道远。

把"反思"同"思想"和"思想对象"联系起来，我们就会发现：当着哲学企图坚守自己的固有领地的时候，即哲学直接地把"自然界"、"社会"或"思维"作为自己的对象的时候，它越来越感到自己"无家可归"；当着哲学被"驱逐"出它的全部世袭领地之后，它却真正实现了"四海为家"。这就是因为："思想"是关于"世界"的思想，人们正是在"思想"中才能达到对"世界"的把握、理解和解释；"反思"，是对"思想"的反思，关于"世界"的全部"思想"都是哲学"反思"的对象。

哲学确认自己的"反思"的思维方式，并确认"思想"为反思的对象，经历了漫长的过程：在古代，"哲学"曾经充当包罗万象的"知识总汇"，也就是关于"世

① 《马克思恩格斯选集》第2卷，第217页。

界”的全部“思想”;在近代,“哲学”曾经充当凌驾于科学之上的“科学的科学”即“全部知识的基础”,也就是关于“世界”的最具普遍性的“思想”;只有当着“科学”能够提供关于“世界”的各种“思想”的时候,“思想”才真正成为“反思”的对象,哲学才能够确认自己的思维方式及其反思的对象。

关于哲学的这种总体发展趋势,恩格斯在他的几部哲学名著中都作出过具体的论证,并得出了共同的结论。在《反杜林论》一书中,恩格斯提出:“一旦对每一门科学都提出了要求,要它弄清它在事物以及关于事物的知识的总联系中的地位,关于总联系的任何特殊科学就是多余的了。于是在以往的全部哲学中还仍旧独立存在的,就只有关于思维及其规律的学说——形式逻辑和辩证法。其他一切都归到关于自然和历史的实证科学中去了。”①在《路德维希·费尔巴哈和德国古典哲学的终结》一书中,恩格斯又提出:“现在无论在哪一方面,都不再是要从头脑中想出联系,而是要从事实中发现这种联系了。这样,对于已经从自然界和历史中被驱逐出去的哲学来说,要是还留下什么的话,那就只留下一个纯粹思想的领域:关于思维过程本身的规律的学说,即逻辑和辩证法。”②

现代科学的一个突出特点,是以语言学、心理学、逻辑学、脑科学等等为主要内容的“思维科学”的飞速发展。“思维”作为“思想”的对象,已经日益成为“科学”的领域。这样,“世界”的三大领域——自然、社会和思维——都已经成为“科学”的对象,“哲学”被“驱逐”出了它的全部“世袭领地”。因此,正是在现代哲学中,关于“世界”的“思想”真正成为“反思”的对象,哲学也以“无家可归”的形式而真正地实现了“四海为家”。

我们应当看到:思维与存在的矛盾关系既是“无处不在”的(人类把握世界的任何方式都包含着这种矛盾关系),又是“无时不有”的(人类把握世界的各种方式在其历史的全部过程中都包含这种矛盾关系);思维与存在的矛盾关系既是“无限扩展”的(人类的实践活动和认识活动的发展揭示出思维与存在之间的更为丰富的矛盾关系),又是“无限深化”的(人类的实践活动和认识活动的发展揭示出思维与存在之间的更深层次的矛盾关系)。因此,哲学“反思”的对象既是“无处不在”和“无时不有”的,又是“无限扩展”和“无限深化”的。

我们还应当看到:以“思想”为对象的“反思”,不仅是反思“被构成的思想”,而且要反思“构成思想的活动”,还要反思“构成思想的方式”。这后两个方面,是哲学反思的不容忽视的重要对象。

思想,不仅需要思想的对象,而且需要构成思想的活动与方式。构成思想的活动,首要的是思想构成自己的根据和原则,也就是思想构成自己的“逻辑支撑

① 《马克思恩格斯选集》第3卷,第65页。

② 《马克思恩格斯选集》第4卷,第253页。

点”。它规范着思想的主体想什么和不想什么、怎么想和不怎么想，也就是规范着思想主体的思想内容和思想方式。因此，反思思想构成自己的根据和原则，揭示思想构成自己的“逻辑支撑点”，是哲学反思的深层使命。

构成思想的方式，从根本上说，就是人类把握世界的各种基本方式。人们以常识的、神话的、宗教的、艺术的、科学的等等不同的方式去把握世界，也就形成关于世界的各种思想。因此，在哲学反思中，人类把握世界的各种基本方式是极为重要的反思的对象。通过对人类把握世界的各种基本方式的反思，人类就能够在哲学的层面上不断地更新自己的世界图景，并从而变革自己的思维方式、价值观念和审美意识，实现人类自身的发展。

四、反思的特性

人类思想的反思活动，是“对思想的思想”、“对认识的认识”，也就是以“思想”为对象的再思想、再认识的特殊维度的思想活动。由此便决定了反思活动的“超验性”、“批判性”、“综合性”和“前提性”的基本特性。

超验性 所谓“超验性”，就是反思活动的超越经验的性质。这是反思活动的首要的和基本的特性。

反思是以“思想”为对象的思维活动。“思想”本身已经是源于经验而又超越经验的理性认识，对思想的思想，就既不是黑格尔所批判的沉浸于经验内容之中的“表象思维”，也不是黑格尔所批评的超然于经验内容之外的“形式思维”，而是超越于经验之上的关于经验内容的思考。这是反思的超验的特性。

反思的超验性具有二重涵义。其一是说反思的超越经验的性质，就是说，反思不是直接地关于经验对象的思考，反思的直接对象是关于经验对象的“思想”。正因如此，反思需要自己的超越经验科学的特殊方式和特殊方法，也需要反思的主体经过较为系统的反思的训练和培养。反思的超验性的另一重涵义，是指哲学的反思是“超越经验”，而不是“脱离经验”，即哲学的反思并不是脱离经验内容的玄思和遐想。自近代以来的哲学，逐步地形成了一种关于思想内容的逻辑即“内涵逻辑”，它构成了哲学反思的对象。因此，黑格尔在论述哲学的反思时，总是强烈地批判那种“以脱离内容为骄傲”的“形式思维”。

既超越于经验内容之上，又反观于经验内容之中，这就是哲学反思对“经验”的二重性内涵。反思的这种“超验性”，决定了它既要以“批判性”的方式对“思想”进行再思想，又要以“综合性”的方式去实现对“思想”的批判。由此便构成了哲学反思的批判性和综合性。

批判性 所谓哲学反思的批判性，是指哲学反思对“思想”的否定性的思考方式，或者说，把“思想”作为“问题”予以追究和审讯的思考方式。从一定的意义上说，批判性是反思的最本质的特性。

“批判”是人类特有的活动方式，它包括观念形态的精神批判活动和物质形态的实践批判活动这两大批判形态或批判方式。在人类的现实的历史发展过程中，否定世界的现存状态而把世界变成人所要求的现实的实践批判活动，它既是精神批判活动的现实基础，又以精神批判活动为前提。这是因为，在观念上否定世界的现存状态、并在观念中构建人所要求的现实的精神批判活动，既为实践活动提供改变世界的理想性图景，又为实践活动提供满足人的需要的目的性要求。

毫无疑问，哲学的反思活动是一种观念形态的精神批判活动，它直接地表现为对“思想”的批判过程。这主要是表现为揭示思想（使含混的思想得以澄明）、辨析思想（使混杂的思想得以分类）、鉴别思想（使混淆的思想得以阐释）和选择思想（使有用的思想得以凸现）的过程。

哲学反思对思想的揭示、辨析、鉴别和选择，并不是通常所理解的以某种确认的思想去代替其他的思想；恰恰相反，在哲学的反思中，所有的思想都是反思的批判对象。哲学批判所要实现的，是整个思想的逻辑层次的跃迁，也就是实现人类的思维方式、价值观念、审美意识和终极关怀的变革。

关于哲学反思的批判性，马克思提出，“批判的武器当然不能代替武器的批判，物质力量只能用物质力量来摧毁；但是理论一经掌握群众，也会变成物质力量。理论只要说服人，就能掌握群众；而理论只要彻底，就能说服人”①。哲学反思作为“批判的武器”，它以自身的巨大的逻辑征服力去撞击人们的理论思维，从而使人们敞开思想自我批判和思想自我超越的空间，形成更为合理的理想性图景和目的性要求，从而以实践批判的方式使世界变成更加理想的世界。

综合性 所谓哲学反思的“综合性”，是指哲学的批判性反思是通过各种思想的相互撞击和“对话”而实现的。没有广博深厚的“思想”，就没有哲学的“反思”；没有各种各样的“思想”的相互撞击，也无法实现哲学的批判。

哲学反思的综合性，源于对人类把握世界各种方式的超越性综合。人类以科学的方式探索世界之真（为何如此），以伦理的方式反省世界之善（应当怎样），以艺术的方式体验世界之美（是与应当的融合），以宗教的方式追寻世界之永恒（超自然的或彼岸的真善美的存在），以实践的方式让世界满足自己的需要（把世界变成对人来说是真善美相统一的现实）。科学、伦理、艺术、宗教和实践，它们作为人类把握世界的基本方式，在人类自身的历史发展中是相互渗透、相互融合的，而不是孤立自在、彼此绝缘的。知、情、意融汇一体，真、善、美相互依存。因此，人类不仅追求“天人合一”的真，“知行合一”的善，“情景合一”的美，而且始终追求真善美的统一，渴望达到对人的存在方式的统一性把握，从而为人类的全部思想和行为提供自己时代水平的最高的支撑点，即人类的安身立

① 《马克思恩格斯选集》第1卷，第9页。

命之本。哲学,它作为人类把握世界的一种基本方式,其独立存在的根据和价值,就在于它是对其他方式的超越性综合。

前提性　所谓哲学反思的前提性,是指哲学的反思是对思想的各种"前提"的批判,而不是一般所理解的对思想的"内容"的批判。哲学反思的前提性,既构成了哲学反思的真实对象,又决定了哲学批判的真实意义。理解哲学反思的前提性,是掌握哲学的反思的思维方式的根本性要求。

哲学的批判性反思,总是对反思对象的批判;没有作为反思对象的"思想",也就没有作为反思活动的批判。然而,值得我们深长思之的是:反思的对象不只是作为思想内容的思想,而且包括构成思想的根据。这种构成思想的根据,是思想得以形成的前提。它是哲学反思的真实对象,因而哲学的反思具有"前提批判的性质"。

在哲学的意义上,思想的前提是构成思想的根据,推演思想的支点,评价思想的尺度和检验思想的标准。对思想的前提批判,也就是对思想的根据、支点、尺度和标准的批判。这种"前提批判"的出发点和归宿,是实现思想的逻辑层次的跃迁。这表明,哲学的反思是反思的特定层次——前提批判的反思活动。

第三节　哲学的前提批判

一、反思的层次

思想的自我反思有两个基本层次:一是思想对自己的思想内容的反思,二是思想对构成自己的根据和原则的反思。前者是普遍地存在于各种思想活动之中的思想自我反思,后者则是属于哲学层面的哲学反思。

人们在各种各样的思想活动中,不仅仅要"构成思想"即实现思维与存在的具体的统一,而且总要反省、追究已经构成的思想是否实现了思维与存在的统一。所谓"反复思考","三思而后行"等等,都是指这种思想对自己的思想内容的反思。由此可见,这种思想内容的自我反思,是普遍地存在于人类的全部思想活动之中的。这种层次的反思,还不是专属于哲学的反思。这里,我们以人们对科学的反思为例,来说明两个不同层次的反思,从而理解哲学层次的反思。

在科学的发展史上,人们总是通过对科学思想的反思与批判,来推进科学思想的进一步发展。在一定的意义上,科学的发展史,就是科学思想的自我批判史。但是,这种科学思想的自我批判,并不直接就构成哲学层面的反思。

科学的发展表现为以新的科学理论去"扬弃"旧的科学理论,因此,新的科学理论必须同时具有以下两方面的性质:一是它必须具有"向上的兼容性",即能够对原有的科学理论作出更为合理的理论解释;二是它必须具有"论域的超越性”,即能够提出和回答原有的科学理论所没有提出或没有解决的问题。前者属于原有逻辑层次上的理论的延伸、拓宽和深化,后者则要求突破原有的思维方式,实现逻辑层次的跃迁。这表明,科学思想的自我反思和自我批判,并不只是一个反思层次,而是包含两个反思层次。

科学思想自我反思和自我批判的第一个层次,是在遵循既定的逻辑前提的基础上,扩展和深化已有的科学思想;科学思想自我反思和自我批判的第二个层次,则是对科学思想的逻辑前提的批判与变革。这种对科学思想的逻辑前提的批判与变革,从根本上说,就是对人们普遍认同的、占有统治地位的“公理”的挑战。在科学的发展史上,“日心说”之于“地心说”,“进化论”之于“创生论”,“非欧几何”之于“欧氏几何”,“相对论”和“量子力学”之于“经典物理学”,“剩余价值学说”之于“古典政治经济学”,“科学社会主义”之于“空想社会主义”,都可以说是对“公理”的挑战,并且以新的“公理”取代了旧的“公理”,其中包括把旧的“公理”作为新“公理”的特例而容涵于新“公理”之中。

显而易见,科学思想的自我反思和自我批判所实现的对科学理论的逻辑前提的变革,以及由此而实现的世所公认的权威性的“公理”的转换,是科学的划时代的重大发现。它深刻地改变了人们的世界图景、思维方式和价值观念,以至变革了人们整个的生活方式。这种指向思想的逻辑前提、并从而改变了思想的逻辑前提的科学思想的自我反思,已经不再仅仅是思想内容的自我反思,而是一种关于思想的逻辑前提、思想的逻辑基础的反思,因而它属于对构成思想的根据和原则的反思,即哲学层面的思想自我反思。

伟大的科学家爱因斯坦一再强调,在科学研究中,“提出一个问题比解决一个问题更重要”,“想象比知识更重要”。这就是因为,一般所说的“解决问题”,就是在原有的逻辑层次上去解决问题,并没有实现论域的拓宽和逻辑的跃迁;而这里所说的“提出问题”,则是在新的领域或新的逻辑层次上发现新的问题,提出新的问题,为思想前提的逻辑跃迁开拓道路。因此,这种“提出问题”,就不仅仅是科学自身的思考方式,而且是科学家对科学思想的哲学反思。或许正因如此,人们经常说,大科学家必然是大哲学家,不是大哲学家难以成为大科学家。

以思想构成自己的根据和原则为对象的哲学反思,当然不止于科学研究中的哲学层面的反思,而且包括一切思想活动中对构成思想的根据和原则的反思。任何思想,不管是常识思想还是宗教思想,不管是艺术思想还是科学思想,都隐含着构成其具体内容、从而也是超越其具体内容的根据和原则。这些根据和原则,是思想构成自身的一只“看不见的手”。它以文化传统、思维模式、价值尺度、审美标准、行为准则、终极关怀等形式而构成思想的立足点和出发点。

这种思想的立足点和出发点,作为思想构成自己的逻辑前提而隐含在思想构成自己的过程和结果中,并对思想构成自身的进程与结果发挥逻辑的强制性力量——由既定的思想逻辑支点出发而形成特定的思想。因此,要变革思想,就必须变革构成思想的逻辑支点。这就要求人们必须从思想自我反思的第一个层次——思想内容的反思,跃迁到思想自我反思的第二个层次——对思想构成自己的根据和原则的反思,也就是对思想前提的反思。这就是哲学的前提批判。

对于上面所叙述的思想的两个维度、反思的两个层次及其相互关系,我们可以简要地图示如下:

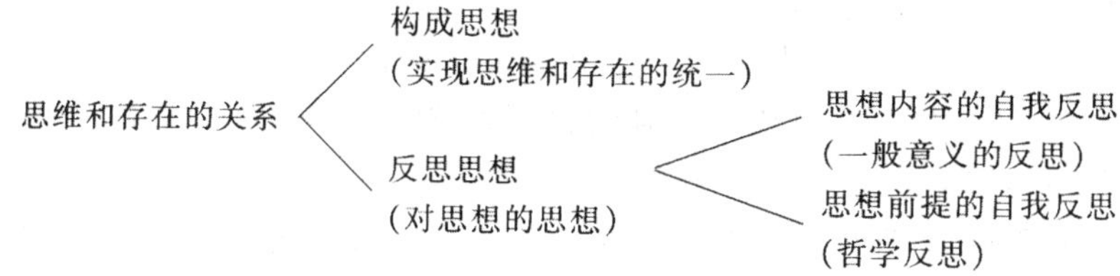

二、思想前提及其特性

思想的前提,就是思想构成自己的根据和原则,也就是思想构成自己的逻辑支点。人的任何思想,都蕴含着构成自己的前提;对思想的前提批判,就是思想的逻辑层次的跃迁。

应当看到,对思想的前提批判,既是哲学反思的实质性内容,又是哲学的艰巨使命。哲学反思的艰巨性,就在于思想前提所具有的"隐匿性"、"强制性";而哲学反思的现实性,则在于思想前提所具有的"可选择性"和"可批判性"。作为思想前提批判的必要性与可能性的统一,则在于思想前提的"普遍性"。

思想前提的"隐匿性"和"强制性" 思想前提,它作为构成思想的根据和原则,是思想中的"一只看不见的手",也是思想构成自己的"幕后的操纵者"。比如,在一般的思维过程中,我们总是按照形式逻辑的三段论的方式去思考问题,并且不自觉地遵守着形式推理的各种规则。这些形式推理的规则,在我们构成思想的进程和结果中,只是"默默地奉献",深深地隐匿在思想活动之中。还应看到的是,在我们的思想活动中,并不仅仅是不自觉地遵循着思维运动的规律与规则,而且"隐匿"着更多的"幕后操纵者"。比如文化传统,这就像《我的中国心》里唱的,"洋装虽然穿在身,我心依然是中国心"。文化传统无条件地烙印在人们的思想之中,并以不自觉的方式规范着人们的所思所想和所作所为。同样,人们的思维模式、价值观念、审美意识、终极关怀等等,都以不自觉的和无条件的方式而规范着人们的思想内容和行为内容。

思想构成自己的根据和原则虽然深深地"隐匿"在思想的过程与结果之中,但它作为思想中的"看不见的手"和"幕后的操纵者",却直接地规范着人们想什么和不想什么、怎么想和不怎么想、做什么和不做什么、怎么做和不怎么做。这就是思想前提对构成思想的"强制性"。比如,在"常识"范围内,我们必须遵循

"经验"的方式去构成思想,任何"超验"的思考,都是对"常识"的"挑战"。同样,在各种特定的理论框架中,我们必须以这些理论框架提供的基本原则为思想的前提,并依据这些思想前提去形成思想。在平面几何的论域内,我们必须(而且只能)是从三角形三内角之和等于180°出发去思考三角形问题,而不能(不允许)从其他思想前提去构成思想。这就是思想前提对构成思想的逻辑强制性。

思想前提的"隐匿性"和"强制性",构成了哲学反思的必要性。这就是,只有通过哲学反思,才能超越对思想内容的反思,而达到对构成思想的前提的反思;也只有通过对构成思想的前提的哲学反思,才能揭示出"隐匿"在思想的过程和结果中的"前提",并以哲学批判的方式去解除这些思想前提的"逻辑强制性",从而使人们解放思想,创立新的思想。

思想前提的"可选择性"和"可批判性" 哲学对思想前提的反思,不仅是由于人类思想的发展需要不断地揭示隐匿于思想之中的前提,并不断地"解除"这些思想前提的"逻辑强制性",而且是因为,思想前提自身所具有的"可选择性"和"可批判性",为哲学的前提批判提供了现实的可能性。

哲学对思想的前提批判,首先是因为任何思想的前提或思想的任何前提都具有"可选择性"。这就是说,思想的前提具有二重性:一方面,它在构成思想的特定过程和特定结果中,是确定的,不可变易的,因而它的逻辑强制性是合理的;另一方面,它在思想的历史发展过程中,在纷繁复杂和多种多样的思想领域中,又是不确定的,可以变易的,因而它的逻辑强制性又是应当和可以解除的。

哲学对思想的前提批判,还因为任何思想的前提或思想的任何前提都具有"可批判性"。这就是说,我们在对任何思想的反思中,都不仅可以反思思想的内容,而且能够反思思想的前提。思想的前提在思想的过程和结果中是"隐匿"的,但人们却可以通过哲学的反思去揭示这些隐匿的前提,对这些前提进行"分析"或"解释",使它们以文化传统、思维模式、价值尺度、审美标准和终极关怀等方式而成为哲学批判的对象。

思想前提的"普遍性" 哲学对思想的前提批判,其必要性与可能性的统一,在于思想前提的"普遍性"。这就是说,在人的思想的过程和结果中,思想前提是"无处不在"和"无时不有"的。这种思想前提的"普遍性",既构成了哲学对思想的前提批判的必要性(任何思想都"隐匿"着需要揭示和批判的"前提"),又构成了哲学对思想的前提批判的可能性(从任何思想中都能够揭示出予以批判的"前提")。以"思想"为对象的哲学之所以能够"四海为家",从根本上说,就在于思想的"前提"具有普遍性。

思想前提的普遍性,首先表现在任何思想都有构成其自身的根据。具体地说,任何思想的自我构成,都是以某种"世界观"、"认识论"和"方法论"为前提的。这就是说,人们在构成具体的思想之前,总有某种关于世界的整体图景,总有某些构成思想的方法，总有某些对思想进行解释和评价的解释原则和评价标准。

思想前提的普遍性，又表现在思想的过程总要遵循思维的规则和运用思维的方法。这些思维的规则和方法正是思想构成自己的重要前提。学习形式逻辑，是要求人们自觉地掌握和运用思维的规则去构成思想和交流思想。思想的前提批判则是要求对构成思想的思维规则和思想方法进行哲学反思。在论述辩证法时，列宁指出："辩证法是活生生的、多方面的（方面的数目永远增加着的）认识，其中包含着无数的各式各样观察现实、接近现实的成分……"①以社会实践为基础的人类认识具有生理的、心理的、语言的、逻辑的、经验的、情感的、意志的、文化的多质性及其错综复杂的矛盾关系。人类在前进发展的过程中，又不断地生成多方面的各式各样的认识成分，从而构成思维与存在之间的日益丰富的矛盾关系，并实现思维与存在的辩证的、历史的、具体的统一。揭示和批判地考察这些认识成分、认识环节和认识方法等等，是哲学的前提批判的重要内容。

思想前提的普遍性，还表现在思想的构成总要以人类把握世界的基本方式为前提。这就是说，任何思想的构成，都是通过常识的、神话的、宗教的、伦理的、艺术的、科学的或哲学的方式构成的；没有把握世界的某种特定方式，也就没有某种特定的关于世界的思想。问题在于，人类把握世界的各种基本方式，都不是凝固的和僵死的，而是在人类的前进和发展中历史地变化的。哲学的前提批判，就是揭示思想在自我构成中，究竟是以怎样的方式为前提。通过这样的哲学前提批判，就会变革和更新人类把握世界的基本方式，从而实现思想的逻辑层次的跃迁。

思想前提的普遍性，最深层地表现为"理论思维的前提"。恩格斯曾经强调地指出，在人的全部思想中，隐含着一个最普遍的、"不自觉的"和"无条件的"前提，这就是思维与存在的统一性。恩格斯说："我们的主观的思维和客观的世界服从于同样的规律，因而两者在自己的结果中不能互相矛盾，而必须彼此一致，这个事实绝对地统治着我们的整个理论思维。它是我们的理论思维的不自觉的和无条件的前提。"②人类思想的哲学维度，就在于它不像各门具体科学和人类把握世界的其他方式那样，把理论思维的"前提"当作毋庸置疑的出发点，去实现思维和存在的某种形式的统一，而是把理论思维的这个"不自觉的和无条件的前提"作为考察的对象，去反思"思维和存在的关系问题"。因此，只有理解哲学对理论思维的前提批判，才能理解哲学基本问题的真实意义，才能把握哲学的反思的思维方式。

---

① 《列宁全集》第38卷，第411页。

② 《马克思恩格斯选集》第3卷，第564页。

三、前提批判的方式与基础

思想前提具有"隐匿性"和"强制性",因此,以思想前提为批判对象的哲学反思,也具有两个最根本的特点:一是揭示思想内容中"隐匿"的"前提",即从哲学反思的思想维度去揭示思想构成自己的根据和原则,使思想的前提由"幕后的操纵者"变成"前台的表演者";二是以哲学反思的逻辑去审视这个走上"前台的表演者",迫使它对自身存在的合理性进行辩护,从而解除原有思想的逻辑支点的构成思想的逻辑"强制性"。

哲学反思的这两个根本特点,决定人类思想的哲学维度在本质上是批判的。对此,哲学大师们有明确的论断。例如,德国古典哲学的奠基人康德,把哲学视为一种"清理地基"的工作,认为"哲学家的事业"就是对"自明性的东西"进行分析,所以他给自己提出的哲学任务是追究"认识何以可能"的前提。现象学大师胡塞尔提出,在所谓的"自然的思维态度"中,认识是深不可测的,而认识的可能性却是"自明"的;但在反思的哲学思维中,认识的可能性却成为理性批判的对象①。他们都把哲学批判的锋芒指向了人类认识何以可能的"前提",并迫使这个前提由"幕后"走上"前台",由"看不见的手"变成"看得见的手",从而遭到哲学反思的无情的批判。就此而言,康德的先验方法和胡塞尔的现象学还原的方法,都可以称之为哲学的前提批判的方式。

以"语言转向"为标志的现代哲学,充分利用"语言"自身所具有的客观性、公共性、多样性、历史性、可分析性和可解释性,以一种前所未有的广阔视野展开了对各种各样的文化形式的思想前提批判。构成人的神话世界、常识世界、宗教世界、艺术世界、伦理世界和科学世界的神话语言、常识语言、宗教语言、艺术语言、伦理语言和科学语言,在这种追问"思想前提"的哲学反思中,不得不一一走上思想自我反思和自我批判的"前台",暴露自己得以存在的"前提",申诉自身继续存在的"根据",变革自身发展的方式。

这样,在"语言转向"的现代哲学批判中,"隐匿"在各种语言系统(文化样式)之中的"文化传统"、"思维模式"、"价值尺度"、"审美标准"、"行为准则"和"终极关怀"等,不仅在这种"清理地基"的工作中被显现出来,而且遭受到了空前深刻的哲学批判。因此,以"语言转向"来标志现代哲学对近代哲学乃至整个传统哲学的变革,并非仅仅是指哲学的研究对象或研究重点的转换,而且主要地是凸现了哲学前提批判的自觉与强化。

哲学对思想的前提批判,并不是纯粹的思想的结果,而是以人类生活的历史发展为坚实基础的。哲学前提批判的自觉与强化,其现实基础正如马克思所说,

① 参见胡塞尔:《现象学的观念》,上海译文出版社 1986 年版,第 19-23 页。

"彼岸世界的真理消逝以后,历史的任务就是确立此岸世界的真理。人的自我异化的神圣形象被揭穿以后,揭露非神圣形象中的自我异化,就成了为历史服务的哲学的迫切任务。于是对天国的批判就变成对尘世的批判,对宗教的批判就变成对法的批判,对神学的批判就变成对政治的批判"①。近代哲学的前提批判,主要是对"上帝本体论"的批判,即对"神圣形象"的批判;现代哲学的前提批判,则主要是对"非神圣形象"的批判,也就是对"尘世"中的各种文化样式的批判。

马克思正是以哲学的前提批判,深刻地揭示了"隐匿"在德国古典哲学、英国古典政治经济学和英法空想社会主义中的诸种"前提",空前深刻地揭露和批判了人在各种"非神圣形象中的自我异化",才创立了马克思主义学说,实现了人类思想史上的伟大变革。而现代哲学所进行的"形而上学"批判、"意识形态"批判、"科学技术"批判、"意义世界"批判、"话语方式"批判等等,从根本上说,都是对现代社会中的各种"非神圣形象"的思想前提的批判。

具体地说,思想前提的批判,主要应当注重以下四个方面:一是形成哲学反思的自觉,也就是形成一种自觉的前提批判意识。在思想的自我反思中,不停滞于对思想内容的反思,而是深入到对构成思想的根据和原则的反思。二是注意揭示思想中的隐含的前提,也就是注重于"蓦然回首",在"灯火阑珊处"去发现真正的问题。三是"消解"前提的强制性,也就是以逻辑的力量去摧毁已有逻辑的强制性。这是整个思想前提批判的实质性内容,也是由批判主体的综合素质所决定的批判的力度与深度的实现过程。四是修正和转换构成思想的前提,以新的思维方式、价值观念、审美意识等去建构思想的新的逻辑支点、实现思想的逻辑层次的跃迁。

在这里,重新思考我国学者王国维所说的读书三境界,对于理解思想的前提批判是非常有帮助的。"昨夜西风凋碧树,独上高楼,望尽天涯路"的第一境界,虽然是登高望远,博览群书,但却只能是"获得思想";"衣带渐宽终不悔,为伊消得人憔悴"的第二境界,虽然是呕心沥血,废寝忘食,但却不一定找到"思想的前提";只有"众里寻它千百度,蓦然回首,那人却在灯火阑珊处"的第三境界,在那人所未见的地方,才有可能找到"隐匿"的"思想前提"。在这个意义上,所谓"读书三境界",既生动地体现了"前提批判"的艰难,也深刻地显示了"前提批判"的意义。

四、前提批判的历史发展

在论述人类的理论思维时,恩格斯曾精辟地指出:"每一时代的理论思维,

① 《马克思恩格斯选集》第1卷,第2页。

从而我们时代的理论思维,都是一种历史的产物,在不同的时代具有非常不同的形式,并因而具有非常不同的内容。"①哲学层面的反思,或者说,对思想前提的哲学批判,既是以人类的理论思维的高度发达为前提的,也是随着人类理论思维的进步而深化的。

哲学的前提批判,首先是始于对常识的前提批判。在人类的社会生活中,经过"概括"的许多"共同经验"构成了人的"常识"。这些常识不断地得到经验的验证与充实,成为人的思想与行为的不可动摇的信念。这些信念以不证自明的"谚语"、"格言"、"箴言"等等的方式而规范人们的思想与行为,因而也就成为隐含于人的思想之中的最基本的、最普遍的"前提"。

常识作为思想的前提,首先是遭到科学思维和哲学思维的共同批判。当代美国科学哲学家瓦托夫斯基提出:"科学和常识之间最重要的区别就在于科学命题的明确性和可反驳性,在于科学的目标理所当然具有自觉的和审慎的批判性。可批判性的条件至少是,批判的对象必须是被明确表达出来的,是自觉反思的对象,而不再是不能言传的东西。"②

在人类的文明史上,从对"经验"的批判转化为对"语言"的批判,从对"常识"的前提批判而升华为对"科学"的前提批判,从对各种各样的思想前提批判而集中于对"理论思维"自身的前提批判,从对理论思维前提的逻辑批判发展为对理论思维前提的实践批判以及文化批判,这构成了哲学的思想前提批判的历史轨迹。

古代哲学作为包罗万象的"知识总汇",哲学思维与科学思维是相互交叉的,因而它们的批判对象主要是"经验"和"常识",它们的批判内容是蕴含于"经验"、"常识"之中的各种各样的思想前提。由于近代哲学在发展的进程中愈来愈自觉地提出了"思维和存在的关系问题",把哲学批判的锋芒愈来愈聚焦于"理论思维的不自觉的和无条件的前提",因而使哲学的前提批判获得了愈来愈明确的对象。现代哲学在其"实践转向"以及"语言转向"中,一方面是确认了思维和存在关系的最本质最切近的现实基础——实践,另一方面则确认了思维和存在关系的最普遍最现实的存在方式——语言。实践论的反思方式开拓了从人的存在方式出发的关于理论思维的前提批判,即对作为哲学基本问题的"思维和存在关系问题"的前提批判。现代哲学的语言论的反思方式、存在论的反思方式和文化论的反思方式,它们作为实践论反思方式的内在环节或题中应有之义,在语言、文化、科学、逻辑等层面上展开了对"思维和存在关系问题"的前提批判。总结哲学的前提批判的历史发展,我们就会懂得,正是马克思的实践论的

① 《马克思恩格斯选集》第3卷,第465页。

② 瓦托夫斯基:《科学思想的概念基础》,求实出版社1982年版,第89页。

反思方式，为哲学的前提批判开拓了正确的道路并展现了广阔的前景。

五、哲学前提的自我批判

思想的前提规范着人们想什么和不想什么、怎么想和不怎么想，也规范着人们做什么和不做什么、怎么做和不怎么做。而在规范人们的所思所想和所作所为的全部思想前提中，最深层的和最根本的思想前提，就是人们的哲学思想。因此，哲学的前提批判的历史发展，最深层地表现为哲学前提的自我批判。理解这个问题，对于哲学的自我理解是至关重要的。

黑格尔认为，哲学是“思想中所把握到的时代”；马克思则更为明确地提出，“任何真正的哲学都是自己时代精神的精华”。哲学作为思想的前提，首先在于它是时代精神的自我意识，即人们对自己所生活的时代的精神的总体认识。因此，哲学前提的自我批判，就是对这种时代精神的自我意识的反思。通过这种反思，揭示出隐匿在思想中的对时代精神的总体认识，进而批判地审视这种总体认识。例如，19 世纪中叶以来的哲学，正是在对思想的哲学前提的批判性反思中，形成了对“理性”、“真理”、“价值”、“实践”、“发展”等根本性范畴的新的时代性理解。

哲学作为“时代精神的精华”，它是特定时代的人类对人与世界相互关系的自我意识。这就是说，在把哲学解释为“时代精神的精华”的时候，是有特定涵义的。具体地说，这种特定涵义包括两个方面：其一，“精华”是指人类关于人与世界相互关系的自我意识，它表现为对人与世界相互关系的解释原则，以及用以观照人与世界相互关系的价值观念和审美意识等等；其二，这种关于人与世界相互关系的解释原则及其价值观念、审美意识等等表现为时代水平的把握和解释人与世界相互关系的“统一性原理”即哲学理念。因此，简洁地说，“时代精神的精华”，即是每个时代的哲学理念。

哲学的发展史表明，每个时代的哲学家，都企图在最深刻的层次上形成自己时代的哲学理念，从而以此把握和解释人与世界的相互关系，并以其解释人类经验中的一切事物，以及关于这些事物的全部知识。这种时代水平的哲学理念，在人类的社会生活和历史发展中具有极其重要的作用。它构成人们反思常识、宗教、艺术、伦理、科学和人类全部实践活动的哲学前提，并因而成为思想解放和社会发展的推动力量。因此，哲学前提的自我批判，从根本上说，就是对每个时代的哲学理念的批判性反思。

哲学理念，是人类思维中关于人与世界相互关系的“统一性原理”；哲学理念的性质，需要从人类思维的性质去解释。关于思维的性质，恩格斯说，人类的思维是“至上性”与“非至上性”的辩证统一。“按它的本性、使命、可能和历史的终极目的来说，是至上的和无限的；按它的个别实现和每次的现实来说，又是不至上的和有限的"①。

作为思想前提的哲学理念,首先是植根于人类思维的"本性、使命、可能和历史的终极目的",即植根于人类思维的"至上性"和"无限性",也就是植根于思维对"终极性"的寻求。哲学理念作为思想中的"最高的支撑点",正是表达了人类思维对确定性、普遍性、必然性、统一性和终极性的寻求。然而,哲学理念作为时代精神的精华,它只能是自己时代的产物;哲学理念作为哲学家思维着的头脑所建构的统一性原理,它只能是思维的"个别的实现和每次的现实"。因此,任何时代的哲学理念又都是"不至上的","有限的"。

由此便形成了思想前提中的最深层的矛盾——哲学前提的自相矛盾:哲学理念作为思想的最深层的根据、尺度和标准,它要求最高的权威性和最终的确定性;哲学理念作为时代精神的精华,它具有历史的局限性和内在的否定性。

哲学从其产生开始,就蕴含着两个基本矛盾:其一:它指向对人及其思维与世界的"统一性原理"的终极占有和终极解释,力图以这种"统一性原理"为人类的生存和发展提供永恒的最高支撑点;而人类的历史发展却总是不断地向这种终极解释提出挑战,动摇它所提供的"最高支撑点"的权威性和有效性。这就是哲学所承诺的"统一性原理"与人类历史发展的矛盾。其二,哲学以自己所承诺的"统一性原理"作为判断、解释和评价一切的根据、标准和尺度,也就是以自己作为"理论思维的不自觉的和无条件的前提",从而造成自身无法解脱的哲学解释循环。因此,哲学家只有通过对哲学前提的自我批判,重新奠定哲学的"地基",才能使哲学的解释循环不断地跃迁到高一级层次。这就是哲学前提自身的内在矛盾,以及由此所决定的哲学前提自我批判的根据。

由此我们可以看到,思想前提中的哲学理念,具有内在的否定性:从历史的进步性看,每个时代的哲学理念,就是这个时代的人类所达到的关于人与世界相互关系的最高理解,即该时代人类思想的最高支撑点,因此它具有绝对性;从历史的局限性看,每个时代的哲学理念,又只是特定时代的产物,它作为人类思想的最高支撑点,正是表现了人类作为历史性的存在所无法挣脱的片面性,因此它具有相对性;从历史的可能性看,每个时代的哲学理念,都是人类思想在其前进的发展中所建构的"阶梯"和"支撑点",它为人类思想的继续发展提供世界观层面的理论支持,并通过自我批判而实现人类思想的自我超越。

小结:

哲学的基本问题是"思维和存在的关系问题",它决定了哲学的反思的思维方式。思维和存在"服从于同样的规律",这是人类理论思维的"不自觉的和无

① 《马克思恩格斯选集》第3卷,第126页。

条件的前提”;这个“前提”蕴含于人类的全部活动中,并以“不自觉的和无条件的”方式规范人们的全部思想与行为。因此,在“思维和存在的关系”中,包含了人类思维的两个基本维度:一是“构成思想”的维度,这就是把思维和存在“服从于同样的规律”当作理论思维的“不自觉的和无条件的前提”,现实地、具体地实现观念中的和实践中的思维和存在的统一;二是“反思思想”的维度,这就是“对思想的思想”,“对认识的认识”,也就是把已经形成的“思想”作为反思对象的思想维度。“思维和存在的关系问题”之所以是“哲学的重大的基本问题”,就是因为哲学把“思维和存在的关系”作为“问题”而进行反思。这是理解哲学及其基本问题的实质所在。

对“思想”的“反思”,包括反思“思想内容”和反思“思想前提”这样两个基本层次;哲学的使命就在于它是对思想“前提”的反思。思想的“前提”具有隐匿性、逻辑的强制性以及可选择和可批判等特性,因而构成了思想前提自我批判的必要性与可能性。尤为重要的是,思想的“前提”具有普遍性,它表现为思维活动的逻辑规则、思想活动的逻辑支撑点、人类把握世界的各种基本方式以及理论思维所承诺的“不自觉的和无条件的前提”,因此,哲学的前提批判具有无限广阔的领域和不可穷尽的深度。

每个时代的哲学所进行的思想前提批判,都只能是以该时代所形成的哲学理念为前提,因此,哲学的前提批判总是最深刻地表现为哲学前提的自我批判。这里的关键问题在于:每个时代的哲学理念,就是这个时代的人类思想的最高支撑点;同时,每个时代的人类思想的最高支撑点又只能是人类思想在其前进的发展中所建构的“阶梯”和“支撑点”,因而又必须通过哲学前提的自我批判而实现人类思想的自我超越。因此,哲学的思维方式,应当是一种批判的、反思的、变革的思维方式,是一种辩证法的思维方式。

思考题:

1. 怎样理解作为哲学基本问题的“思维和存在的关系问题”?
2. 怎样从“构成思想”与“反思思想”的对比中理解哲学的反思?
3. 思想构成自己的前提有哪些基本特性?
4. 思想前提的普遍性主要表现在哪些方面?
5. 为什么说哲学的发展过程是哲学前提的自我批判过程?

第三章　超越常识的哲学

在人类把握世界的各种基本方式中，以直接经验为基础的"常识"，是一种最基本和最普遍的方式，并成为其他各种方式得以形成和发展的基础。正因如此，人们总是习惯性地以常识方式去理解、解释和对待其他各种方式。这种情况尤为突出地表现在以常识方式去理解、解释和对待哲学，以至于把"哲学"变成某种冠以哲学名词的常识。因此，深化对哲学及其反思的思维方式的理解，首先需要具体地探讨哲学与常识的关系。这个关系问题的实质是：哲学是常识的延伸和变形，还是对常识的超越？让我们共同探讨这个问题。

第一节　常识、科学和哲学

常识、科学和哲学，是人类把握世界的三种基本方式，也是人类把握世界的三个层次的概念框架，并由此构成了人类的三个不同层次的"世界图景'、"思维方式"和"价值规范"。从人类把握世界的三个层次概念框架入手，会使我们比较深入地认识常识、科学和哲学的三者关系。

一、三个层次的概念框架

人是认识世界和改造世界的主体。在人与世界之间的主体与客体的关系中，"概念"占有特殊重要的地位。概念既是人类思维的形式，又是人类认识的成果。在人与世界的现实关系中，作为主体的人既要以概念的方式去把握、描述、解释和反思人与世界及其相互关系，又要以概念的方式去理解、解释、规范和反思人自己的思想与行为，还要以概念的方式去建构关于世界的规律性图景以及对世界的理想性、目的性要求。这表明，人类在自己的社会实践活动中，必须和只能以概念的方式去实现对世界的本质性、普遍性、必然性和规律性的把握与解释，也就是以概念的方式实现思想对世界的占有。

概念是人在思想中构筑经验世界的方式，也是将思想中的世界世世代代传递下去的社会遗传方式。概念是人类历史文化的"水库"，也是人类认识发展的"阶梯"和"支撑点"。人们从历史上承继下来的各种概念体系，直接地和深层地制约着和规范着人们的历史性创造活动，制约着和规范着人们对世界的理解、人们之间的相互理解和每个人的自我理解。在这个意义上，人类的文明史也就是概念的形成、演化、变革、更新和发展的历史。

但是，在对概念的理解中，人们往往忽视了两个极为重要的问题：其一，概念必须（和只能）在概念的特定框架中获得意义；其二，在不同层次的概念框架中，概念具有不同的性质。正是由于人们往往忽视这两个极为重要的问题，因而往往造成以常识的方式去理解和解释人类把握世界的其他方式，特别重要的是以常识的方式去理解和解释人类把握世界的哲学方式。因此，厘清哲学与常识的关系，首要的是澄清人类把握世界的不同层次的概念框架的不同性质。

所谓“概念框架”，是指人们用以构筑思想中的经验世界并用以整理思想中的概念的方式。从人类用以把握世界的概念框架的层次性上看，可以从总体上区分为三个最基本的层次，这就是常识性质的概念框架、科学性质的概念框架和哲学性质的概念框架。

在不同层次的概念框架中，概念具有不同的性质。这就是说，尽管人们可以完全使用相同的“名词”或“语句”，但是，在不同层次的概念框架中，这些完全相同的“名词”或“语句”却具有根本不同的性质。例如，人们经常使用“物质”这个“名词”，但它在常识的、科学的和哲学的三个不同层次的概念框架中，却具有不同的性质。在“常识”的概念框架中，“物质”是指各种各样的“东西”；在“科学”的概念框架中，“物质”是指构成世界的“要素”；而在“哲学”的概念框架中，“物质”则是指不依赖于人的意识而又为人的思想所把握的“客观实在”。

同样，人们经常挂在嘴边的“真善美”与“假恶丑”等等，无不在不同层次的概念框架中具有不同的性质：常识之“真”即是“真的”（不是假的），科学之“真”是经过“验证的”的“普遍必然性”，而哲学之“真”则是指“思想的客观性”；常识之“善”即是“好的”（不是坏的），科学之“善”是指行为对人和社会的正面效应，哲学之“善”则是指人的思想与行为的“应然性”；常识之“美”就是“美的”（不是丑的），科学之“美”是思想的合乎逻辑，哲学之“美”则是“是”与“应当”的统一。

让我们具体地分析一下“真”与“假”的问题。在常识中，“真”与“假”直接指向的是经验对象，即：某个经验对象是否存在，如果它存在着，那么它就是“真”的，否则就是“假”的。在科学中，“真”与“假”则不仅仅是指向经验的对象，而且更重要的是指向关于经验对象的思想，即：关于经验对象的某种解释是否成立，如果该种解释是成立的，则该种思想是“真”的，否则该种思想就是“假”的。在哲学中，“真”与“假”不仅仅是指某个经验对象是否存在，也不仅仅是指关于经验对象的某种思想是否成立，而且更为重要的是指“思维和存在”是否具有“同一性”，即思想是否具有“客观性”。不仅如此，哲学中的“真善美”是联系在一起的，哲学关于“真”的理解，总是某种真理观、价值观和历史观的统一。因此，虽然人们都在使用“真”这个概念，但在不同的概念框架中，概念本身却具有不同的性质。

二、世界图景、思维方式和价值规范

概念框架的性质或层次不同,不仅决定着该层次中的所有概念的特定性质,而且决定着人们对人和世界及其相互关系的不同理解。具体地说,常识的、科学的和哲学的三个层次的概念框架,为人们提供了三种不同性质的世界图景、思维方式和价值规范。正是在这三种不同性质的世界图景、思维方式和价值规范中,世界得到了不同层次的描述和解释,人的思想与行为也得到了不同层次的理解和规范。下面,我们分别简要地从世界图景、思维方式和价值规范这三个方面来分析常识的、科学的和哲学的不同性质及其相互关系。

第一,所谓"世界图景",是指人在自己的表象和思想中所构成的关于经验世界的整体图景。这表明了"世界图景"的不可或缺的两个方面:其一,世界图景是关于经验世界的图景,而不是某种幻想的或玄想的图景,这是理解"世界图景"的唯物主义前提;其二,关于经验世界的图景,不是自在的世界,而是人在自己的表象和思想中所构成的世界图景,因而人的世界图景离不开构建它的概念框架。在对"世界图景"的理解上,长期以来存在的突出问题,是把人的"世界图景"混同于"自在的世界",因而也就没有从人的概念框架方面去理解人的世界图景。由此便"忽视"了形成人的"世界图景"的"概念框架",并因而也"忽视"了人们用以构成"世界图景"的"概念框架"的不同层次和不同性质。正因如此,人们往往以常识的方式去理解科学和哲学,并用常识的世界图景去看待科学的世界图景和哲学的世界图景。

事实上,在常识的、科学的和哲学的概念框架中,常识的世界图景与科学的和哲学的世界图景既是有联系的,又是具有不同性质的。在常识的世界图景中,世界永远是经验的世界,超越经验的世界是常识所无法理解的。例如,在经验常识中,只能是形成太阳围绕地球旋转的"地心说",根本无法形成地球围绕太阳旋转的"日心说"。这是因为,在人们的经验中(每个人的一生的经验中和所有人的世世代代的经验中),每天都是"看见"太阳从地球的东边升起,又在地球的西边落下,因而只能是"看见"太阳围绕地球旋转。这就是常识所构成的世界图景。科学却给予人们一个完全不同的世界图景:不是太阳围绕地球旋转,而是地球围绕太阳旋转,人们应当具有的不是"地心说"的世界图景,而应当是"日心说"的世界图景。由此可见,常识与科学是两种不同的"世界观"。人们要树立"科学的世界观",没有超越常识的科学的概念框架是不可能的。如果人们使用常识的概念框架去理解科学的世界图景,就会把科学的世界图景扭曲为常识的世界图景。而在常识、科学和哲学的三个层次的概念框架中,人们最容易以常识的方式去理解哲学,从而把哲学的世界图景混同为常识的世界图景。

第二,所谓"思维方式",通常是指人们用以把握、描述、理解和解释世界的概念框架的组合方式和运作方式。人们通常所说的“形而上学的思维方式”与“辩证法的思维方式”、“逻辑的思维方式”与“直觉的思维方式”、“抽象的思维方式”与“形象的思维方式”、“收敛的思维方式”与“发散的思维方式”等等,都是指各种概念框架的组合方式和运作方式。

然而,在对“思维方式”的通常解释中,往往存在两个问题:其一,把思维方式当作与思维内容无关的纯粹思维形式,因此没有从三个不同层次的概念框架去区分不同性质的思维方式;其二,以形而上学的思维方式与辩证法的思维方式的区分,去代替对三个不同层次的概念框架的思维方式的区分。其结果,不仅忽视甚至是取消了常识、科学和哲学作为思维方式的区别,而且往往以常识的朴素的辩证法去代替科学的和哲学的辩证法的思维方式。

从概念框架的不同层次或不同性质上看,人们的思维方式可以从总体上区分为常识的思维方式、科学的思维方式和哲学的思维方式。这种区分,对思维方式来说,具有特别重要的意义。

“思维方式”是人们用以把握、描述、理解和解释世界的“概念框架”的组合方式和运作方式,而不是离开“概念框架”的思维的组合与运作方式;或者说,“思维方式”是概念内涵的组合与运作方式,是思想的内容与形式相统一的思维逻辑,而不是“撇开思想内容”的纯粹思维形式的组合与运作方式。由于常识、科学和哲学是人类用以把握、描述、理解和解释世界的三个基本层次的概念框架,因此,常识的、科学的和哲学的三个基本层次概念框架的组合与运作,也构成了人们最经常、最普遍和最重要的思维方式。

应当看到,正是在常识的、科学的和哲学的思维方式中,才真正地蕴含着“辩证法”与“形而上学”这两种思维方式的差别、对立和矛盾。在常识的思维方式中,人们总是以“经验”去理解和解释世界,因而总是把世界上的一切事物都区分为“非此即彼”、“绝对对立”的存在。经验常识是所谓的形而上学的思维方式的现实生活基础。超越对事物的“非此即彼”、“绝对对立”的理解与解释,就需要像恩格斯所说的那样,进入广阔的“研究领域”。在广阔的“研究领域”中,无论是自然现象还是社会现象和思维现象,都不可避免地显现为“矛盾”,因而需要辩证法的思维方式去予以“研究”。科学的和哲学的概念框架是构成自觉形态的辩证思维方式的重要前提。

第三,所谓“价值规范”,就是对人们的价值取向、价值认同、价值选择、价值评价和价值践履等等的规范。

在对“价值规范”的理解中,如同人们对“思维方式”的理解一样,往往也是存在两个问题:其一,没有从常识的、科学的和哲学的三个不同层次的概念框架去看待价值规范;其二,用“好”与“坏”或“进步”与“反动”等区分方式,代替对三个不同层次的概念框架的价值规范的区分,其结果,不仅忽视甚至是取消了常识、科学和哲学作为价值规范的区分，而且往往简单地以“非此即彼”的形而上学的思维方式去看待价值规范。

人们的世界图景、思维方式和价值规范是相互制约和相互依存的。人们对“世界”的不同理解，特别是对“社会”、“历史”、“人生”的不同理解，不仅与人们的不同的思维方式息息相关，也与人们的不同的价值规范密不可分。而人们的特定的世界图景、思维方式和价值规范，总是统一于特定的常识的、科学的或哲学的概念框架之中。或者反过来说，常识的、科学的和哲学的概念框架，分别地构成特定的世界图景、思维方式和价值规范的统一。

在常识的概念框架中，经验的世界图景和经验的思维方式，是与经验的价值规范相统一的。这就是说，常识的价值规范，就是以“经验”为实质内容的价值规范。与常识的价值规范不同，科学的和哲学的价值规范，总是具有“超验”的特性。因此，在对常识与科学、常识与哲学的理解中，必须首先分清三个不同层次的概念框架。在此基础上，进一步了解常识的、科学的和哲学的概念框架所具有的世界图景、思维方式和价值规范的三重内涵，并从而分清常识、科学和哲学所构成的世界图景、思维方式和价值规范的不同性质。因此，在探索哲学与常识的关系时，我们需要分别地考察哲学与常识在世界图景、思维方式和价值规范这三个方面的关系。在具体地进行这种考察之前，我们可以把常识的、科学的和哲学的这三个层次的概念框架的基本内容图示如下：

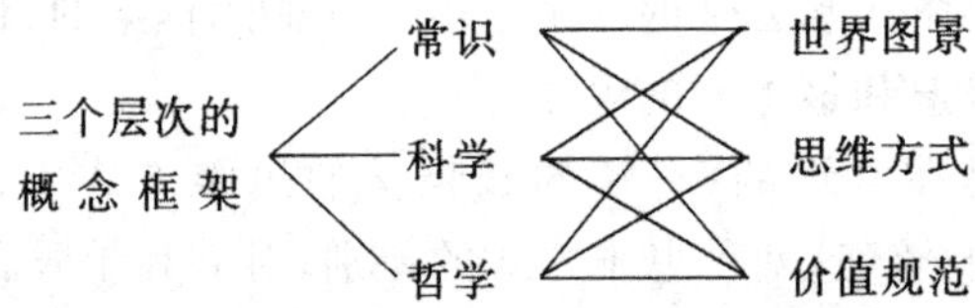

第二节 人类生活的常识基础

一、常识与经验的世界图景

常识就是普通、平常但又持久、经常起作用的知识。

常识是人类世世代代的经验的产物，是人类在最实际的水平上和最广泛的基础上对人类生存的自然环境、社会环境和一般文化环境的适应。人类的常识犹如动物的保护色，是人类生存的一种重要手段，对人类的生存具有重要价值。

常识是每个健全的正常人普遍认同的，人人都在生活经验中分享常识、体验常识、重复常识和贡献新的常识。在常识概念框架中，人们的经验世界得到最广泛的相互理解，人们的思想感情得到最普遍的相互沟通，人们的行为方式得到最直接的相互协调，人们的内心世界得到最便捷的自我认同。常识是人类把握世界与自我的最具普遍性的基本方式。

常识的最本质的特性,就是它的经验性。

常识来源于经验,常识符合于经验,常识适用于经验。对经验的依附性,是常识的概念框架的实质。因此,在常识概念框架中,概念总是依附于经验表象,并围绕着经验表象旋转。由此而形成的世界图景,就是经验的世界图景。

常识的世界图景,是以人们的经验的普遍性为中介的世界图景。就是说,常识的世界图景是由人们的共同经验构成的。在"共同经验"中,人们形成了共同的"世界图景"。这种"共同经验"的"世界图景",具有直观性或给予性、凝固性或非批判性等特征。

首先,由"共同经验"构成的常识的世界图景,具有显著的直观性或给予性。人们以常识的概念框架去观察、描述和解释世界,其实质是以经验的普遍性去把握世界,去形成具有经验的共同性的世界图景。正是由于这种常识的世界图景以经验的共同性为实质内容,所以它符合于经验主体的直接经验,并适合于对这种直接经验的解释。由经验直观而形成的世界图景,又直观地呈现给经验的主体。对于经验主体来说,这种直观的世界图景,又是直接地给予经验主体的。"世界图景"以经验的普遍性和共同性为内容而给予经验主体,经验主体又以经验的普遍性和共同性为中介而直观"世界"的存在。在"世界"、"主体"和"经验"的三者关系中,"经验"既是构成主体的世界图景的中介,又是"世界"在主体的表象和思想中的"图景",因此,经验的普遍性与共同性,是常识的世界图景的构成中介与实质内容的统一。经验主体就是在常识的概念框架与经验直观的统一中而达到对经验世界的自我理解,以及经验主体之间的相互理解。由此便构成了人们的常识的世界图景。

其次,由"共同经验"构成的常识的世界图景,又具有显著的凝固性或非批判性。在常识自身的延续与积累的意义上,由常识概念框架所构成的世界图景,总是不可逃避地依附于经验的共同性,因而无法超越经验而构成具有科学意义的世界图景。这种常识的世界图景以其经验的给予性和直接性为前提,而表现为经验的延续性和非批判性。

常识的世界图景以共同经验的历史性遗传为中介,而实现其世世代代的延续,因此它在本质上是一个僵化的、凝固的世界图景,即永远是共同经验的世界图景。作为经验个体来说,以分享常识为基础而构成的经验世界图景,由于概念对经验表象的依附性,概念总是围绕不断流变的表象旋转,概念自身只不过是表述经验的名称,因此常识的世界图景总是一个浑沌的整体。更为重要的是,由于常识概念依附于经验表象,超越经验即是对常识的挑战,所以常识自身是非批判的和非反思的,由常识概念框架所构成的经验的世界图景也是非批判的和非反思的。

在非批判的常识概念框架中,"人总是倾向于把他生活的小圈子看成是世界的中心,并且把他的特殊的个人生活作为宇宙的标准。但是,人必须放弃这种虚幻的托词,放弃这种小心眼的、乡下佬式的思考方式和判断方式。"①为了超越这种"小心眼的"思考方式和判断方式,就需要诉诸科学的思考方式和判断方式。

科学概念不是依附于经验表象并围绕经验表象旋转,而是超越于经验表象并解释经验表象的本质以及创造非经验的表象。科学的世界图景不是以经验的普遍性为中介的世界图景,而是以概念的规定性为中介的世界图景。在科学概念框架中,世界图景既不是经验表象所给予的,也不是通过经验直观形成的,而是由概念的相互规定构成的。科学的世界图景是概念化的、逻辑化的、精确化的和系统化的世界图景。它具有内容的规律性、解释的普遍性、描述的可证实性和经验的可预见性等特征。与此同时,科学还具有自我批判、自我发展的创造的特征,因而能够实现科学概念框架的自我更新,从而形成历史性发展的科学世界图景。在科学的发展过程中,世界图景具有显著的历史性和时代性。科学的常识化,首先就是以历史性转换的世界图景去变革和取代人们的常识世界图景,使人们形成自己时代的科学的世界观。在现代化的进程中,人的存在方式的变革和人的素质的提高,世界图景的科学化和世界观的变革是其坚实的基础。这就需要以科学的世界图景变革和取代人们的常识世界图景,以科学的世界观变革和取代人们的常识世界观。

二、常识与形而上学的思维方式

常识的思维方式,就是形成于人们的日常生活、又适用于人们的日常生活的思维方式,常识的世界图景就是由常识的思维方式所构成的世界图景。所以,变常识的世界图景为科学的世界图景(或者说,变常识的世界观为科学的世界观),就不仅仅是以科学的知识内容去变革常识的经验内容,更重要的是以科学的思维方式和哲学的思维方式去变革常识的思维方式。

在日常生活中,人们的经常的提问方式是:"有"还是"没有"?"是"还是"不是"?"真的"还是"假的"?"对的"还是"错的"?"美的"还是"丑的"?"善的"还是"恶的"?"好的"还是"坏的"?如此等等。与这种提问方式相对应,人们的经常的回答方式是:"有"或者"没有";"是"或者"不是";"真的"或者"假的";"对的"或者"错的";"美的"或者"丑的";"善的"或者"恶的";"好的"或者"坏的";如此等等。

如果我们分析一下日常生活中的提问方式和回答方式,就会发现,在我们的

① 恩斯特·卡西尔:《人论》,上海译文出版社1985年版,第20页。

这种提问方式和回答方式中隐含着一个思维公式：要么 P，要么 Q。这个思维公式表达了一种非此即彼、两极对立、互不相容的思维公式。这就是以日常生活为基础的常识的思维方式。

人们的日常生活，是一种依据“共同经验”的生活，也是一种遵循“共同经验”的生活。在这种依据和遵循“共同经验”的日常生活中，“共同经验”是把人与世界联系起来、统一起来的“中介”。在这种以“共同经验”为中介的人与世界的关系中，人作为既定的经验主体，以“直观”的方式把握世界；世界作为既定的经验客体，以“给予”的方式而呈现给认识的主体（人）。在这种“直观—给予”的主—客体关系中，主体的经验与经验的客体之间具有确定的、稳定的、一一对应的、非此即彼的经验关系。在这种经验关系中，人的“共同经验”是确定的，因此，它要求经验主体的思维必须保持非此即彼的确定性，首先是保持对“有”与“无”、“存在”与“非存在”、“真”与“假”、“是”与“非”、“善”与“恶”、“美”与“丑”等具有最大普遍性的对应范畴的非此即彼的断定。所以，在常识的思维方式中，白的就是白的，黑的就是黑的，男人就是男人，女人就是女人，太阳就是太阳，月亮就是月亮，有利就是有利，有害就是有害，美的就是美的，丑的就是丑的，一切都是泾渭分明、非此即彼的存在。“两极对立”、“非此即彼”，这是以日常生活为基础的常识思维方式的根本特性，也是人们经常谈到的“形而上学”的思维方式的本质特征。

作为思维方式的“形而上学”，是指一种以否认矛盾的观点看待世界的哲学理论，是指一种在“绝对不相容的对立中思维”的思维方式。马克思和恩格斯曾经深刻地阐述了形而上学思维方式的本质、特征和根源，恩格斯还具体地阐述了这种“形而上学”的思维方式与“常识”的关系。

恩格斯指出，所谓“形而上学”的思维方式，就是“在绝对不相容的对立中思维”。恩格斯还具体地提出，“是就是，不是就不是；除此以外，都是鬼话”，这就是形而上学的“思维公式”①。那么，为什么这种形而上学的思维方式和“思维公式”会在人们的思维活动中占有牢固的地位？为什么人们常常是在“绝对不相容的对立中思维”？对于这个人们常常感到困惑的问题，恩格斯作出了非常明确的回答：“初看起来，这种思维方式对我们来说似乎是极为可取的，因为它是合乎所谓常识的。”②

人的生活，最基本的和最普遍的是“日常生活”。日常起居，日常劳作，日常交往，日常娱乐，构成了人们的最普通、最平常但又最基本、最普遍的“日常生活”。在“日常生活”中，在日常活动的范围内，“常识”是“极可尊敬的”。简单

① 参见《马克思恩格斯选集》第 3 卷，第 61 页。
② 参见《马克思恩格斯选集》第 3 卷，第 61 页。

推论的常识可以满足人们日常活动中的形式逻辑推理;一般的生活常识可以作为技术格言和道德箴言,既满足日常活动中的处理各种事物的需要,又满足日常交往中的调节人际关系的需要;模糊的自然常识,在并非要求对自然现象作出精确解释的日常活动中,可以基本满足人的活动适应自然规律的需要;警世格言式的政治常识,使人们在日常活动中持有一种可以得到某种相互认同的对政治的评论、解释和期待,从而满足人们在日常活动中关注天下大事、体现人心向背的需要。而所有这些满足日常生活需要的"常识",都是从世世代代的个体经验中积淀出来的"共同经验"。它适用于人们的"日常生活",但却只能是适用于人们的日常生活。一旦超出人们的日常生活,"常识"以及常识的思维方式,就会遭到"最惊人的变故"。所以,要变革人们的常识的、形而上学的思维方式,即改变人们在"绝对不相容的对立中思维",首要的是拓宽、深化和转换人们的"活动范围"。一旦人们进入"广阔的研究领域",就必然超越这种常识的、形而上学的思维方式。

三、常识与经验的价值规范

常识作为人类把握世界的基础层次的概念框架,既具有描述和解释世界的功能,又具有约束和规范人们的思想和行为的功能。它规范着人们的所思所想和所作所为。在这个意义上,常识既是人们的思想和行为的根据,也是人们的思想和行为的限度。常识对人的思想和行为具有规定和否定的双重规范作用。

常识作为最普通、最平常但又最普遍、最持久的知识,它的规范作用也是最为普遍和持久的。正是在常识的价值规范中,人们的价值观念得到最广泛的相互理解,人们的价值标准得到最普遍的相互认同,人们的价值取向得到最深层的相互调整,人们的价值理想得到最持久的相互激励。因此,常识的价值规范是人们的日常生活的最坚实的根基,也就是人的存在方式的最深厚的根基。

常识作为人的思想和行为的价值规范,是人类世世代代积累起来的适应人类生存的自然环境、社会环境以及一般文化环境的产物。美国当代哲学家瓦托夫斯基说:"经过千百年的精炼和修改,一套共同的经验概括开始构成了各种几乎是不可动摇的信念的坚硬核心,这些信念受到如此广泛的检验以致最终是作为实际上的自明之理而出现的。我们可以在民间谚语和我们的语言本身的结构中发现这些信念。"①瓦托夫斯基还说:"在共同语言和共同经验的熔炉中形成的这些规则构成了我们叫作常识的一大部分——最低限度的一套指令性概念,一个共同体用这套概念调节它的实践活动和日常活动——同时也为发展成科学的

① 瓦托夫斯基:《科学思想的概念基础——科学哲学导论》,求实出版社1982年版,第74页。

批判性常识提供了基体。”①

常识,它在最实际的水平上和最广泛的日常生活中,发挥着对人类维持自身存在的生活价值。它还以其独特的隐喻形式(如谚语、格言、箴言等等)而拓展和延伸其适用范围和使用价值。这样,常识的价值规范就以“文化传统”、“民族心理”等形式世代延续,并由此而构成人类的、民族的普遍性的价值规范。

常识的价值规范,正如常识的世界图景和常识的思维方式,同样是经验的普遍性的产物。在常识的价值观念中,人们的思想与行为的根据和标准、范围与限度,都是经验的普遍性。人们的所思所想、所作所为,直接受到常识的世界图景和常识的思维方式的制约,任何超越普遍经验的思想与行为,都是对常识价值规范的亵渎与挑战,都会被视为“荒诞不经”和“胡作非为”。经验性的价值观念,决定了常识价值规范的三大特性:一是它的狭隘性,即无法超越“共同经验”;二是它的保守性,即倾向于墨守既定的价值规范;三是它的极端性,即习惯于在两极对立的思维方式中进行价值判断。

常识的价值观念,从根本上说,是以常识的思维方式去进行价值判断。因此,在常识的价值判断中,总是习惯于“定性”地作出判断,而不是“定量”地进行分析;总是“孤立”地评价经验的具体对象,而不是“系统”地考察对象的诸种关系;总是着眼于“当下”的利弊得失,而不是着重于“长远”的根本利益;总是在“两极”的对立中进行判断,而不是以“中介”的观点去寻求“必要的张力”。在常识的两极对立、非此即彼的思维方式的制约下,常识的价值判断也具有两极性的特征。是非、好坏、善恶、美丑、福祸、荣辱、君子小人、崇高渺小……被常识的价值观念泾渭分明地断定成非此即彼的存在。在这种常识的价值规范中,人们的生活态度和行为方式,常常采取“要么……要么……”的价值取向,即要么搞“理想主义”,要么搞“功利主义”;要么搞“集体主义”,要么搞“个人主义”;要么搞“利他主义”,要么搞“利己主义”;要么讲“无私奉献”,要么讲“赚钱发财”;要么是“整齐划一”,要么是“怎么都行”;要么说“莺歌燕舞”,要么说“糟糕透顶”;要么“众人皆醉唯我独醒”,要么“随其流而扬其波”;如此等等,不一而足。这表明,常识的价值规范和生活态度缺少辩证智慧的“张力”。简单化和绝对化,是常识价值规范的极端性的具体体现。

人类的文明史,也是人类的价值规范的变革史。价值规范的变革,就是以科学的和哲学的价值规范去变革常识的价值规范,并在高级的层次上使非常识的价值规范变成人们普遍认同的常识的价值规范。

与常识不同,科学的价值观念不是经验性的,而是理性化的。科学以其系统化的知识体系和逻辑化的思维方式去规范人们的所思所想和所作所为。实证精

① 瓦托夫斯基:《科学思想的概念基础——科学哲学导论》,求实出版社1982年版,第53页。

神和分析态度是科学价值观念的基础。它不仅着眼于经验的普遍性,更着重于对经验普遍性的理性思考,它不仅着眼于“定性”式的论断,更着重于形成论断的“定量”化的分析。系统性与分析性是科学价值观念的显著特性。这就是科学价值观念对常识价值观念的简单性和绝对化的超越。

在科学的发展过程中,科学的世界图景和科学的思维方式处于生生不已的历史性转换之中,从而不断地变革和更新了人对自己和世界及其关系的理解,即不断地变革和更新了人们的世界观。思想内容和行为内容的拓展,思想方式和行为方式的更新,必然引起价值标准的变革。由于价值标准是价值观念、价值判断和价值规范的根据,因此,价值标准的变革又必然引起整个价值系统的历史性转换。这又是科学价值观念对常识价值观念的狭隘性和保守性的超越。

科学的价值观念不断地冲击常识价值观念的简单性与绝对性,又不断地冲破常识价值观念的狭隘性和保守性,并使科学的价值观念不断地取得普遍性的社会认同,这就是科学价值观念的常识化。

第三节 哲学对常识的超越

哲学不是常识的“延伸”或“变形”,而是对常识的“超越”。这里所说的“超越”,主要是指性质与功能的改变;而这里所说的“延伸”或“变形”,则是否认性质和功能的改变。就哲学与常识的关系而言,这里的“超越”,主要是指哲学改变了常识的世界图景、思维方式和价值规范,为人类提供了一种“哲学的”世界图景、思维方式和价值规范;与此相反,这里所说的“延伸”或“变形”,主要是指以常识的观点去看待哲学,从而把“哲学的”与“常识的”世界图景、思维方式和价值规范混为一谈,把“哲学”变成冠以哲学名词的“常识”。

本书在关于“进入哲学思考”的探讨中,曾比较详细地讨论了“桌子”所蕴含的哲学问题。这个讨论非常有助于我们理解哲学与常识的关系。任何一个正常的普遍人(即具有健全“常识”的人),都会知道“桌子在我们的意识之外”,“桌子不依赖于我们的意识而存在”,因为这符合人们的“经验”和“常识”。正因如此,人们总是对哲学中的“唯心主义”感到大惑不解:明明是先有事物,后有关于事物的观念,怎么能说是先有观念、后有事物呢?明明是事物的存在不以我们的观念为转移,怎么能说有某种观念才有某种事物、没有某种观念就没有某种事物呢?因此,人们除了把“唯心主义”视为胡说八道、把“唯心主义哲学家”视为一群疯子之外,实难作出其他辩护。其结果,人们既不能真正地驳斥哲学唯心主义,也无法形成哲学的世界图景、思维方式和价值规范。

然而,如果我们不是从“常识”出发,而是从恩格斯所概括的哲学基本问题——思维和存在的关系问题——出发去思考“桌子”同“观念”的关系,我们就会提出下面的问题:究竟什么是“桌子”?离开我对“桌子”的感知,我如何知道“桌子”的存在?如果我没有“桌子”的概念,我怎么会把“那个东西”视为“桌子”?我能“看见”桌子的本质和规律吗?我怎样判断这张“桌子”的真与假、好与坏、美与丑?如果没有我的真假、善恶、美丑观念,又如何判断桌子的真假、好坏、美丑?我们为什么会爱护这张“桌子”而不是毁坏它?我们为什么能够“创造”出现在还没有的更为高级的“桌子”?

在日常生活中,这些思考也许会被认为是胡思乱想,但对改变人们的常识的世界图景、思维方式和价值规范却是至关重要的。这种从“思维和存在的关系问题”出发的思考,是一种“超越”常识的思考,即对常识的“存在论”、“认识论”和“价值论”的前提思考。这种思考,使“思想”与“现实”处于“否定性”的关系之中,即把“思维”和“存在”的“关系”作为“问题”来思考,也就是对“思维和存在关系问题”的“反思”。

常识的突出特点,就在于它以单纯的“肯定性”的思维方式去看待“思维和存在的关系”,不去“反思”思维和存在之间的“关系问题”。如果人们用这种非反思的常识去看待超越常识的反思,当然会发现这种反思的超常识性;但是,这种以常识驳斥反思的结果,却会使人的思维滞留于常识,把“哲学”视为“常识”的“延伸”或“变形”。

为了深入地阐述哲学是对常识的超越,我们需要对哲学与常识进行具体的比较。这主要包括:常识的经验性与哲学的超验性;常识的表象性与哲学的概念性;常识的有限性与哲学的无限性;常识的非批判性与哲学的批判性。

一、常识的经验性与哲学的超验性

常识来源于经验,适用于经验,但不能超越经验。对经验的依附性是常识的本质特性。与此相反,虽然哲学的最终来源也是人类实践活动中所积累起来的经验,并且在最终的意义上也要经由人类实践的检验而适用于经验,但哲学的本质特性之一,却正在于它的“超验”(超越经验)的特性。常识的经验性与哲学的超验性,从最深层上决定哲学不是常识的“延伸”或“变形”,而是对常识的“超越”。

哲学和科学是人类的理论思维的两种基本方式。在原始人那里,是以某种幻化的方式去把握世界,自然现象总是按照人的经验来设想,而人的经验又按照宇宙的事件来设想,因而总是以种种臆想的原因来“解释”人类的经验及其经验的对象。这意味着人类的理论思维及其基本方式(科学和哲学)尚未形成。人类理论思维方式的形成,是以系统化的概念体系去描述和解释经验世界为标志的。这种用以描述和解释世界的系统化的概念体系,它所表述的已不是既定的、直观的经验事实,而是用以解释经验事实的关于“本质”、“共性”、“规律”、“必然”的认识,即是一种关于“普遍必然性”的知识。这种“普遍必然性”的知识,是关于超越经验对象的、并用以解释经验对象的知识,因而是一种源于经验但又超越经验的知识。哲学和科学作为人类理论思维的基本方式,都具有这种“超验”的特性。

对哲学来说,它的“超验”性还特别充分地表现在它的研究对象和研究方式上。人类思维概括和解释的对象,不仅包括具体的事物,而且包括整体的世界。哲学思维就是从寻求对世界的统一性解释而萌发和形成的。古代哲学就已经从寻求现实的因果关系而逐步转向探寻世界的现象与本质的逻辑关系,从而把世界的统一性视为超越经验而为思维所把握的“本体”。这就是整个传统哲学的“形而上学”的本质,也是全部哲学的“超验”的特性。

哲学的“超验”的特性,更为深刻地表现在哲学的基本问题是“思维和存在的关系问题”。在常识思维中,“思维”作为经验内容,“存在”作为经验对象,二者的关系是确定的、对应的,是没有“问题”的。而在哲学思维中,却不仅是把“思维和存在的关系”当作“问题”来研究,而且是作为自己的“重大的基本的”问题来研究。这样,作为经验内容的“思维”和作为经验对象的“存在”,它们在常识中的确定的关系就成了“问题”。这个“问题”的实质,是哲学对经验的常识的“超越”。就是说,哲学不再像常识那样,在经验的层面上去看待“思维和存在的关系”,而是在超越经验的层面上去反思“思维和存在的关系”。在这种哲学的超验的反思中,“思维和存在的关系”成为研究的“问题”:经验的对象与经验的内容是何关系?经验的对象如何成为经验的内容?经验对象的现象与本质是何关系?人的认识如何把握经验对象的现象与本质?人的感性和理性与经验对象的现象与本质是何关系?人的感性所把握到的现象是真实的,还是人的理性所把握到的本质是真实的?如此等等的问题,就是哲学在超验的反思中所提出和追究的问题。如果把哲学视为常识的“延伸”和“变形”,把哲学变成冠以某些哲学名词的常识,那么,作为哲学基本问题的“思维和存在的关系问题”就失去了它的哲学内涵,也就是把超验的哲学变成了经验的常识。

二、常识的表象性与哲学的概念性

常识对经验的依附性,集中地体现在常识思维的表象性;哲学的超验性,则显著地表现在哲学思维的概念性。

常识和哲学都需要以概念的方式来描述和解释世界;但是,概念在常识与哲学中的性质与功能却是迥然不同的。在常识思维中,概念是围绕表象旋转的,概念是以表象为转移的,概念是为表象服务的。而在哲学思维中,概念与表象的关系则颠倒过来,即表象围绕概念旋转,表象以概念为转移,表象为概念服务。

常识中的概念,它的内涵与外延的统一,是“共同经验”与“经验对象”的统一,是"共同经验"依附于"经验对象"的统一。在这个意义上,常识中的概念只不过是区分表象的"名称"。例如,人们在常识中以"太阳"、"月亮"、"星星"等概念去描述经验的对象,在这种描述中,"太阳"等概念是围绕着作为人的经验表象的"太阳"旋转的;如果失去关于"太阳"的经验表象,"太阳"这个概念就变成了纯粹的"名称"。所以,列宁曾引证黑格尔下边的论述,来说明表象和思想的关系:"凡是没有思维和概念的对象,就是一个表象或者甚至只是一个名称;只有在思维和概念的规定中,对象才是它本来的那样"①。

在概念围绕表象旋转的常识思维中,人们既可以形成"朴素的"唯物论——肯定经验对象独立于人的意识之外,并不依人的意识为转移;也可以形成"朴素的"辩证法——肯定经验对象的流变(运动),并肯定经验对象之间的联系。但是,这种常识思维的"朴素的"唯物论和辩证法,既无法驳倒哲学唯心主义,也不可能真正地达到辩证思维。

近代英国哲学家大卫·休谟认为,人类的认识活动存在一个无法解决的悖论:如果人的认识全部来源于经验,那么,要问在经验之外还有没有某种不依赖于经验而独立存在的东西,便只能是请教于经验;然而,经验却在这里沉默了,而且它也不得不沉默,因为经验无法回答超越经验的问题。如果把休谟的问题讲得更明白些,就是:既然我们是通过自己的认识而知道外部世界的存在,那么如果我们断言外部世界先于我们的认识而独立存在,那就等于承认有一种先于认识的认识,也就是陷入了先验主义的独断论;然而,如果我们满足于"通过认识才知道外部世界的存在",那又等于我们陷入了贝克莱主教的"存在就是被感知"的主观唯心主义。② 这表明,以常识思维为基础的"朴素的"唯物主义,在概念围绕表象旋转的表象思维中,不可能真正地驳倒唯心主义,因而也无法彻底地坚持哲学唯物主义。在哲学层面上坚持唯物主义,必须在思维的层面上超越表象思维。

同样,以常识的表象思维为基础的"朴素的"辩证法,也不可能真正地达到辩证思维。在常识的表象思维中,人们可以在感觉、知觉的水平上承认事物的运动与联系,当然也能够在感觉、知觉的水平去驳斥否认事物的运动与联系的"形而上学"。然而,在常识的表象思维中,却无法理解运动与联系的"本质";恰恰相反,人们在常识的表象思维中,总会在"本质"的层面上曲解或否认事物的运动与联系。

例如,人们常常把古希腊哲学家芝诺所说的"飞矢不动"作为典型的"形而上学"命题而予以驳斥。这种驳斥,就是在表象思维的感觉、知觉的水平上进行

---

① 《列宁全集》第 38 卷,第 242 页。

② 参见朱德生:《关于思维与存在同一性问题的思考》,《哲学研究》1997 年第 3 期。

的:明明箭在飞,却硬说箭不动,这不是最典型的否认事物运动的“形而上学”吗?然而,作为辩证法大师的黑格尔早就指出,芝诺从没有想到要否认作为“感觉的确定性”的运动,问题仅仅是在于“运动的真实性”。这就是说:在“感觉的确定性”上,或者说“眼见为实”上,芝诺同其他人一样,都承认“飞矢”在运动;然而,芝诺的哲学思考是表现在,他不满足于在感觉、知觉的水平上承认运动,而且要追究“运动的真实性”,也就是如何以概念的方式去表达运动的本质。这才是超越常识的哲学思考。

对此,列宁曾作过如下的评论:“问题不在于有没有运动,而在于如何在概念的逻辑中表达它”①。这是因为:“有没有运动”,这是在经验中可以解决的问题,因而它属于常识问题,而不是哲学问题;“如何在概念的逻辑中”去表达运动,则是超越经验的反思的问题,因而它是哲学问题,而不是常识问题。哲学问题是属于超越经验常识的概念的问题,也就是“如何在概念的逻辑中”去解决的问题。

为了深入理解这个问题,我们还可以分析古希腊哲学家芝诺的另一个命题:“阿基里斯永远追不上乌龟”。芝诺提出:假如让乌龟先爬一段路,然后再让阿基里斯去追它,那么阿基里斯永远也追不上乌龟。

阿基里斯是古希腊神话中的善跑的英雄。一位疾走如飞的英雄却追不上缓缓爬行的乌龟,这岂不是一个荒唐可笑的命题吗?然而,让我们在概念的层面上思考一下这个命题:阿基里斯在追上乌龟之前,必须首先到达乌龟的出发点;可是,这时乌龟已经又向前爬了一段,阿基里斯又必须赶完这段路;由于阿基里斯与乌龟之间的距离可以依次分成无数小段,因此阿基里斯虽然越追越近,但却永远追不上乌龟。

毫无疑问,“阿基里斯永远追不上乌龟”这个命题在“经验”中是不可能存在的(阿基里斯肯定会追上乌龟),因而的确是荒唐可笑的;然而,这个命题在“逻辑”上却是无懈可击的(在概念的逻辑分析中阿基里斯不可能追上乌龟),因而它揭示了人的表象思维与理性思维之间、经验常识与哲学反思之间的矛盾。哲学是在超越经验的概念层面上去“反思”经验常识,而不是在表象思维的层面上去重复和论证经验常识。

三、常识的有限性与哲学的无限性

依附于经验的常识,总是面向有限性的经验,并以有限性的表象思维去看待经验所无法达到的无限,因而无法达到超验的无限性;与此相反,超越经验的哲学理性,总是面向无限的超验的存在,并以超验的无限性去看待有限的经验,因

① 《列宁全集》第38卷,第281页。

而在有限与无限的对立统一中形成辩证的哲学智慧。

在人的有限的经验中,既无法确认时间的无始无终,也无法确认空间的无边无际;与此同时,在人的世世代代的经验的扩展中,人又总是感受到时间的无始无终和空间的无边无际。于是,在经验的常识中,人们总是以有限去叠加无限,用有限去追逐无限,或者是以无限去嘲弄有限,用无限去亵渎有限。

作为前者,在常识的观念中,人们总是把无限视为有限的无限叠加,也就是把经验的无限扩展作为无限性的证明。对此,辩证法大师黑格尔曾深刻而尖锐地指出,把无限视为有限的叠加,把无限看成对有限的包容,就是把无限当成一种在有限事物彼岸的东西。黑格尔把这样理解的无限性称作"恶的无限性"。

作为后者,在常识的观念中,又总是把对无限的不可企及折射为对社会、历史、人生的某种悲观主义的或虚无主义的理解。在经验常识的意义上,时间的无始无终确实把有限的生命反衬得几乎是无法形容其短暂,空间的无边无际确实把有限的生命反衬得无法形容其渺小。即使是使用"匆匆过客"、"沧海一粟"这样的说法,也不足以表明有限生命的短暂与渺小。以这种经验常识的有限性去看待人生,人生的确是"前不见古人,后不见来者","寄蜉蝣于天地,渺沧海之一粟"。

无论是以有限去追逐无限,还是以无限去嘲弄有限,在人的经验常识中,都无法达到超越经验的对有限与无限的辩证理解。因此,从经验常识中衍生出的神话和宗教,总是把无限性的存在设想为某种与"此岸世界"相对的"彼岸世界"的存在,把人的有限性的存在设想为"前世"与"来世"的无限性的存在。这表明,如果人的认识仅仅局限于经验常识,而又不能以超验的哲学作为必要的补充和升华,那么就会以神话的或宗教的方式来填补"无限性"的空缺。在人类的发展史上,通俗文化与神秘文化总是相互补充和相互支撑的。这种补充和支撑,在其最深层上,是"有限性"与"无限性"在经验常识中所实现的互补。

超越经验常识对"有限性"与"无限性"的理解,就进入到理论思维对"有限性"与"无限性"的理解,即对"有限性"与"无限性"的矛盾的辩证理解。

列宁在其所著的《黑格尔〈逻辑学〉一书摘要》中,曾对"普通的表象"、"机智和智慧"以及"思维的理性"作过对比,这对于我们理解常识思维的有限性和哲学思维的无限性,以及如何达到对有限性与无限性的辩证理解,都是至关重要的。列宁认为,"普通的表象"只是"抓住"差别和矛盾,却不能"抓到"一方向另一方的转化,也就是说,"普通的表象"只能看到"矛盾",但却不能把握到"矛盾"的实质。因此,在表象思维中,有限与无限只能是差别的、对立的、矛盾的存在,但却不能把这种矛盾的存在把握为对立的统一。与此相反,哲学思维却能够实现对矛盾的辩证理解。列宁引证黑格尔的话说:"思辨的思维就在于它能把握住矛盾,又能在矛盾中把握住自身,而不是像表象那样受矛盾支配,并且让矛盾把自己的规定不是化为他物就是化为无。"①表象思维在有限与无限的矛盾的支配下,使二者成为"此岸"(有限性)与"彼岸"(无限性)相互割裂的存在;哲学思维则把握到有限与无限的对立的统一,并且在这种对立统一的辩证思维中实现自己对矛盾的理解。

哲学思维(特别是黑格尔和马克思的辩证哲学),是以过程的无限性去看待有限与无限的对立统一,因而超越了常识的表象思维,变革了常识的世界图景、思维方式和价值规范。应当看到,哲学的辩证思维对有限与无限的对立统一的理解,不仅具有"自然观"、"世界观"或"宇宙观"的意义,而且更为直接地具有"社会观"、"历史观"、"人生观"以及如何观照和体验人生的"生活观"、"价值观"和"美学观"的意义。人创造了人自己,人创造了人的世界;人永远创造着自己,人永远创造着人的世界;人永远是未完成的存在,人的世界永远是未完成的存在。这是人的无限性,也是人的世界的无限性。创造既是永恒,又是无限。人在自己的创造活动中实现生命的永恒与无限。这是哲学的辩证智慧的无限观。

四、常识的非批判性与哲学的批判性

常识的经验性、表象性和有限性,决定常识具有非批判的特性,即常识不具有自我批判、自我反思和自我超越的能力;与此相反,哲学的超验性、概念性和无限性,则决定哲学具有批判的特性,即哲学具有自我批判、自我反思和自我超越的能力。

依附于经验的常识,它是对经验事实的描述,而不是对经验事实的反省;它只是运用概念去描述经验事实,而不去反省描述经验事实的概念;它总是零散地、外在地、含混地表述"共同经验",而不是系统地、内在地、明确地陈述某种知识,因此,常识不具有自我批判的可批判性。

作为可以批判的知识,必须是以某种稳定的形式,使思想内容得到明确阐述的系统化的概念体系。显然,这样的系统化的概念体系,已不是依附于经验的常识,而是超越经验的理论。以概念体系形式构成的思想理论,才具备自我批判、自我反思和自我超越的条件。在人类把握世界的诸种基本方式中,科学和哲学是人类理论思维的两种基本形式,也是以概念体系形式构成的思想理论的两种基本形式。科学和哲学都具备可批判性。它们都产生于对常识的批判,并在对常识的批判和自我的批判中实现自身的发展。

在哲学的历史发展中,常识始终是哲学思想得以形成和发展的重要的批判对象。哲学总是不断地批判性地"澄清"常识,即:各种各样的常识究竟表述的是什么?常识是以何种方式构成自己的思想内容?常识所解释的和所相信的到

---

① 列宁:《哲学笔记》,人民出版社 1974 年第 3 版,第 147 页。

底是什么？常识的世界图景是如何形成、又是怎样改变的？常识的思维方式到底是一种怎样的思维方式？常识的价值规范又是一种怎样的价值规范？人类思想如何超越常识而形成科学思想？科学与常识是何关系？常识与人类把握世界的其他方式——神话、宗教、艺术、伦理等等——又是何关系？人类如何实现非常识的常识化？非常识的常识化在人类自身的发展中起着何种作用？如此等等。

在哲学与常识的关系中，常识始终是哲学批判、反思的对象。因此，哲学不是常识的“延伸”或“变形”，而是对常识的“超越”；哲学不是常识的另一种形式，而是关于常识的思想；哲学不是对常识的世界图景、思维方式和价值规范的“哲学”表述，而是对构成常识的世界图景、思维方式和价值规范的批判性反思。

五、哲学的常识化与常识的哲学化

从区分常识与哲学入手来理解哲学，并不是否定哲学的常识化，而是为了克服用常识去看待和对待哲学的简单化倾向。常识的哲学化与哲学的常识化不是一回事情。

哲学的常识化，正如科学的常识化，是以哲学或科学去变革和更新常识。具体地说，主要是以哲学的或科学的世界图景、思维方式和价值规范去变革和更新常识的世界图景、思维方式和价值规范，也就是使哲学和科学成为人们普遍认同的和普遍遵循的常识。

这种非常识的常识化，是人类文明的实质性内容和时代性标志。在现代化的进程中，人的存在方式的变革和人的素质的提高，从其最具基础性和普遍性的内容和方式上看，就是非日常生活的日常化。这包括日常经验的科学化，日常消遣的文化化，日常交往的社交化，日常行为的法治化以及农村生活的城市化等方面。而从深层上看，非日常生活的日常化过程，则是人的世界图景、思维方式和价值规范的变革与重建的过程。这个过程就是现代化进程中的非常识的常识化。它主要包括艺术的常识化、科学的常识化和哲学的常识化。这种非常识的常识化，变革了人们的世界图景、思维方式和价值规范，也变革了人们的生活方式、审美情趣和终极关怀。因此，在现代社会中，非常识的常识化对于人和社会的现代化的同步发展，对于实现人自身的全面发展，具有最基础性的和最普遍性的规范、协调和支撑的重大历史作用。

然而，由于科学和哲学是常识的超越而不是常识的延伸和变形，特别是由于哲学思维的超验性、概念性、无限性和批判性，人们很难真正地从哲学层面去理解哲学以及哲学与常识的关系。恰恰相反，正因为人们总是在经验常识中生活，多数人总是局限于“日常活动的范围”而不去涉及“广阔的研究领域”，缺乏对哲学反思的必要的体验和思考，因而常常是从相反的方向去看待和对待哲学的常识化,即:不是用哲学去“化”常识,而是用常识去“化”哲学,把“哲学常识化”变成了“常识哲学化”。

所谓“常识哲学化”,就是用经验常识去看待哲学,用经验常识去理解哲学,用经验常识去解释哲学,用经验常识去运用哲学,把哲学变成冠以某些“哲学”名词的常识。

为了理解所谓“常识哲学化”,我们先来分析“常识科学化”。在科学常识化的过程中,最为突出的问题是,由于仅仅是从“知识”甚至是“技能”的视野去看待科学,因而把科学常识化简单地归结为“科学知识”甚至是“科学技能”的“普及化”。这样,就忽视甚至是失落了科学常识化的实质性内容——用科学的世界图景、科学的思维方式和科学的价值规范去变革和更新常识的世界图景、思维方式和价值规范。其结果,由于人们仍然是以常识的思维方式去看待科学,人们虽然获得了某些科学“知识”或“技能”,却没有实现思维方式的变革,因而也难以形成科学的世界观和价值观。

由于哲学不仅是对常识的超越,而且也是对科学的超越,因此“哲学究竟是什么”更是一个难以理解的根本问题。也正是由于哲学的难于理解,所以人们就更容易从常识去理解哲学,把“哲学常识化”变成“常识哲学化”,即用常识去“化”哲学,而不是用哲学去“化”常识。这突出地表现在两个方面:其一,人们往往是站在“健全的常识”即“素朴实在论”的立场去看待哲学,而不是站在人类思想的特殊维度——反思的维度——去看待哲学,因而总是把哲学视为某种既定的“知识”(如具有最大普遍性的知识)。结果,这种常识化的哲学就失去了自己的超验特性、反思态度、批判精神和创新意识,因而也就失去了哲学的不可或缺和不可替代的独特的社会功能。其二,人们往往把哲学视为某些现成的“原理”或“结论”,以教条主义的态度去对待哲学,以贴标签的方式去“应用”哲学。结果,就不是以哲学的思维方式去变革常识的世界图景、思维方式和价值规范,而只不过是把某些哲学名词套用到常识的世界图景、思维方式和价值观念上。

“常识哲学化”与“哲学常识化”,其根本区别是在于:哲学是常识的延伸和变形,还是对常识的批判和超越?如果以“延伸”和“变形”的观点去看待哲学与常识的关系,就必然导致“常识哲学化”,也就是用常识去“化”哲学;如果以“批判”和“超越”的观点去看待哲学与常识的关系,就能够实现“哲学常识化”,也就是用哲学去“化”常识。

哲学以超越常识的思维方式去建构哲学的世界图景和价值规范,为人们提供哲学层面的世界观和价值观,历史性地以哲学的思维方式及其世界观和价值观去批判地反思常识的思维方式及其所建构的世界图景和价值规范,并历史性地使哲学的思维方式及其世界观和价值观成为人们普遍认同的思想观念和行为准则。这就是哲学的常识化。

这种哲学的常识化，具体地表现在三个方面，即哲学的世界图景、思维方式和价值规范的常识化。

哲学世界图景的常识化，并不是为人们提供某种区别于常识的凝固的“世界图景”，而是把常识以及科学所提供的世界图景作为批判反思的对象，揭示构成这些世界图景的诸种前提，启发人们以历史的和辩证的态度去看待和理解这些世界图景，为人们寻求和形成新的可能的世界图景敞开自我批判和自我超越的空间。因此，在变革常识世界图景的过程中，哲学的常识化，就是反思态度、批判精神和创新意识的自觉化和普遍化，即人们普遍地、自觉地以历史的和辩证的态度去看待常识和科学所提供的世界图景，从而使科学世界图景的常识化处于生生不已的历史转换之中。

哲学思维方式的常识化，一方面是使哲学的反思态度、批判精神和创新意识自觉化和普遍化，另一方面则是把科学发现、科学发展所引起的人类思维方式的变革升华为时代的自我意识，促成人们以时代水平的思维方式去认识世界。以现代科学为基础的现代哲学，深刻地变革了以素朴实在论为代表的直观反映论的思维方式，变革了以机械决定论为代表的线性因果论的思维方式，变革了以抽象实体论为代表的本质还原论的思维方式。这不仅在哲学层面上有力地推进了现代科学思维方式的常识化，而且有力地推进了现代哲学思维方式的常识化。

哲学价值规范的常识化，也不是直接地提出和给予人们某种特殊的价值判断，而是把常识的和科学的价值判断作为反思的对象，批判地揭示隐含在这些价值判断中的诸种“前提”，即批判地揭示常识和科学作出这些价值判断的根据、标准和尺度，从而启发人们以批判的精神和开放的态度去对待自己的价值观念。哲学的价值态度的突出特征，是以理想的应然性和历史的大尺度，去观照和反思常识和科学所给予的现实的价值观念，从而使人们在理想与现实、历史的大尺度与小尺度之间保持“必要的张力”，也就是使人们以辩证智慧去对待价值问题。因此，哲学层面的价值观是历史的和辩证的价值观。在现代化的进程中，哲学价值观致力于寻求科学精神与人文精神、科学理性与价值理性、功利主义与理想主义的辩证统一。它引导人们自觉地超越绝对主义或相对主义的价值态度，不断地提升人们的人生境界。哲学价值规范的常识化，就是辩证的价值态度和人生境界的普遍自觉化。

应当指出，我们强调用哲学去“化”常识，从而实现“哲学的常识化”，这主要是从如何理解“哲学”的角度论述的，而不是否定常识的生活价值及其对哲学的意义。常识既是哲学反思的重要对象，又是防止哲学反思陷入脱离生活的幻觉之中的重要基础。学习和研究哲学，需要在批判地思考常识的过程中深化对哲学的理解。

小结：

在人类把握世界的各种基本方式中，常识、科学和哲学以其不同性质的概念框架，分别为人类构建了常识的、科学的和哲学的世界图景、思维方式和价值规范。哲学不是常识的“变形”或“延伸”，而是对常识的“超越”。

常识作为人类把握世界的最基本和最普遍的方式，它的本质特性在于其经验性。常识来源于经验，符合于经验，适用于经验，但其自身无法超越于经验。常识的世界图景，是以人们的经验的普遍性和共同性为中介而构成的世界图景；常识的思维方式，是以经验的确定性为基础而形成的非此即彼的思维方式；常识的价值规范，是以共同经验所形成的普遍信念来规范人们的思想与行为。常识对人类的生存与发展具有最重要的生活价值，但又总是由于其习惯性的惰力而成为哲学批判性反思的对象。

哲学与常识的区别，主要表现在四个方面：常识的经验性与哲学的超验性；常识的表象性与哲学的概念性；常识的有限性与哲学的无限性；常识的非批判性与哲学的批判性。依附于经验的常识，它的概念是以表象为转移的，因而只能是表达某些共同经验，而无法以知识的系统性为前提而实现常识的自我批判。与此相反，哲学具有超越于经验的“超验性”，它以概念所构成的“思想”为对象而进行批判性的“反思”。

由于常识是人类把握世界的最基本和最普遍的方式，是其他各种方式（包括科学和哲学）得以形成和发展的基础，所以人们经常习惯性地以常识方式去理解和解释其他方式，以至于把“哲学”变成某种冠以哲学名词的常识。所以，我们必须区分“常识哲学化”与“哲学常识化”，不是以常识“化”哲学，而是以哲学“化”常识，使人们形成作为“时代精神的精华”的哲学的世界图景、思维方式和价值观念。

思考题：

1. 人类把握世界的基本方式与人类的世界图景、思维方式和价值规范是何关系？
2. 常识的本质特性是什么？如何评价常识的世界图景、思维方式和价值规范？
3. 哲学与常识的主要区别表现在哪些方面？
4. 怎样理解哲学不是常识的“延伸”和“变形”，而是对常识的“超越”？

第四章　反思科学的哲学

在人类把握世界的各种基本方式当中，哲学与科学的关系既是最密切的，又是最复杂的。从一定的意义上说，如何理解哲学，就是如何理解哲学与科学的关系。因此，在哲学的自我理解中，即在追问“哲学究竟是什么”的过程中，需要突出地、集中地探索哲学与科学的关系问题。

第一节　哲学对科学的反思关系

一、作为理论的科学和哲学

常识、科学和哲学，构成了人类把握世界的三个基本层次的概念框架。在这三个不同层次的概念框架中，概念获得了常识、科学与哲学的不同性质，并实现了常识概念、科学概念和哲学概念在各自概念框架中的相互理解和自我理解。

在对常识、科学和哲学三者关系的理解中，首先必须明确的是，科学概念和哲学概念都不是常识概念的延伸和变形，而是对常识概念的超越。这种超越性主要表现在：常识具有经验性、表象性、有限性和非批判性等特征，科学和哲学则具有超验性、概念性、无限性和可批判性等特征；依附于经验的常识概念总是围绕着表象旋转，并以表象为转移，因而常识是以表象思维的方式去把握世界，与此相反，超越经验的科学概念和哲学概念则是表象围绕概念旋转，并以概念的方式创造表象（人所需要的世界图景），因而是以理论思维（概念思维）的方式去把握世界，而不是以表象思维的方式去把握世界。科学和哲学与常识的根本区别，就在于科学和哲学是理论思维（概念思维）的两种基本方式，而常识则是一种依附于经验的表象思维方式。正因如此，我们只有首先懂得科学和哲学的“理论”特征，才能深刻地理解科学和哲学不是常识的延伸或变形，而是对常识的超越。

“理论”这个名词，人们经常挂在嘴边；但是，正如黑格尔所说，人们经常挂在嘴边的名词往往是人们最无知的东西。在各种各样的“词典”或“辞海”中，人们可以看到关于“理论”的各种各样的定义，诸如理论是“人们由实践概括出来的关于自然界和社会的知识的有系统的结论”①，理论是“指概念、原理的体系，

---

① 《现代汉语词典》，商务印书馆 1996 年 7 月修订第 3 版，第 774 页。

是系统化了的理性认识”①等等。关于“理论”的这些定义,仅仅着眼于理论作为知识的体系性,难以表达作为理论的科学和哲学的深刻内涵,因而也难以把科学和哲学同常识真正地区别开来。

作为“理论”的科学和哲学,它们都具有三重基本内涵:其一,它们都是由一系列的概念、范畴和原理构成的知识体系。这些知识体系既为人们提供了关于世界的相应的图景,又为人们解释这种世界图景提供了某种“原理”或“公理”;其二,它们的知识体系中都蕴含着构成该种知识体系及其相应的世界图景的思维方式;其三,作为知识体系和思维方式的科学和哲学,规范着人们的所思所想和所作所为,即规范着人们的价值评价和价值选择。因此,简洁地说,科学和哲学的三重基本内涵,就是知识体系、思维方式和价值规范的统一。

正因为作为理论的科学和哲学具有知识体系、思维方式和价值规范的三重内涵,所以它们才能够在理论的层面上规范人们的思想和行为。具体地说,作为理论的科学和哲学,以概念的逻辑体系规范着我们想什么和不想什么、怎么想和不怎么想、做什么和不做什么、怎么做和不怎么做,也就是以概念的逻辑体系规范着我们的思想内容和思维方式、行为内容和行为方式。在这个意义上,作为理论的科学和哲学,就是规范人们的思想和行为的概念逻辑体系。

在任何一种比较成熟的科学概念框架中,我们都会发现,它总是从最为精炼的初始概念和初始条件出发,以严密的逻辑手段推演出一系列的定理、定律、公式、方程,形成具有普遍性和预测性的结论,为思维理解、描述、刻画和解释世界提供强有力的逻辑。科学正是以其各种不同的概念框架来系统地构筑人类的科学世界图景,并通过这些概念框架来实现科学概念的自我理解和相互理解。我们也正是在科学的概念框架中,感受到人类把握世界的逻辑力量之美,感受到思维把握存在的统一之美,感受到科学概念自我否定与发展的理论创新之美。同样,作为理论的哲学,也以其逻辑的展开性而构成自己独特的逻辑力量与逻辑之美。马克思说:“理论只要说服人,就能掌握群众;而理论只要彻底,就能说服人。”②作为理论的科学和哲学,都具有解释性功能、规范性功能、批判性功能和理想性功能。

二、理论思维的两种基本方式

科学和哲学是人类理论思维的两种基本方式。这句话具有两层含义:其一,它们作为理论思维,具有高度的相关性和复杂的相似性;其二,它们作为两种不同的理论思维方式,又表现为两个既相互对立又相互补充的思想维度。

① 见《辞海》,上海辞书出版社1980年版,第1213页。

② 《马克思恩格斯选集》第1卷,第9页。

从“历时态”的角度看，人类的理论思维起源于对幻化的神话思维方式的超越，并形成于对经验的常识思维方式的超越。科学思维和哲学思维是在超越神话思维方式和常识思维方式的过程中同步形成的。在相当长的时期内，科学还以未分化的形态而蕴含在哲学母体之中，“科学”和“哲学”这两个概念往往是内涵和外延均在模糊的意义上被使用，以至于人们常常在“哲学”的意义上使用“科学”这个概念，也在“科学”的意义上使用“哲学”这个概念。

思维的逻辑化，或者说思维的合乎逻辑，是理论思维即概念思维的首要前提。科学思维和哲学思维作为理论思维的两种基本方式，都是运用概念的逻辑，都是以运用概念的逻辑去把握世界、描述世界和解释世界，都试图为解释世界而提供某些“原理”或“公理”。正因如此，科学思维和哲学思维都具有“类概念”的困惑（感性与理性、经验与超验的矛盾），都具有“思维规则”的困惑（直觉与逻辑、内涵逻辑与外延逻辑的矛盾），都具有“概念定义”的困惑（意义的绝对性与相对性、人类性与时代性的矛盾），如此等等。正是这些“困惑”，推动着科学思维和哲学思维不断地超越经验的常识思维，使人类的理论思维获得历史性的进步。因此，从“历时态”的角度看哲学与科学的关系，我们不仅应当看到哲学与科学的高度相关性和密切的相似性，还要看到哲学与科学的差别、分化和矛盾。

人们常常把哲学的发展史描述为如下的总体过程，即：古代哲学是一种包罗万象的“知识总汇”；近代哲学是一种企图凌驾于科学之上的“科学的科学”；而现代哲学则表现为马克思主义哲学、科学主义思潮和人本主义思潮，并因而对科学有三种不同的关系。在对哲学发展史的总体过程的这种概括中，既表述了哲学在不同的历史时代与科学的不同的关系，也表述了同一时代的不同的哲学与科学的不同的关系。

应当看到，虽然后人把古代哲学称作包罗万象的“知识总汇”，即各种各样的知识都包容在“哲学”之中，但古代哲人却一直力图使“哲学”与非哲学的其他知识区别开来。把哲学视为“爱智”，而把其他学科的知识称为“智慧”，已经显示了哲学的特性。亚里士多德在关于知识的分类中，把“哲学”定义为“寻取最高原因的基本原理”的学术，更是明确地确认了哲学是全部知识的基础的基本理念。

哲学和科学的成熟过程，就是哲学和科学分化的过程，也就是科学从哲学母体中分化出来的过程。当科学尚在哲学母体的怀抱中，作为“知识总汇”的哲学必然是以“整个世界”为对象，因而哲学还不可能明确地提出和探讨自己的基本问题——思维和存在的关系问题。当科学成长起来，纷纷从哲学母体中独立出去，哲学被“驱逐”出自己的“世袭领地”的时候，它才能够把包括科学的认识成果在内的人类认识作为自己再思想、再认识的对象，从而明确地提出和探讨自己的基本问题——思维和存在的关系问题，试图为包括科学认识在内的全部人类认识提供理论根据,并因而具有"科学的科学"的性质。由于现代科学的迅猛发展及其技术的广泛应用,日益深刻地变革了人与世界的相互关系,因而形成了对哲学与科学相互关系的现代多元理解。这种现代的多元理解,深刻地显示了哲学与科学之间的密切的相关性,也深刻地揭示了哲学与科学之间的复杂的矛盾性。

从"同时态"的角度看,作为理论的科学和哲学,都具有知识体系、思维方式和价值规范的三重内涵,都具有向上的兼容性、时代的容涵性和逻辑的展开性三方面特征,都具有解释性、规范性、批判性和理想性四种基本功能。科学和哲学的这些共同特点,表现了科学与哲学之间的高度的相关性和相似性。

那么,如何从"同时态"上来区分科学与哲学？概括地说,通常是以下述三种方式来解释科学与哲学的区别:一是区分二者的"对象",二是剥离二者的"职能",三是划清二者的"领地"。

所谓区分科学和哲学的"对象",就是认为科学是以世界的各种不同的领域、不同的方面、不同的层次或不同的问题为对象,而哲学则以"整个世界"为对象。这是一种以"对象"的特殊性与普遍性的区分为出发点的思考方式。

所谓剥离二者的"职能",就是认为科学提供关于世界的不同领域或不同方面的"特殊规律",而哲学则提供关于整个世界的"普遍规律"。这仍然是一种以"职能"的特殊性与普遍性的区分为出发点的思考方式。

所谓划清二者的"领地",就是在哲学不断地被"驱逐"出其"世袭领地"的背景下,试图为哲学寻找一块科学无力问津的"领域"或科学无力解决的"问题"。这是一种以申辩哲学的现代生存权力为出发点的思考方式。

从普遍性与特殊性的关系中区分科学与哲学的"对象",以及在普遍性和特殊性的关系中剥离科学与哲学的"职能",这是对科学与哲学相互关系的最普遍的思考方式。这种思考方式,表现出了长期以来存在的哲学知识论立场。由于这种知识论立场从根本上制约着人们对哲学与科学的相互关系的理解,并从而制约着人们对哲学的理解,因此,这里有必要对"哲学的知识论立场"作出理论层面的概括与分析。

哲学的知识论立场,就是把哲学视为具有最高的概括性(最大的普遍性)和最高的解释性(最大的普适性)的知识,并以知识分类表的层次性来区分哲学与科学,从而把科学视为关于各种"特殊领域"的"特殊规律"的知识,而把哲学视为关于"整个世界"的"普遍规律"的知识。这样,哲学就成了具有最大的普遍性的科学,就成了全部科学的基础。

这种哲学的知识论立场在西方传统哲学中是根深蒂固的。从亚里士多德"寻取最高原因的基本原理",到黑格尔构建"一切科学的逻辑",始终是以全部科学的基础的姿态君临天下。近代以来的科学的迅猛发展,不断地把哲学"驱逐”出其传统的“世袭领地”，自然、社会和思维，都成为科学的研究对象。正是在这种背景下，人们开始挣脱从普遍性与特殊性的关系来区分科学与哲学的“对象”或剥离科学与哲学的“职能”的思考方式，出现了以申辩哲学的现代生存权力为出发点的思考方式，即划清哲学与科学的不同“领地”的思考方式。

在现代科学的背景下，哲学所面对的严峻问题是：如果人类有效地解释世界的方式只能是科学，如果人类的现代世界图景只能是科学的世界图景，如果人类改造世界的实践活动只能用科学来指导，那么，人们对世界的种种哲学解释不都是所谓的“理性的狂妄”吗？人们所描绘的种种哲学图景不都是所谓的“语言的误用”吗？这样的哲学不是应当（而且必须）予以所谓的“治疗”甚至“消解”吗？哲学究竟还有什么存在的根据和存在的意义呢？现代哲学主要是沿着“弱化”科学的科学性或“强化”哲学的科学性这两个方向去调和科学与哲学的关系。

所谓“弱化”科学本身的科学性的方式，就是通过揭露科学与常识的无法割断的联系，科学自身的假设与猜测的性质，以及科学所蕴含的“形而上学”基础等等，从而以模糊科学分界的方式来实现对哲学合理性的自我辩护。把这种方式说得通俗一些就是，虽然哲学并不那么“科学”，但人们所公认的科学（这里主要是指自然科学）也同样并不那么“科学”，因此，人们也就没有权力以“科学”的名义去“消解”哲学。在现代西方哲学中，以证伪主义著称的波普的批判理性主义，以精致证伪主义著称的拉卡托斯的科学研究纲领方法论，以科学范式理论著称的库恩的历史主义，以“怎么都行”著称的费耶阿本德的认识论无政府主义等等，从对哲学与科学的关系的理解上看，都是致力于“弱化”科学本身的科学性，从而“缓和”对哲学的批判，并从而使哲学跻身于“科学”的工作。

所谓“强化”哲学本身的科学性的方式，就是把“合理形态”的哲学归结为以科学为“基础”、通过对科学成果的“概括和总结”而形成的哲学理论。这种“强化”哲学的科学性的方式，包括用“系统”、“结构”、“信息”、“反馈”、“自组织”以及“场”等现代科学概念来改造和重构哲学对世界的解释体系，用系统论、控制论、信息论等现代科学理论作为哲学的“拟化形态”等等。在国内通行的“哲学原理”教科书中，则主要是通过“提升”、“引进”、“更新”的方式去“概括”科学成果，从而实现哲学的科学化。所谓“提升”，就是认为某些科学范畴具有“三界”（自然、社会和思维）的普适性而纳入哲学范畴体系；所谓“引进”，就是认定某些科学理论具有世界观意义而用来证明哲学原理的正确性和普适性；所谓“更新”，就是认定某些科学范畴或科学理论在更深刻的层次上解释了各种哲学问题，因而以其更新原有的哲学范畴或哲学原理。所有这些方式，都是以认定哲学是“具有最大的普遍性和最大的普适性的知识”为前提，并以认定“哲学科学化”为哲学的发展方向的。

因此，在对哲学与科学相互关系的理解中，最重要的问题是：（1）哲学是否是具有最大的普遍性和最大的普适性的知识？(2)哲学与科学的关系是否是普遍性与特殊性的关系？(3)哲学的发展方向是否是哲学的“科学化”？(4)能否跳出哲学与科学的二元关系，在更为广阔的视野中去理解二者的关系，并从而重新理解哲学？

三、哲学对科学的前提批判

哲学和科学是人类理论思维的两种不同方式。它们之间的根本区别，在于它们分别地集中地表现着人类理论思维的两个基本维度，即：科学集中地表现着思维和存在高度统一的维度，哲学则集中地表现着反思思维和存在关系的维度。因此，哲学对科学的关系，从根本上说，既不是普遍性对特殊性的关系，也不是一种特殊性对另一种特殊性的关系，而是以“思维和存在的关系问题”为中介所构成的哲学对科学的反思关系。

科学是人类的一种活动，是人类运用理论思维能力和理论思维方法去探索自然、社会和精神的奥秘，获得关于世界的规律性认识，并用以改造世界、造福人类的活动。科学活动的本质，是实现人类对世界的规律性把握，也就是实现“思维和存在”在规律层次上的统一。

科学集中地代表着人类理性的进步，在思维与存在的规律层面的统一中为人类提供科学的世界图景。科学不仅以各种首尾一贯、秩序井然的符号系统和概念框架去理解和解释经验世界，而且它自身表现为科学思维方式和科学概念系统的形成和确定、扩展和深化、更新和革命的过程。科学发展过程中所编织的科学概念和科学范畴之网，构成了愈来愈深刻的世界图景，也构成了人类认识世界的愈来愈坚实的“阶梯”和“支撑点”。这种愈来愈深刻的世界图景，愈来愈坚实的“阶梯”和“支撑点”，表明科学概念和科学范畴实现了思维和存在在规律层面上的高度统一。

现代科学的迅猛发展不仅深刻地变革了人们的世界图景和思维方式，而且深刻地变革了人们的价值规范和生活方式。科学在现代人类的社会生活中占有极其重要的地位，并发挥着其他任何文化形式难以匹敌的巨大作用。然而，无论科学如何发达，无论科学在社会生活和历史发展中占有怎样重要的地位和发挥怎样重要的作用，它作为人类把握世界的科学方式，总是致力于实现思维和存在的统一，而不是反思“思维和存在的关系问题”。这是科学与哲学作为人类理论思维的两种基本方式的根本区别。

科学作为人类的一种活动，是以理论思维去抽象、概括、描述和解释思维对象(存在)的运动规律，也就是在理论思维的层面上实现思维与存在的统一。科学活动和科学理论所要解决的根本问题，是实现思维和存在在规律层面上统一的问题，而不是追究诸如“思维能否表述存在”、“思维表述的存在是否是自在的存在”、“思想的客观性如何检验”、“概念的运动怎样反映事物运动的本质”、“思维主体的知情意如何在反映存在的过程中实现统一”、“科学的发展如何变革人的思维方式”等等“思维和存在的关系问题”。科学活动及其科学理论，是把“思维和存在”的“统一性”当作“理论思维的不自觉的和无条件的前提”①，而去探索和表达“存在”的规律即自然的规律、社会的规律和思维的规律（这里的“思维”是作为思维活动对象的“存在”）。

与科学活动不同，人类的哲学活动是反思“思维和存在的关系问题”，也就是把“思维和存在的关系”作为“问题”进行“反思”。在哲学的“反思”中，人类的科学活动及其理论成果成为被反思的对象。这就是哲学对科学的“反思”关系。

需要指出的是，如果科学活动的主体——科学家——也去“反思”作为“理论思维的不自觉的和无条件的前提”的“思维和存在的关系问题”，那么，他就是超越了科学的研究活动而进入了哲学的反思活动。科学活动中的这种“超越”性的活动，不仅是时常出现的，而且是极其重要的。科学家在科学研究活动中，总要“超越”关于经验对象的思考，而深究“思维和存在的关系问题”，从而“超越”既定的科学理论，作出新的科学发现或提供新的科学理论。这就是说，科学家的科学活动及其科学成果，是实现“思维和存在”的统一，而不是反思“思维和存在的关系问题”；科学家在科学活动中把“思维和存在的关系问题”作为对象来思考，这意味着他超越了科学活动而进入了哲学反思。科学与哲学、科学的认知活动与哲学的反思活动，是人类理论思维的两种不同的基本方式，是人类思想的两个不同的基本维度，它们在人类的思想活动中是对立的统一。

作为人类理论思维两种基本方式的科学和哲学，科学致力于在规律的层面上实现“思维和存在”的统一，为人类提供科学的世界图景、思维方式和价值规范，哲学则把“思维和存在的关系”作为“问题”而进行“反思”，从而使作为人类活动及其成果的“科学”成为哲学反思的对象。

按照这种理解，哲学与科学的关系就不是普遍性与特殊性的关系，就不能以“区分对象”、“剥离职能”和“划清领地”的方式去区分哲学与科学，就不能简单地以“提升”、“引进”和“更新”等方式去进行对科学成果的“概括和总结”，就不能把哲学视为具有最大普遍性和最大普适性的“科学”。哲学不是科学的延伸和变形，而是对科学的反思，也就是对科学的超越。

哲学与科学的内在联系在于，实现“思维和存在”的统一与反思“思维和存在的关系”，具有既相互区别、又相互联系的性质，而不是因为存在着研究对象的普遍性与特殊性的关系。人们都知道，自然、社会和思维的矛盾运动都可以用

① 参见《马克思恩格斯选集》第3卷，第564页。

数学模型来表述,哲学界普遍关注的系统论、控制论、信息论、协同学、突变论、耗散结构论、自组织理论等等,在某种意义上都是以“整个世界”为对象;与此相反,自然辩证法、认识辩证法、思维辩证法、历史辩证法和美学等等,更不用说数学哲学、天文哲学、经济哲学、管理哲学、法哲学等等,在某种意义上都是以“特殊领域”为对象。那么,为什么前者属于“科学”,而后者却属于“哲学”?这就是因为,前者所提出和探索的问题,是关于研究对象的运动规律的问题,也就是实现研究成果中的“思维和存在”在规律层面上的统一,而不是追究研究活动及其研究成果中的“理论思维的不自觉的和无条件的前提”——“思维和存在的关系问题”;与此相反,后者则专门反思各种思想活动及其思想成果中的“理论思维的不自觉的和无条件的前提”——“思维和存在的关系问题”,而不是具体地研究各种“存在”的运动规律。这表明,在哲学与科学之间,存在着一条“逻辑的鸿沟”;科学的逻辑是实现“思维和存在”的统一的逻辑,哲学的逻辑是反思“思维和存在的关系”的逻辑。哲学的逻辑使科学的逻辑成为哲学反思的对象。在哲学的反思中,实现了哲学与科学的逻辑沟通。

第二节　哲学反思科学的主要内容

一、反思科学活动的基础

人类的科学活动,从根本上说,是以思维的规律去描述和解释存在的规律,也就是实现思维和存在在规律层面上的统一。人类科学活动的进步与发展,则在于思维以愈来愈丰富的认识成分、认识方式、认识环节、认识中介去拓展和深化对存在规律的把握。因此,隐含在全部科学活动中的根本性的、基础性的问题就是“思维和存在的关系问题”。具体地说科学活动中的思维和存在的关系问题,又体现为主体与客体的关系问题、观察与理论的问题、逻辑与直觉的问题、真理与价值问题、理解与解释问题等等。哲学对科学的反思,首先就是对以思维和存在关系问题为实质内容的科学活动的基础性问题的反思。

科学活动是以思维的规律去把握和描述存在的规律,从而形成关于经验对象的“普遍必然性”的知识。那么,思维的规律与存在的规律是何关系?它们是服从各自不同的规律,还是服从一个共同的规律?思维的规律如何把握存在的规律?思维所描述的存在规律是否就是存在本身的规律?如此等等关于思维规律与存在规律的关系问题,德国古典哲学的奠基人康德和集大成者黑格尔曾进行过深入的探讨,马克思主义哲学的创始人马克思和恩格斯则作出了深刻的概括和总结。这些深沉而睿智的哲学反思,需要我们在哲学史的学习中进行具体的研讨。

科学活动所要形成的不是关于对象的经验表象的知识，而是关于对象的“普遍必然性”的知识。那么，这种能够解释和预见对象的“普遍必然性”的知识是如何形成的？人们在常识的科学观中认为，科学活动的程序是：首先用仔细的观察和实验收集事实，以形成观察名词或单称命题；然后以归纳推理的方式，把观察名词和单称命题上升为理论名词和全称命题；这种理论名词和全称命题作为关于经验对象和实验对象的普遍原理，经过演绎推理，对相应的经验对象作出理论解释，或对某种未知的经验对象作出理论预见。

在这种常识的科学观中，隐含着下述的基本认识：其一，科学始于观察；其二，观察与理论无涉；其三，归纳合理地形成普遍原理。在这些基本认识中，蕴含着作为科学活动基础的观察与理论、逻辑与直觉等哲学问题。

长期以来，人们总是非历史地看待人以及人的认识活动，因而总是把人的认识活动中的“观察”与“理论”割裂开来，认为先有观察、后有理论。毫无疑问，从人类认识的形成过程上看，理论只能是经验的总结和升华。但是，作为现实的人，特别是作为科学活动的主体即科学家，却总是历史文化的存在。马克思认为，“人的存在是有机生命所经历的前一个过程的结果。只是在这个过程的一定阶段上，人才成为人。但是一旦人已经存在，人，作为人类历史的经常前提，也是人类历史的经常的产物和结果，而人只有作为自己本身的产物和结果才成为前提”①。在这里，马克思极为深刻地阐发了人作为历史的“前提”与“结果”的辩证关系，也启发我们以历史的观点去看待“观察”与“理论”的辩证关系。

在人的认识活动中，特别是在人的科学认识活动中，作为认识主体的人，并不是以空白的头脑去认识，恰恰相反，认识的主体只能是以自己已经占有的知识和理论去认识。从认识论上说，人的认识不是成立于“对象”与“映象”的二项关系中，而是成立于以“认识活动”为中介的“对象”和“映象”的三项关系中。作为“对象”与“映象”的中介，“认识活动”不仅包括认识主体的感觉、知觉和表象，而且包括认识主体的概念、判断和推理。而认识主体的概念、判断和推理，并非仅仅是认识的“理性形式”，而且是认识的“理论内容”。认识主体以自己的认识活动为中介去形成关于“对象”的“映象”（包括表象映象和思想映象），因此，在“观察”中不可避免地渗透了“理论”。

观察渗透理论，观察才具有科学意义。人们的科学观察，是有目的的观察，是为了解决某个（或某种）问题而进行的观察。在这个意义上，也可以说是“科学始于问题”。这里的“问题”，就是认识主体以理论为背景对经验客体的新的求索。因此，“科学始于问题”，也可以说是“科学始于理论”。与此相反，如果观察不渗透某种相应的理论，不仅观察的过程无法进行，观察的结果无法得出，甚

---

① 《马克思恩格斯全集》第26卷，第545页。

至连观察对象都不存在。客观事物本身是“客观存在的”，但是，它能够成为“观察的对象”，却是同认识主体密不可分的。例如，一张X光胸透片或一张心电图，它们本身是“客观的存在”，但是，对于一个没有相应的医学知识的人来说，它们却无法构成“观察的对象”。同样，对于没有相应的物理的或化学的或生物或天文知识的人来说，虽然某种（某些）物理的或化学的或生物的或天文的事物存在着，却同样无法构成这些没有相应知识的人的“观察的对象”。黑格尔曾尖锐地提出，如果一个人没有相应的概念，经验的对象就是“有之非有”、“存在着的无”——它存在着，但对没有相应知识的人来说却是“无”。我们在生活中随时都会感到：对于音盲来说，贝多芬并不存在；对于画盲来说，毕加索并不存在；对于科盲来说，爱因斯坦并不存在；对于只读明星轶闻、桃色事件、暴力凶杀的“文盲”来说，孔子与鲁迅，苏格拉底和黑格尔，莎士比亚和托尔斯泰都不存在。这正如马克思所说，“只有音乐才能激起人的音乐感；对于不辨音律的耳朵说来，最美的音乐也毫无意义，音乐对它说来不是对象”①。

观察渗透理论，这意味着没有“中性”的观察。人们通常总是认为，观察是中性的，甚至提出“在进入实验室之前，先把头脑中的偏见像脱掉大衣一样留在走廊里”。然而，这是根本不可能的。人们总是以既有的知识和理论去观察认识的对象，并在理论与观察的矛盾中去修正、更新和发展理论。理论是观察主体的观察活动得以进行的必要的前提条件。

在相当长的时期内，人们总是把认识的主体与“理论”和“现实”割裂开来，以下述的方式去看待和解释“主体”与“理论”和“现实”的关系，即：“理论”是与认识“主体”无关的“客观真理”，“现实”也是与认识“主体”无关的“客观存在”，而认识的“主体”则成了“一无所有”的“感性存在”；只有当着“主体”进行认识活动的时候，才一方面以空白的头脑去观察与主体无关的“客观存在”的“现实”，而另一方面又去寻找同样与主体无关的作为“客观真理”的“理论”；如果主体既能不受任何“偏见”的污染而以“白板”一样的头脑去反映“客观存在”的“现实”，又能找到某种绝对正确的作为“客观真理”的“理论”去解释“现实”，那么，主体就实现了理论与现实的统一，就获得了科学的认识成果。

这样的理解，首先是把“主体”当作了超历史的、抽象的存在，而没有理解任何时代的认识“主体”都是历史文化的存在；其次是把“理论”同“主体”割裂开来，似乎认识的主体能够没有任何“理论”而进行认识活动，似乎“理论”能够不通过主体的解释而去解释现实；再次是把“现实”同“主体”割裂开来，似乎“现实”对于任何认识者来说都是现成的、既定的认识对象，似乎认识者在无须任何“理论”的前提下都可以把任何“现实”作为认识的对象。

---

① 马克思：《1844年经济学—哲学手稿》，人民出版社1979年版，第79页。

这表明,在对“观察”和“理论”的理解中,隐含着一对更深刻也是更重要的矛盾关系——主体与客体的关系。

在最一般的意义上,人们可以说,人是认识活动和实践活动的主体,而被人认识和被人改造的对象就是客体。然而,对上面的说法稍加分析,我们就会发现:虽然“主体”和“客体”是“感性存在”的“人”和“感性存在”的“事物”,但是,“感性存在”的“人”和“感性存在”的“事物”,却并不就是“主体”和“客体”。这是因为,“人”与“事物”只有在人的认识活动和实践活动中,才能构成“主体”与“客体”的“关系”。这就是说:“主体”与“客体”,是一对密不可分的“关系”性的存在。

马克思和恩格斯曾经极为深刻地指出:“凡是有某种关系存在的地方,这种关系都是为我而存在的;动物不对什么东西发生‘关系’,而且根本没有‘关系’;对于动物说来,它对他物的关系不是作为关系而存在的。”①“关系”的存在是客观的、普遍的,因为整个的世界就处于普遍的联系和永恒的发展之中。但是,要使“关系”作为“关系”而存在,就必须以“我”的存在为前提,就必须构成主体与客体的关系。纯粹无“我”的事物之间的“关系”,包括动物之间、动物与他物之间的“关系”,既不存在作为“我”的“主体”,也不存在作为“对象”的“客体”,因而“不是作为关系而存在的”。

在以“我”的存在为前提的主体与客体的关系中,“主体”并不是生物学意义上的“人”的存在(这种生物学意义上的“人”与动物并无差别,因而他对他物的关系也不是作为关系而存在的),而是社会的、历史的、文化的存在,即马克思所说的作为历史的“结果”的存在;同样,在以“我”的存在为前提的主体与客体的关系中,“客体”也不是与“主体”无关的自在的事物的存在(这种与主体无关的自在的事物并没有成为主体的对象),而是被主体认识和改造的对象性事物的存在。

在这种现实的主体与客体的关系中,主体作为历史文化的存在,不仅具有“理论”,而且占有“现实”(现实作为客体是主体的对象);在这种现实的主体与客体的关系中,客体是主体认识和改造的对象,它被怎样理解和解释、它被怎样改造和利用,与主体所占有的理论以及主体对理论的理解密切相关。

现代哲学以现代科学为基础,深刻地提出“观察渗透理论”、“观察负载理论”、“观察被理论‘污染’”、“没有中性的观察”等等关于科学活动基础内在矛盾的认识。这些认识不仅有助于深化对科学的理解,而且有助于在更一般的意义上深化对人类的认识活动乃至整个人类活动的理解。

反思科学活动基础中的诸种矛盾,会使我们感受到“思维和存在”之间的极

① 《马克思恩格斯选集》第1卷,第35页。

其复杂的矛盾关系,会使我们懂得哲学反思科学的极其丰富的理论内容和极为重要的理论意义,当然也会使我们更为深入地理解科学,创造性地进行科学研究活动。

二、反思科学研究的成果

哲学对科学的反思,最为直接的是对科学研究成果的反思。在这种反思中,哲学不断深入地揭示了蕴含在科学成果之中的思维和存在的丰富的矛盾关系,不断深刻地展现了蕴含在科学成果之中的思维与存在所服从的同一规律,不断深刻地阐发了蕴含在科学成果之中的各种新的认识成分的哲学意义。

哲学对科学成果的反思,并不是一般地把科学成果作为再认识、再思想的对象。在科学研究的过程中,科学研究的主体也总是把已有的科学成果作为再思想、再认识的对象,揭露已有的科学成果与新的经验事实之间的矛盾,以及科学成果自身内在的矛盾,从而推进科学的发展。哲学对科学成果的反思,是从哲学层面向科学研究成果提出问题。这种哲学层面的问题包括:在科学成果中蕴含着怎样的研究方法、概念框架、解释原则和价值观念？它从何种角度推进了哲学对思维与存在、人与世界相互关系的理解？它怎样变革了人类的世界图景、思维方式和价值观念？它表达着怎样的时代精神？它要求哲学塑造和引导什么样的时代精神？哲学如何以这种时代的科学精神去重构自己的范畴体系以实现自身的发展?

这种对科学成果的哲学反思,不仅意味着哲学对科学的超越,即把科学成果转化为哲学理论,而且意味着哲学的自我超越,即随着科学的发展而变革哲学自身。恩格斯说,“随着自然科学领域中每一个划时代的发现,唯物主义也必然要改变自己的形式;而自从历史也被唯物主义地解释时候起,一条新的发展道路也在这里开辟出来了”①。我们应该从超越科学和哲学自我超越的双重意义上,去理解哲学对科学研究成果的反思。

哲学对科学研究成果的反思,具有特别重大意义的是对划时代的科学发现的反思。科学史表明,科学的发展总是表现为学科发展的不平衡性,某种科学理论的划时代发现,总是突出了人类用以理解和把握世界的某种认识成分。它的璀璨夺目的光芒,使得其他的认识成分(部分、方面、环节)在特定的时期内相形见绌、黯然失色。由此而引发的连锁反应是,首先是吸引各门科学都试图运用这种认识成分(或认识方式和认识方法)来研究自己的对象;其次是哲学家们也试图以这种被科学家普遍运用的认识成分去重构关于理论思维前提的哲学理论;最后则是由于哲学的世界观层次的理论总结而变革人们的思维方式和价值观

① 《马克思恩格斯选集》第4卷,第224页。

念，使整个人类对人与世界相互关系的理解发生重大改变。对此，美国当代哲学家莫尔顿·怀特作过这样的描述："在18世纪牛顿物理学胜利的时代，机械学成为学问之王；19世纪黑格尔的历史和达尔文的生物学占有同样的重要地位；到那一世纪的末期，心理学大有主宰哲学研究的希望，……"①20世纪以来的相对论、量子论、系统论以及自组织理论等等，可以说都引起了与怀特所描述的同样的轰动效应和连锁反应。

哲学对科学成果的反思，特别是对划时代的科学发现的反思，重要的是反思科学成果及其所提供的崭新的认识成分对哲学可能引起的正负两种效应：一方面，由于哲学从思维与存在的关系问题去反思科学成果，揭示和阐发它所蕴含的变革人类的思维方式和价值观念的哲学意义，从而实现哲学对科学的超越和哲学的自我超越；另一方面，如果哲学未加反思地、片面地夸大科学成果所提供的认识成分，并从这个被夸大了的认识成分出发去构筑某种具有极端倾向的哲学理论体系，而一旦"把认识的某一特征、方面、部分片面地、夸大地……发展（膨胀、扩大）为脱离了物质，脱离了自然的、神化了的绝对"，这种哲学就成为唯心主义哲学②。后一种情况在哲学史上和在当代哲学中都是屡见不鲜的。因此，在对科学成果的哲学概括中，必须坚持以唯物主义为基础的反思原则，既要敏锐、切实、深刻地从科学成果中概括出其蕴含的变革人的思维方式和价值观念的哲学理论内容，又要辩证地对待科学成果及其所提供的认识成分，防止简单地予以"提升"、"引进"和"更新"。

科学作为人类在其前进的发展中所获得的认识成果，它不是某种与人类的其他活动以及人类的整个文明程度无关的独立自在的实体。因此，任何科学理论成果都内涵着两个对哲学概括来说至关重要的因素：其一，科学是人类整个文明程度的结晶，它与人类把握世界的其他各种方式（诸如常识的、经验的、神话的、宗教的、艺术的、伦理的、哲学的等方式）是相互制约和相互渗透的；其二，在科学理论的深层结构中，蕴含着种种经验的、幻想的、逻辑的、直觉的、价值的、审美的、信仰的前提，其中最重要的是哲学的本体论承诺。

在哲学与科学、艺术、宗教、常识等等的多向关系中，哲学对科学成果的超越和反思，最根本的，就是哲学必须超越自身对科学的单向依赖关系，而以哲学对人类把握世界诸种方式及其成果的批判性综合去反思科学成果，揭示科学成果所蕴含的认识论前提和价值论前提，阐发这些前提所要求的新的思维方式和价值观念。

对哲学来说，包括科学和哲学在内的人类把握世界各种方式及其历史成果，

---

① 怀特：《分析的时代》，商务印书馆1981年版，第243页。

② 参见《列宁全集》第38卷，第411页。

从来都不是现成接受的对象。它反对人们在思想观念中和现实行为中采取非批判的传统性态度。哲学对科学理解的理解，是把科学关于世界的理解作为批判反思的对象，通过考察人类把握世界诸种方式相互制约和相互渗透的总体效应，探索这些方式彼此融合和彼此过渡的总体机制，反省这些方式把握世界的总体结果和时代内容来实现的。在这种批判性的考察、探索和反省的过程中，哲学就可以概括出科学成果中所蕴含的关于人与世界相互关系的新的研究方法、解释原则和价值观念，展现自己时代所达到的对真善美的理解，从而为人类提供时代水平的世界观理论。

对科学成果的哲学概括，主要地并不是寻求科学理论提供了哪些新的、具有"普适性"的范畴和原理，而是寻找时代的"科学精神"，并阐发这种"科学精神"所要求的思维方式的变革和价值观念的更新。这就要求哲学的超越和反思具有深沉的历史感和敏锐的洞察力，站在比科学更广阔的背景下和更基本的原则上去理解自己时代的科学精神，比科学已经获得的成果走得更远些（概括它所蕴含的新的时代精神），促进科学的发展，并塑造和引导新的时代精神。

三、反思科学发展的逻辑

科学活动是以思维的规律去描述和解释存在的规律，也就是在规律的层面上实现思维和存在的统一；科学的发展史则是在规律的层面上扩展与深化思维和存在统一的历史。这说明，科学的发展史最集中、最深刻地体现了人类认识的发展史。反思科学发展的逻辑，就是对人类认识史的深刻反思。当代著名科学哲学家卡尔·波普尔说，"认识论的中心问题一直是也仍然是知识的增长问题。而研究知识的增长最好莫过于研究科学知识的增长"①。因此，哲学反思科学的一个重要内容，是反思科学发展的逻辑。

在现代哲学中，科学发展的逻辑得到了特殊的关注。波普尔不仅提出当代认识论的主要任务是研究"科学知识的增长"，而且对"科学知识的增长"作出了独到的哲学解释。他提出，"人们尽可以把科学的历史看作发现理论、摒弃错了的理论并以更好的理论取而代之的历史"，并认为"任何科学理论都是试探性的，暂时的，猜测的：都是试探性假说，而且永远都是这样的试探性假说"②。正是依据对科学理论及其发展逻辑的这种理解，波普尔提出了产生广泛影响的"$p_1 \rightarrow TT \rightarrow EE \rightarrow p_2 \cdots\cdots$"的科学增长模式。这里的 p_1 表示所提出的问题，TT 表示关于问题的试探性理论即"猜测"或"假说"，EE 表示对试探性理论的检验，p_2 则表示提出新的问题。按照波普的科学知识增长模式，首先是"科学始于问题"，

---

① 波普尔：《科学知识进化论》，三联书店 1987 年版，第 5 页。

② 波普尔：《科学知识进化论》，三联书店 1987 年中文版，作者前言。

其次是“提出大胆的理论作为尝试性解决”，再次是“竭尽全力去批判这个理论”，最后则是“提出更加深刻的问题”。应当说，在波普的这个科学知识增长模式中，不仅可以体会到“问题意识”的重要性，“激活知识”和提出“尝试性理论”的重要性，而且可以体会到科学研究中的创新意识和批判精神的重要性。波普的科学知识增长模式本身是值得商榷的，但这个模式所蕴含的哲学批判精神是值得肯定的。

如果说卡尔·波普尔的科学知识增长模式的哲学批判精神是值得肯定的，那么，另一位科学哲学家托马斯·库恩的“科学范式”理论则是更具启发性的。他提出，科学发展的逻辑，就是“科学范式”的形成、确定、危机、变革和更新的过程。与此相对应，他把科学的发展过程作出如下的描述：前科学（科学范式尚未形成）→常规科学（形成了某种成熟的科学范式）→科学危机（既有的科学范式发生动摇）→科学革命（抛弃旧范式与接受新范式）→常规科学（新范式确立后的相对稳定的发展时期）→……

库恩的“范式”概念是与“科学共同体”这个概念互为解释的，即“范式”是“科学共同体”所信奉或遵从的信念与规则；“科学共同体”则是由于信奉或遵守某些最基本的信念与规则而形成的科学家集团。如果我们把这里的“科学共同体”变换成“文学共同体”、“艺术共同体”、“哲学共同体”，那么，我们也可以相应地提出“文学范式”、“艺术范式”和“哲学范式”，并在“范式”与“共同体”的关系中去思考文学、艺术和哲学的发展逻辑。

在对科学发展的哲学反思中，库恩特别关注的是“科学革命”。科学革命是旧范式向新范式的过渡，是抛弃旧范式与接受新范式的双重性过程，因而是批判与重构的统一性过程。库恩认为，新范式的创立者和拥护者，往往是“共同体”中的较为年轻的一代。他们受旧范式的熏染不深，对旧范式的信念不坚定，容易对旧范式产生怀疑，是科学中的进步力量；固守旧范式和拒斥新范式的则往往是“共同体”中较为年长的一代，他们习惯于旧的范式并对其坚信不疑，是科学中的保守力量。因此库恩说，“范式的转变是一代人的转变”。

然而，库恩并不以“两极对立”的思维方式去看待科学中的“保守”与“进步”、“常规”与“革命”。在他看来，科学的常规状态与危机状态都是科学发展中的既必不可少又不可避免的两种状态，真正的科学精神既不是单纯批判的、也不是单纯保守的，而应该是批判精神与保守精神的适当的结合与平衡。他提出，科学思维有两种基本形式：一是发散式思维，思想开放活跃，敢于标新立异，反对偶像崇拜，这是“破旧立新”的批判的、革命的思维方式；二是收敛式思维，思想集中专注，研究踏实稳健，竭力维护传统，这是“循序渐进”的保守的思维方式。库恩认为，正因为这两种思维各有所长，一个成功的科学家就需要同时兼备这两种思维与性格，并使之达到合适的平衡。这就是“必要的张力”。

在对科学发展的逻辑的哲学反思中,美国当代哲学家瓦托夫斯基的观点是更具启发性的。他赞同哲学认识论以科学知识的增长为主要对象,但他强调的是,从人类的一般认识活动去理解科学认识活动,从科学以前的认识方法去探索科学的认识方法,从人类的一般性概念去透视科学的基本概念,也就是把认识论作为人类活动的一般规律去沟通科学认识与其他认识之间的联系。他从科学思想的起源及其方法的概念基础中,系统地论证了科学活动与人类其他活动的连续性与间断性的对立统一。他认为,科学代表着人类的一项最高成就,它不是某种置身于人类之外的事物。在人类的发展史上,科学是经过漫长而又艰难的过程才发展成为一种独特的认识方式。它根源于人类的共同理解和普通的认识方式之中,"在科学本身的基础上,铭刻着它同普通经验、普通的理解方式以及普通的交谈和思维方式的历史连续性的印记,因为科学并不是一跃而成熟的"。① 从用某种臆想的原因来解释观察到的事实,进展为用某种单一的或者统一的解释原理来概括整个自然现象领域;从以共同的经验概括而形成描述和规范实践的常识概念框架,进展为具有明确性、可反驳性和逻辑解释力的科学概念框架;从对经验事实的理性反思,进展为针对描述和规定实践的各种规则和原理的批判;——科学活动与人类其他活动的连续性与间断性统一于人类自身的历史发展。因此,要对科学有比较充分的理解,首先应当把科学作为一项"特殊的人类事业"来理解。

从人类科学发展的总体趋向上看,必将突破传统科学观的狭隘视界。德国物理学家普朗克曾经说过:"科学是内在的统一体,它被分解为单独的部门不是由于事物的本质,而是由于人类认识能力的局限性,实际上存在着从物理到化学,通过生物学、人类学到社会科学的连续链条。"②现代科学正以各门科学的相互交叉、相互渗透、纵横交错而又内在统一的整体网络而构成科学的"连续链条"。

反思科学发展的逻辑,不仅有助于理解科学乃至整个人类认识活动的发展规律,而且直接地有助于理解哲学发展的逻辑。美国当代哲学家莫尔顿·怀特说:"当我们一旦弄清楚学科之间没有明确的分界线,而且没有一门学科可以称得起在认识分类表中占有一个唯我独尊的位置时,当我们弄清楚了人类各种经验的形式也和认识同样重要时:只有到那个时候才算打通最广义的、关于人的哲学研究的道路"。他还针对近代以来哲学与科学相割裂的状况,以及20世纪以来西方哲学家"把哲学看成是各部分截然隔开的学科"的状况,富于幽默感地提出,当着哲学与科学以及哲学的各部分实现"和解"之后,"科学就不再是吓唬哲

① 瓦托夫斯基:《科学思想的概念基础》,求实出版社1982年版,第11页。

② 转引自《科学学基础》,科学出版社1983年版,第5页。

学的妖魔或哲学的部属,而只是一个不太靠得住的同伴。哲学家会通过其他学科的知识丰富自己,更不用说通过吸收其他经验来丰富自己了";同样,"豪放的哲学家们就会放弃无需认识或者感知许多小事物就能认识一个大事物的思想;而小哲学家们也就会努力去认识大事物了",哲学"刺猬"(指欧陆人文哲学)与哲学"狐狸"(指英美分析哲学)就会实现某种"融合"了①。应当说,从反思科学发展逻辑所引发的对哲学的这种展望,是令人鼓舞的。

四、反思时代的科学精神

每个时代的时代精神,都在不同的程度上表现为该时代的科学精神;特别是随着近代以来的实证科学的发展以及科学在社会生活中的愈来愈重大的作用,近代以来的时代精神更为突出地表现为该时代的科学精神。哲学作为时代精神的精华,总是以哲学的方式集中地体现着该时代的科学精神。因此,哲学对科学的反思,特别集中地表现为对时代的科学精神的反思。

科学是一种人类活动,是一种体现人类智力最高成就的活动,在这个意义上,科学精神就是在科学活动中凝聚和升华了的人类精神。它集中地表现为探索真理的求真精神、尊重事实的求实精神、自我扬弃的批判精神和超越现状的创造精神。

在人类文明的不同历史时代,科学精神也具有不同的内容和不同的形式。在总结和概括科学和哲学的发展史的基础上,恩格斯提出,"在希腊人那里是天才的直觉的东西,在我们这里是严格科学的以实验为依据的研究的结果,因而也就具有确定得多和明白得多的形式"②。同时,恩格斯又指出:"虽然 18 世纪上半叶的自然科学在知识上,甚至在材料的整理上高过了希腊古代,但是它在理论地掌握这些材料上,在一般的自然观上却低于希腊时代。在希腊哲学家看来,世界在本质上是某种从混沌中产生出来的东西,是某种发展起来的东西、某种逐渐生成的东西。在我们所考察的这个时期的自然科学家看来,它却是某种僵化的东西、某种不变的东西,而在他们中的大多数人看来,则是某种一下子造成的东西。"③而对于被称作"文艺复兴"的时代,恩格斯则称之为"这是一次人类从来没有经历过的最伟大的、进步的变革,是一个需要巨人而且产生了巨人——在思维能力、热情和性格方面,在多才多艺和学识渊博方面的巨人的时代"④。

美国出版的《导师哲学家丛刊》对欧洲中世纪以来的各个世纪的特征的概括,比较鲜明地显示了这些世纪的不同的时代精神,以及这些时代精神中所蕴含

① 参见怀特:《分析的时代》,商务印书馆 1981 年版,第 243 页。

② 《马克思恩格斯选集》第 3 卷,第 454 页。

③ 《马克思恩格斯选集》第 3 卷,第 449 页。

④ 《马克思恩格斯选集》第 3 卷,第 445 页。

的科学精神。这套丛刊把欧洲中世纪称作“信仰的时代”，这正是哲学和科学成为宗教的“婢女”的时代；它把文艺复兴时期称作“冒险的时代”，这正是恩格斯所说的“需要巨人而且产生了巨人”的时代，是科学的求真求实精神在近代重新开启的时代；它把17世纪称作“理性的时代”，这正是近代实验科学兴起、科学理性逐渐扩展和深化的时代；它把18世纪称作“启蒙的时代”，这正是逐渐盛行的崇尚理性力量的时代；它把19世纪称作“思想体系的时代”，这正是恩格斯所说的由“搜集材料”的科学转向“整理材料”的科学，也就是建立各门科学的概念发展体系的时代；它把20世纪称作“分析的时代”，这正是在现代科学既高度分化又高度整体化的背景下，科学迅猛发展和自我反省的时代。

德国哲学家恩斯特·卡西尔曾对西方近代以来的科学精神与时代精神及其相互关系进行过深刻的哲学反思。他提出，“理性”是标志近代以来的时代精神的核心概念，但它在近代以来的几个世纪中发生了深刻的变化。他认为，在17世纪，理性是“永恒真理”的王国，它试图从某种直觉地把握到了的最高的确定性出发，然后以演绎的方式将可能的知识的整个链条加以延长；18世纪则摒弃了这种演绎和证明的方法，“按照当时的自然科学的榜样和模式树立了自己的理想”，不是把理性看作知识、原理和真理的“容器”，而是把理性看成是一种“引导我们去发现真理、建立真理和确定真理的独创性的理智力量”①。

由此我们可以看到，近代以来的西方哲学——无论是文艺复兴时期的“冒险”精神，还是17世纪的“理性”精神和18世纪的“启蒙”精神——正是集中地表达和塑造了以“理性”为核心的时代的科学精神。这种时代的科学精神，就是弘扬人的理性权威，确立人的主体地位，发挥人的主体能动作用。正因为近代哲学以理性思辨的形式而恢复了古希腊哲学的探索精神，所以这是一场否定之否定意义上的古希腊精神的“复兴”。

恩格斯曾经深刻地指出，近代科学的发展经历了从“搜集材料”的科学到“整理材料”的科学的历程，到19世纪，“经验自然科学积累了如此庞大数量的实证的知识材料，以致在每一个研究领域中有系统地和依据材料的内在联系把这些材料加以整理的必要，就简直成为无可避免的。建立各个知识领域互相间的正确联系，也同样成为无可避免的”②。正因如此，人们把19世纪称作“思想体系的时代”。德国古典哲学的集大成者黑格尔正是以其创建的概念发展的辩证法，深刻地阐释了人类思想运动的逻辑，集中地表现了这个“思想体系的时代”的时代精神。

与人们从总体上把近代以来的科学精神称之为“理性”精神相呼应，人们常

---

① 参见卡西尔：《启蒙哲学》，山东人民出版社1988年版，第5、11页。

② 《马克思恩格斯选集》第3卷，第465页。

常在多元的理解中来概括现代的科学精神。有的把20世纪称作“分析的时代”（如美国哲学家莫尔顿·怀特），有的把20世纪称作“综合的时代”（如美国未来学家阿尔温·托夫勒），有的把20世纪称作“相对主义的时代”（如美国哲学家J·宾克莱），如此等等。反思当代的科学精神，是当代哲学反映和表达、塑造和引导时代精神的重要前提。

当代科学技术的最显著的特点，是它的发展呈指数增长的趋势。20世纪60年代以来人类所取得的科技成果的数量，比过去的两千余年的总和还要多。在当代科学技术的发展呈指数增长的过程中，科学的分支化与整体化同步展开。研究的完整性，研究对象的多学科性，学科的多对象性，科学研究的信息化，成为当代科学研究的认识论特征。与此相适应，“当代科学技术发展形成的思维方式的特点是：从绝对走向相对；从单义性走向多义性；从精确走向模糊；从因果性走向偶然性；从确定走向不确定；从可逆性走向不可逆性；从分析方法走向系统方法；从定域论走向场论；从时空分离走向时空统一”①。

当代科学的认识论特征，以及与此相适应的思维方式的变革，意味着当代的科学精神发生了重大变化，从而也意味着由这种科学精神所表征的时代精神发生了深刻的变化。当代的科学精神，虽然蕴含着一般的求真精神、求实精神、批判精神和创造精神，但它更明显地具有“从绝对走向相对”、“从单义性走向多义性”的宽容精神，即真正的激励批判与创造的精神；它也更明显地具有“从精确走向模糊”、“从确定走向不确定”、“从分析方法走向系统方法”的历史意识，即真正地从人的实践活动及其历史发展的观点去看待人所理解的世界。因此，我们应当从“反思”的立场去看待“时代精神的精华”（哲学）与“时代的科学精神”（科学）之间的关系。

五、反思科学的社会功能

科学作为哲学的反思对象，它的社会功能是哲学反思的重要内容。在人类面对“全球问题”的当代，哲学的重要使命之一，就是对科学的社会功能的反思。

英国著名物理学家J·D·贝尔纳在《科学的社会功能》的序言中指出，“人们过去总是认为：科学研究的成果会导致生活条件的不断改善；但是，先是世界大战，接着是经济危机，都说明了：把科学用于破坏和浪费的目的也同样是很容易的，于是就有人要求停止科学研究，认为这是保全一种过得去的文明的唯一手段。面对这些批评，科学家们自己也不得不开始第一次卓有成效地考虑他们所做的工作同他们自己周围的社会和经济现象有何种关系”，而科学和社会的繁

① 参见宋健主编：《现代科学技术基础知识》，科学出版社和中共中央党校出版社1994年版，第48页。

荣昌盛都有赖于说明"科学和社会两者之间的正确关系"①。

对科学及其社会功能的比较系统的哲学反思,大概应该说是奠基于"维也纳学派"的创始人之一的弗兰克的《科学的哲学——科学和哲学之间的纽带》。弗兰克认为,现代人类文明受到了严重的威胁,这种威胁在于"科学的迅速进展同我们对人类问题的了解的无能为力",在于"科学同人文学科之间存在着一条鸿沟"②。他提出,"为了不仅了解科学本身,而且也了解科学在我们文明中的地位,以及它同伦理、政治和宗教的关系,我们就需要一个关于概念和定律的统一体系,在这体系中,自然科学以及哲学和人文学科都有它们的地位。这样一种体系可以叫做'科学的哲学',也就该是科学和人文学科之间的'缺少的环节'"③。

当代美国科学哲学家瓦托夫斯基非常赞赏弗兰克对科学以及科学哲学的理解,认为科学哲学作为自然科学与人文学科之间的"缺少的环节"或"逻辑的桥梁",它的实质内容是把科学思想的概念和模式当作人文主义理解的对象而进行的哲学反思。他提出,在现代,人们普遍地接受了这样的观念,即:科学是人类活动的最高成就,科学家是由成就来标志的人。但是,在现代科学技术迅猛发展和广泛应用的进程中,人们又经常感到一种困惑,这就是,"我们苦于既想要认识又害怕发现,苦于既渴望这种知识所带来的力量又厌恶这种力量强加于我们大家的令人畏惧的责任。我们的各种社会与文化设施,我们的教育体制,我们的经济全都显露出这种分歧。这种分歧处在'科学的'和'人文的'这'两种文化"之间,并且我们落进了这二者之间的陷阱,即一方面我们知道科学是理性和人类文化的最高成就,另一方面我们同时又害怕科学业已变成一种发展得超出人类的控制的不道德和无人性的工具,一架吞噬着它面前的一切的没有灵魂的凶残机器"④。

当代人类面临的能源危机、环境污染、生态失衡、核战争威胁等全球性问题,是同现代科学技术的迅猛发展及其广泛应用有着密切联系的。瓦托夫斯基提出,我们一方面"知道科学是理性和人类文化的最高成就",另一方面又"害怕科学业已变成一种发展得超出人类的控制的不道德和无人性的工具",正是对"现代人的困惑"的理论反应。

应当看到,从当代人类面临的全球问题来反思科学的社会功能,并试图从对科学的人文主义理解中来解决"现代人的困惑",这具有不可否认的积极意义;但是,夸大现代科学技术的负面作用,或把解决"全球问题"的出路仅仅诉诸于

① 参见贝尔纳:《科学的社会功能》,商务印书馆 1985 年版,序言。

② 参见弗兰克:《科学的哲学——科学和哲学之间的纽带》,上海人民出版社 1985 年版,第 4 页。

③ 参见弗兰克:《科学的哲学——科学和哲学之间的纽带》,上海人民出版社 1985 年版,第 7 页。

④ 瓦托夫斯基:《科学思想的概念基础》,求实出版社 1982 年版,第 3 页。

对科学的人文主义理解,这又表明了现代西方科学哲学家的思想局限性。我们应当以更为开阔的理论视野去反思科学的社会功能,并在这种反思中升华出作为"时代精神的精华"的当代哲学理论。

第三节 反思当代哲学中的科学主义思潮

在对哲学与科学的关系的理解中,当代的最突出的问题,就是盛行于哲学之中的"科学主义思潮"。在对科学主义思潮的反思中,会使我们在当代的水平上深化对哲学及其发展趋向的理解。

所谓哲学中的科学主义思潮,是指 19 世纪中叶以来盛行在哲学之中的一种理论思潮。近代以来的科学发展及其广泛的技术应用,使一些自然科学家和哲学家认为:科学是伟大的而哲学是渺小的;只有忽视甚至否定传统哲学,才能从传统哲学的束缚中解放出来;新哲学的出路只能是使自己变为实证科学或实证科学的"副产品"。因此,他们试图以实证科学的理论和方法来改造哲学,把哲学从凌驾于科学之上的"科学的科学"变为从属于科学的"关于科学的哲学"。由此可见,科学主义思潮的实质,是"拒斥"传统意义的哲学,把哲学变为科学的附庸。

现代科学主义思潮的主要代表人物之一,德国哲学家汉斯·赖欣巴哈曾对哲学及其与科学的关系作出这样的解释:知识的本质是概括,概括是科学的起源;大量的观察事实不能满足求知的欲望,求知欲超越观察而要求普遍性解释;当科学解释由于当时的知识不足以获致正确概括而失败时,想象就代替了它,提出一类朴素类比法的解释来满足要求普遍性的冲动;这样,普遍性的要求就被"假解释"所满足了,而"哲学"就是从这个土地上兴起的①。

赖欣巴哈认为,这种用"假解释"去满足要求普遍性的"冲动"的传统"思辨哲学",总是"努力获致一种关于普遍性的、关于支配宇宙的最普遍原则的知识",而这只能是"想建立一种包罗一切的物理学的幼稚企图";而取代这种传统思辨哲学的"科学哲学则与此相反,把宇宙的解释完全留给科学家去做;它用对科学的结果进行分析的办法建立着知识论"。由此,赖欣巴哈对"思辨哲学"与"科学哲学"作出更进一步的对比:"思辨哲学要的是绝对的确定性。如果说预言个别事件是不可能的,那么,支配着一切事件的普遍规律至少应被视为是知识所能知道的;这些规律应该可以用理性的力量推导出来。理性,宇宙的立法者,把一切事物的内在性质显示给人的思维——这种论纲就是一切思辨哲学的基础"。"科学哲学则与此相反,它拒绝承认任何关于物理世界的知识是绝对确定

---

① 参见赖欣巴哈:《科学哲学的兴起》,商务印书馆 1983 年版,第 9、11 页。

的。无论是个别事件,无论是控制着个别事件的规律,都不能确定地被陈述。逻辑和数学的原理是可以获得确定性的唯一领域;但这些原理是分析的,因此也是空洞的。确定性与空洞是不可分的;综合先天真理是没有的"①。

正是从对"哲学"与"科学"的相互关系的这种理解出发,赖欣巴哈的结论是:"新哲学是作为科学研究的副产品而发生的","他们的哲学是企图找到在科学研究中碰到的一些问题的答案的结果","这种集中精力进行逻辑分析的目的是澄清问题,而不是发现规律"②。

对于哲学中的科学主义思潮的基本思想和总体特征,美国当代哲学家莫尔顿·怀特曾作出这样的总体概括:"逻辑实证主义有两个方面,即:对待以前的哲学的历史之否定的、战斗的、批判的、甚至轻视的态度,这种态度表现在它对于形而上学和伦理学的传统学科的敌视,以及对待逻辑和科学之肯定的、崇拜的态度。这两种态度合在一起引向这样的观点,即:哲学只不过是科学的逻辑"③。

科学主义思潮的这种观点,在逻辑实证主义的重要代表人物鲁道夫·卡尔纳普的论著中得到了具体的阐述。他以区分语言的两种基本职能——"表述"职能和"表达"职能——为前提,对传统哲学的三个基本部分——"形而上学"、"认识论"和"逻辑学"——进行了系统的讨伐与批判。

卡尔纳普提出:语言具有"表述"和"表达"这样两种基本职能:语言的"表述"职能是对经验事实的陈述,构成关于经验事实的命题,这种命题可以根据经验(实验)来判定其真伪,因而是"有意义"的"真问题";语言的"表达"职能则不是对经验事实的陈述,而只是人的情感意愿等等的表达,这类命题既无法验证也无所谓真伪,因而是"无意义"的"假问题"。卡尔纳普认为,传统哲学的根本问题,就在于它总是以语言的"表达"职能去充任语言的"表述"职能,用类似于"艺术"的"表达"去代替"科学"的"表述"。

从这种基本思路出发,卡尔纳普分别地批判了传统哲学的三个基本部分:(1)作为"表达"的"形而上学"只是"给予知识的幻相而实际上不给予任何知识",它属于用"朴素的类比法"和"图解语言"构成的"抒情诗"一类的东西,因此,科学的哲学必须"拒斥形而上学";(2)传统哲学的"认识论"是对认识的心理现象和心理过程的描述,而不是对"意义"的认识论分析,因此应当把传统哲学的"认识论"作为"心理学"而归人诸如物理学、生物学一类的经验科学之中;(3)把"形而上学"作为"假问题"而"拒斥"于科学的哲学之外,又把"认识论"作为"心理学"而"归入"实验科学之中,哲学所剩下来的就只是"逻辑学";然而,

---

① 参见赖欣巴哈:《科学哲学的兴起》,商务印书馆 1983 年版,第 234-235 页。

② 参见赖欣巴哈:《科学哲学的兴起》,商务印书馆 1983 年版,第 98 页。

③ 怀特:《分析的时代》,商务印书馆 1981 年版,第 207-208 页。

卡尔纳普告诫人们，科学的哲学并不是传统的逻辑学，而是“对科学概念、命题、证明、理论作逻辑分析”的“科学的逻辑”①。由于这种“科学的哲学”是对科学命题进行“逻辑分析”，因而它是哲学而不是科学；由于“科学的哲学”所分析的是“科学命题”，因而它是科学的哲学而不是传统哲学。这样，卡尔纳普及其所代表的逻辑实证主义就在与传统哲学的形而上学、认识论和逻辑学相对立的意义上，把“科学的哲学”归结为“对科学的逻辑分析”，也就是把哲学变成了科学的“副产品”。这充分地表现了哲学中的科学主义思潮的实质。

早在一百多年前，当着科学主义思潮刚刚在哲学和科学中兴起的时候，恩格斯就曾尖锐地指出，“自然科学家相信：他们只有忽视哲学或侮辱哲学，才能从哲学的束缚中解放出来”，然而，他们却“完全作了哲学的奴隶，遗憾的是大多数都作了最坏的哲学的奴隶，而那些侮辱哲学最厉害的恰好是最坏哲学的最坏、最庸俗的残余的奴隶”；所以，“不管自然科学家采取什么样的态度，他们还是得受哲学的支配。问题只在于：他们是愿意受某种坏的时髦哲学的支配，还是愿意受一种建立在通晓思维的历史和成就的基础上的理论思维的支配”。②

然而，在现当代科学迅猛发展的背景下，人们却往往以“科学”去理解哲学和要求哲学，并试图把哲学变成某种形态的“科学”；同时，由于长期以来所形成的“哲学知识论立场”，更是为哲学中的科学主义思潮的盛行提供了理论基础。在现代哲学的百年来的进程中，人们总是在固守乃至强化哲学的“知识论立场”上，以“弱化”科学的“科学性”或“强化”哲学的“科学性”的方式去申辩哲学的现代生存权利和寻找哲学的现代发展道路。哲学与科学的关系问题，愈来愈成为哲学自我理解的最重要的问题。

对于“科学”，人们普遍存有广义和狭义的两种理解。从狭义上说，人们把通过实证（或实验）研究而形成的、并被经验（或实验）所证实的理论称作“科学”；从广义上说，人们已经习惯地把“正确的”、“真理性的”思想、学说、理论等统称为“科学”。在反思哲学中的科学主义思潮的过程中，我们应当懂得，无论在何种意义上，都不能把科学作为唯一的标准去看待哲学。恰恰相反，把“科学”作为唯一标准去看待哲学，正是陷入了哲学中的“科学主义”。

在狭义的科学观的意义上，把“科学”作为唯一的标准去审视哲学，认为“抽象的”、“思辨的”哲学尚未达到科学的水准，并试图以实证科学的理论和方法去“改造”哲学，其结果就混淆以至于阉割了哲学作为人类把握世界的特殊方式的独特性质与功能，因而也就失去了具有独立意义的“哲学”。对此，现代西方哲学在其演进的过程中，已经愈来愈深刻地意识到了这个问题。通过对逻辑实证

① 参见卡尔纳普：《论哲学问题的特征》，转引自《自然科学哲学问题丛刊》1985 年第 1 期。

② 参见《马克思恩格斯选集》第 3 卷，第 533 页。

主义的反省,现代西方哲学的众多流派都致力于"缓和"与"形而上学"的关系。当代的西方哲学正在改变以科学"改造"哲学的观念,也就是正在"弱化"哲学中的科学主义思潮。当代的中国哲学不能重蹈科学主义思潮的覆辙。

在广义的科学观的意义上,即在把"科学"视为"正确的"、"真理性的"思想、学说、理论的意义上,也不能把"科学"作为唯一的标准去看待哲学。这是因为,虽然理论思维的两种方式——科学和哲学——都具有知识体系、思维方式和价值规范的三重内涵,但是,这三重内涵在科学和哲学中的作用方式和表现形式却是不同的。科学在其直接的意义上,就是一种单纯的求真(追求、发现和坚持真理)的活动,因此它以"真理性"为目的。在间接的意义上,科学活动又塑造人的科学的思维方式,并以科学的世界图景和科学的思维方式规范人们的思想与行为。与科学不同,哲学理论自身直接地就是事实判断、价值判断和审美判断的统一,它的目的不只是"求真",而且是"求善"和"求美",是寻求真善美的统一。在这个意义上,哲学理论又是实然判断(是怎样)、必然判断(会怎样)和应然判断(应怎样)的统一。在哲学理论中,既表达了某种知识,更体现着人的某种意向和对理想的追求。哲学理论既是人在时代的水平上对人与世界关系的理解,同时又是对如何推进这种关系的自觉导向。如果仅仅用广义的"科学"去看待和评价哲学,把哲学归结为单纯的"求真"的活动,就会忽视甚至是扭曲哲学的真善美相统一之理,特别是会忽视甚至是丢弃哲学的理想性特性,从而失去哲学塑造和引导时代精神的社会功能。

哲学和科学是人类把握世界的两种基本方式,把哲学归结为科学,就是对具有独立存在意义的哲学的否定。当然,我们可以用"科学的"或"不科学的"概念来区分不同的哲学,这正像我们可以用"善的"或"恶的"、"美的"或"丑的"概念来区分不同的哲学一样。哲学寻求真善美的统一,因此,广义的"科学"概念("正确的"、"真理性的")可以用来区分不同性质的哲学,但却不能把"科学"当作"哲学"的标准。

哲学和科学作为人类把握世界的两种不同的基本方式,还在于哲学不仅与科学具有"双向"关系,而且与人类把握世界的各种基本方式具有"多向"关系。哲学的反思对象包括科学、艺术、宗教、伦理、语言、历史等在内的全部文化现象。哲学从人类把握世界各种方式的相互关系中去理解科学,又从人类文化的整体关系中去审度科学,因此哲学才能批判性地反思科学,并推进科学的发展。

深入地探讨哲学与科学的关系,对于理解哲学和推进哲学的发展是至关重要的:(1)确认哲学作为人类把握世界的基本方式的独特性质和特殊功能;(2)确认哲学作为人类思想的"反思"维度的理论内容与理论形式;(3)确认哲学对科学的反思关系,推进和深化哲学对科学的反思;(4)以哲学对科学的反思关系为基础,推进和深化哲学对人类把握世界各种方式及其成果的反思;(5)变革以科学方式去看待和评价哲学的观念,推进和深化哲学对真善美的寻求,充分发挥哲学的反映和表达、塑造和引导时代精神的"精华"作用。

小结:

哲学和科学是人类理论思维的两种基本方式。哲学和科学的成熟过程,就是哲学与科学分化的过程,亦即科学从哲学中分化出去的过程。因此,哲学与科学之间既具有高度的相关性和复杂的相似性,又具有日趋明显的差别性和性质不同的确定性。如何理解哲学,最为重要的,就是如何理解哲学与科学的关系。

通常是从普遍性与特殊性的关系去区分哲学与科学的"对象"和"功能",既把科学解释为研究世界的不同领域而提供各种特殊规律,又把哲学解释为研究整个世界而提供普遍规律。这是一种根深蒂固的"哲学知识论立场"。

哲学和科学作为人类理论思维的两种基本方式,它们之间的根本区别,在于它们分别地集中地表现着人类理论思维的"构成思想"与"反思思想"的两个不同的基本维度,因此,哲学对科学的根本关系,不是普遍性与特殊性的关系,而是以"思维和存在的关系问题"为中介而构成的哲学对科学的"反思"关系。

哲学对科学的反思,主要表现为反思科学活动的基础、科学研究的成果、科学发展的逻辑、时代的科学精神以及科学的社会功能。以科学为对象的哲学反思,揭示科学活动、科学成果和科学发展中所蕴含的思维与存在之间的丰富的矛盾关系,阐释科学划时代发展的哲学意义和各个时代的科学精神,反省科学、特别是现代科学的社会功能,从而推进了哲学的和科学的世界图景、思维方式和价值规范的构建与变革,因而也推进了人的全面发展。

在对哲学与科学的关系的理解中,当代的最突出的问题,是反思盛行于现代哲学之中的"科学主义思潮"。科学主义思潮的本质,是试图以实证科学的理论和方法来改造哲学,把哲学从凌驾于科学之上的"科学的科学"变成从属于科学的"关于科学的哲学",即把哲学变成科学的附庸。这种科学主义思潮的理论基础,仍然是"哲学的知识论立场"。现代哲学在反思科学主义思潮的进程中,正在逐步地超越哲学的"知识论立场"。

思考题:

1. 怎样理解哲学与科学的相互关系?为什么说哲学是对科学的反思?
2. 哲学对科学的反思主要表现在哪些方面?哲学反思科学的根本内容是什么?
3. 什么是哲学的知识论立场?它与科学主义思潮是何关系?
4. 通过探讨哲学对科学的反思关系,你对哲学的思维方式有何新的理解?

第五章　寻求本体的哲学

哲学对常识的超越、对科学的反思，是以其对“本体”的寻求来实现的。哲学对“本体”的寻求，从根本上说，就是对人自身的“安身立命之本”和“最高的支撑点”的寻求，也就是试图获得某种关于人自身的存在与发展的最终的根据、标准和尺度。正是在寻求“本体”的过程中，哲学实现了自我批判、自我超越和自我发展。

第一节　“本体”问题

一、“本体”和“本体论”的概念解析

“本体”和“本体论”，是哲学理论中使用最广泛而又歧义性最大的范畴。人们在学习或研究哲学的过程中，总是不可避免地被“本体”和“本体论”困扰着。

阅读哲学理论著作和哲学史著作，人们会发现一个引人注目和发人深省的重大问题：在各种不同的哲学理论体系中，“本体”都有其特殊的理论内涵和历史的规定性；或者反过来说，有多少种关于“本体”的观念，也标志着有多少种不同的哲学理论体系。因此，从一定的意义上说，对“哲学究竟是什么”的追问与回答，也就是对“本体究竟是什么”的追问与回答；如何回答“本体究竟是什么”，也就是在回答“哲学究竟是什么”。这表明，关于“本体”和“本体论”的概念解析，对于哲学的自我理解是至关重要的。

在探析作为哲学概念的“本体”和“本体论”之前，先来简要地分析一下作为日常用语的“本”这个概念，是会引发某些哲学思考的。

“本”是与“末”相对待的。“物有本末，事有始终”。“本”为事物的根源或根基。因此，人们在思想和行为中总是喜欢“穷本溯源”，反对“本末倒置”或“舍本求末”。这表明，不管人们（包括古今中外的哲学家）在多少种不同的含义上使用“本体”这个概念，“本体”概念总是具有寻求最根本的东西的意义，总是具有以“本”释“末”的意义，总是具有为自己的思想和行为寻找最终根据的含义。

通常认为，哲学本体论是关于一般存在或存在本身的哲学学说，关于脱离具体存在的超验存在的学说。在这种解释中，下述几点是值得深入探讨的：(1)本体论作为“关于一般存在或存在本身的哲学学说”，“本体”与“存在”是何关系？

(2)本体论作为“关于脱离具体存在的超验存在的学说”,“具体存在”与“超验存在”是何关系?怎样理解“本体”是“超验存在”?(3)马克思主义哲学与本体论是何关系?究竟应当如何对“本体论”作出马克思主义的哲学解释?

首先,我们分析“本体”与“存在”的关系。

“存在”,这是一个外延最广大(无所不包)、内涵最稀薄(毫无内容)的概念。黑格尔说,存在,这是“无规定性的直接性,先于一切规定性的无规定性,最原始的无规定性”①。黑格尔还具体地解释说:“如果我们试观察全世界,我们说在这个世界中一切皆有,外此无物,这样我们便抹煞了所有的特定的东西,于是我们所得的,便只是绝对的空无,而不是绝对的富有了。”②这就是说,“存在”是一个“最抽象也最空疏”的概念。

世界上的一切事物(包括物质和精神),都不仅仅是“存在”着,而且是具有某种“规定性”的存在,即具有某种特定的内容与形式的存在。黑格尔说,“规定性中已包含有‘其一’与‘其他’”③,“一个具体事物总是不同于一个抽象规定本身的。当我们说‘存在’时,我们并没有说到具体事物,因为‘存在’只是一个纯全抽象的东西”④。而任一事物作为有规定性的存在,它就是黑格尔所说的“定在”即特定的、特殊的存在。

如果我们把抽象的或纯粹的“存在”称作“在”,那么,我们就可以把具有规定性的所有事物都称作“在者”。显然,世界上只存在具有规定性的“在者”,而不存在没有任何规定性的纯粹的“在”。然而,人类的思维却不仅仅是抽象事物的各种规定性,将事物把握为各种具有规定性的“在者”,而且还舍掉事物的各种各样的规定性,寻求一切“在者”的“在”。对“在”的反思性的寻求,就是哲学的本体论;而哲学所寻求的“在”,就是所谓的“本体”。

“本体”作为抽象的“在”,并不是某种现实的存在物,而只是一种人类思维的指向性。哲学反思的现实基础是人类自己的社会生活。因此,对哲学所寻求的“本体”,对寻求“本体”的哲学本体论,都需要从人类自己的社会生活出发去予以解释;或者反过来说,只有从人类自己的社会生活出发,才能合理地解释哲学的“本体”观念和哲学的“本体论”。

哲学的“本体”观念和哲学的“本体论”的产生与发展,首先是与人类独特的生存方式联系在一起的。人类作为改造世界的实践—认识主体,其全部活动——无论是实践活动还是认识活动——的指向与价值,都在于使世界满足人类自身的需要,把世界变成对人来说是真善美相统一的世界。具有历史展开性

① 黑格尔:《小逻辑》,商务印书馆 1980 年版,第 190 页。

② 黑格尔:《小逻辑》,商务印书馆 1980 年版,第 194 页。

③ 黑格尔:《小逻辑》,商务印书馆 1980 年版,第 190 页。

④ 黑格尔:《小逻辑》,商务印书馆 1980 年版,第 199 页。

的实践活动是人类全部思维的最本质最切近的基础,当然也是人类的哲学反思的最本质最切近的基础。

人类的实践活动不仅具有现实性,而且具有理想性,不仅具有有限性,而且具有无限的指向性。基于人类实践本性的理论思维,总是渴求在最深刻的层次上或最彻底的意义上把握世界、解释世界和确认人在世界中的地位与价值。理论思维的这种渴求,是一种指向终极性的渴求,或者说,是一种终极性的关怀。理论思维的这种终极性的渴求或关怀,构成了贯穿古今的哲学本体论。

哲学的"本体"观念,是一种对终极性的存在的渴求或关怀;哲学的"本体论",是一种追本溯源式的意向性追求,是一种理论思维的无穷无尽的指向性,是一种指向无限性的终极关怀。哲学的"本体"观念和哲学的"本体论",最为深刻地显示了人类存在的现实性与理想性、有限性与无限性、确定性与超越性、历史的规定性与终极的指向性之间的矛盾。在这个意义上,关于"在"或"本体"的哲学本体论,是表现人类自身存在的矛盾性或悖论性的理论。

其次,我们分析"本体"与"超验存在"的关系。

作为"本体"的"在",就是"超验的存在",而不是"经验的存在"。任何经验的存在,都是"定在",即有规定性的存在,也就是"在者"。所有经验的存在即"在者",都可以成为科学研究的对象。而作为"本体"的"在",则是纯粹思维抽象的产物,因而是超越经验的存在。理解这个问题,是理解"本体论"的根本问题,因而也是理解"哲学"的根本问题。反过来说,正是由于这个问题的不易理解,因而人们经常曲解"本体论"和"哲学"。

人作为现实的存在,却要寻求超验的存在,这是因为人对世界的认识总是处于感性与理性的矛盾之中,"认为我们感官所观察到的事物并非存在本身,隐藏在它的后面、作为它的基础的那个超感官的对象,才是真正的存在,即所说的'本体'。经验存在与本体存在是一种决定论的演绎关系:经验现象中的一切都来源于本体的规定,所以只有从后者才能使前者得到理解和说明。相反地,本体却不受经验现象的规定,它本身是一个绝对自在的、具有终极始因性的存在。把存在的事实和存在的本体分离开来、对立起来,是本体论思维的基本前提。所谓的本体论哲学,在这里也可以说就是从某种超对象的绝对实在去理解对象的一种理论认识方式"。而"本体论作为对象的解释原则完全是属于人的,它表现的是人从人的观点以理解和把握对象世界的一种方式。抛开可见的现存世界,去追求一个不可见的本体世界,这是只有人才会具有的特性。人是一种从不满足于既有存在,总在追求未来理想存在的一种存在。这通常被称作人的'形而上学'本性。本体论就是以探寻对象之外和之上的本真存在这种方式,来表达人的形而上学追求的”①。

由此我们可以看到,把研究“在”或“本体”作为哲学的立足点和出发点的本体论哲学,有三个根本性的思想前提:其一,就其思想本质来说,是把存在本身同存在的现象割裂开来、对立起来,认为经验观察到的现象并非存在本身,存在本身是那种隐藏在经验现象背后的超验的存在;其二,就其思想原则来说,是把主观和客观、主体和客体对立起来,把哲学所追求和承诺的“本体”视为某种超出人类或高于人类的本质、与人类的历史状况无关的自我存在的实体,力图剥除全部主观性,归还存在的本来面目;其三,就其追求目标来说,是把绝对与相对分割开来,企图从某种直觉中把握了的最高确定性即作为支配宇宙的最普遍的原则或原理出发,使人类经验中的各种各样的事物得到最彻底的统一性解释,从而为人类提供一种终极的永恒真理。

从这种思想前提可以看到,以本体论为解释原则或理论硬核的哲学模式,是由于把本质与现象分离开来、主观与客观割裂开来、相对与绝对对立起来而产生的。它的实质,是要求哲学为人类揭示出宇宙的绝对之真、至上之善和最高之美。

再次,我们分析马克思主义哲学与“本体论”的关系。

本体论的哲学模式既把哲学追求永恒真理、探寻终极原因、表述世界本体的渴望推向了高峰,同时也就使本体论哲学走向了自我否定。离开存在的现象,人们如何认识存在本身?存在作为人类认识的对象,它能否排斥认识的主观性?人类关于存在本身的认识,能否具有绝对的、至上的、终极的真理性质?当着哲学家从对“本体”的追究而转向对人类认识的反省时,哲学研究的理论硬核便发生了变革。“没有认识论的本体论为无效”。这就是近代认识论哲学的立足点和出发点。

由于认识论哲学的发展,以探寻存在本身为理论硬核的本体论哲学模式,就被以反省人类认识为理论硬核的认识论哲学模式所取代;以追求纯粹客观性为目标、并把主观性与客观性绝对对立起来的形而上学的思维方式,就被探索思维与存在、主观与客观如何统一的辩证法理论所扬弃。独立存在的本体论哲学及其所代表的形而上学的思维方式,已经被德国古典哲学及其所代表的辩证法的思维方式所否定。这表明:本体论哲学作为一种世界观和理论思维方式,它本身只是人类思维在一定历史发展阶段上的产物,没有任何理由或根据把它当作永恒的解释原则或理论硬核去建构当代的哲学模式。

马克思主义认为,人类的社会实践活动,以及实践基础上的人类认识活动,是一个不断发展的历史过程。在这个历史过程中,人类所获得的全部认识成果,

① 参见《高清海哲学文存》第1卷,吉林人民出版社1996年版,第141-142页。

包括哲学层面的本体论追求,总是具有相对的性质;但同时,人类的实践和认识又永远不会停留在一个水平上,总是向着全体自由性的目标迈进。因此,马克思主义哲学否定传统本体论占有绝对真理的幻想,但并不拒绝基于人类实践本性和人类思维本性的本体论追求。

在对哲学本体论的当代理解中,我们应当达到这样一种认识:本体论作为一种追本溯源式的意向性追求,作为一种对人和世界及其相互关系的终极关怀,它可能达到的目标,并不是它所追求的“本”或“源”;它的真实意义,也不在于它是否能够达到它所指向的终极存在、终极解释和终极价值;本体论追求的合理性在于,人类总是悬设某种基于现实而又超越现实的理性目标,否定自己的现实存在,把现实变成更加理想的现实;本体论追求的真实意义就在于,它启发人类在理想与现实、终极的指向性与历史的确定性之间,既永远保持一种“必要的张力”,又不断打破这种“微妙的平衡”,从而使人类在自己的全部活动中保持生机勃勃的求真意识、向善意识和审美意识,永远敞开自我批判和自我超越的空间。

二、本体论的三重内涵

本体论作为一种追本溯源式的意向性追求,一种理论思维的无穷无尽的指向性,一种指向无限性的终极关怀,它所寻求的“在”或“本体”,既是无规定性的纯粹的存在,又是解释一切有规定性的“在者”的“在”,还是规范人的全部思想与行为的“在”,因此,哲学本体论具有三重基本内涵,即:追寻作为“世界统一性”的终极存在(存在论或狭义的本体论);反思作为“知识统一性”的终极解释(知识论或认识论);体认作为“意义统一性”的终极价值(价值论或意义论)。

终极存在:寻求世界统一性

把本体论界说为“存在论”即关于“存在”的理论,这是一种有哲学史根据的通行看法。但是,作这种解释时必须注意,存在于哲学史上的本体论,它所指向和寻求的“存在”,并非各种具体事物或经验对象的存在,即不是“在者”,而是总体性的存在或存在的总体性,即“在”本身。它对于把握“存在”的思维主体来说,是一种统一性的抽象或抽象的统一性。思维主体寻求这种抽象的统一性,是企图以此为根据去说明全部“在者”的生成、演化和复归。因此,这种“存在”对于思维主体所把握的世界来说,具有“终极存在”的意义。

亚里士多德提出,哲学的探索始于对大自然的惊异。人类思维面对千差万别、千变万化的世界,试图寻求一种“万物都由它构成,最初从它产生、消灭后又复归于它”的存在物,把它作为“是之所以为是”的最终原因,这就是哲学思维在其童年时代所指向的“终极存在”。

这种哲学思维所关注和指向的终极存在,是经验世界的多样统一性,是万物所由来和万物所复归的某种感性存在物。但在哲学思维的这种追求中,已经蕴含着自我否定和自我超越。古希腊哲学家赫拉克利特以“火”为万物的本原,并提出宇宙是燃烧的活火,并不只是把某种确定的存在物(火)作为万物所由来和万物所复归的“始基”和“基质”,而且是把过程的必然性(逻各斯)视为万物流变中的不变的“本体”。在赫拉克利特这里,作为万物本原或世界统一性的“火”,既是某种可感的现实存在物,又是一种象征意义的“逻各斯”。它启发哲学家沿着另一种思路——对“逻各斯”的逻辑把握——去寻求世界的统一性即终极存在。

这种哲学思路就是探寻对象世界的现象与本质的逻辑关系,把“本体”或“终极存在”视为超越经验而为思维所把握的理性存在物即“共相”的存在。柏拉图认为:现实存在的任何事物或现象,总是以其特殊性的存在或存在的特殊性而表现出诸种不完善性;从经验对象所获得的任何观念或知识,总是以其特殊性的内容或内容的特殊性而丧失其解释的统一性;因此,应该而且必须存在一个高于物理事物并且规范物理事物的“理念世界”;这个作为共相的“理念世界”给予并且显现“物理世界”的意义,因而也构成对“物理世界”的统一性的理解和解释。这样,在柏拉图关于终极存在的探索中,已经显示出本体论的另一重基本内涵——关于世界的知识性的终极解释。

终极解释:寻求知识统一性

哲学家们对“世界本原”或“终极存在”的追寻和确认,不能把自已所承诺的“本原”或“本体”只作为一种抽象的观念,而必须对其进行逻辑论证,使之具体化,获得知识形态。本体观念的具体化和知识化就是对本体的解释。

本体观念指向的是世界的终极存在,本体观念的展开和论证,具有对世界进行“终极解释”的意义。值得注意的是,作为终极解释的本体论,它是以知识论的形态为中介而指向世界的终极存在,或者说,在其直接的理论形态上,不是表现为关于世界统一性的存在论,而是表现为关于知识统一性的认识论。

亚里士多德在总结古希腊哲学的基础上提出,哲学本体论所寻求的是关于“最高原因的基本原理”①。这种“基本原理”可以使人类经验中的各种各样的事物得到统一性的解释,或者可以被解释为某种普遍本质的各种具体表现,从而达到思维把握和解释世界的全体自由性。黑格尔完全赞同亚里士多德所规定的寻求“最高原因的基本原理”的哲学目标,并指出整个哲学史所指向的正是这个目标。但他认为:第一,亚里士多德及其后来的哲学家们把各式各样的现象提升到概念里面之后,却又使概念本身分解为一系列彼此外在的特定的概念,而没有给出作为“终极解释”的“统一性原理”;第二,作为终极解释的统一性原理,只能是形成于对人类所创建的全部知识和整个人类认识史的“反思”,而不是直接地

① 亚里士多德:《形而上学》,商务印书馆1959年版,第56页。

形成于对各种各样经验对象的认识。

正是从这种理解出发,黑格尔提出:一是"要这样来理解那个理念,使得多种多样的现实,能被引导到这个作为共相的理念上面,并且通过它而被规定,在这个统一性里面被认识"①;二是要把哲学理解为"对认识的认识,对思想的思想"即"反思",并通过反思而使哲学的"统一性原理"获得系统化的逻辑规定。

在黑格尔看来,本体论所追求的"统一性原理"之所以具有对世界进行终极解释的意义,并不是因为它对世界作出最深层次的知识性解释,而是因为它能够把全部知识和整个认识史扬弃为思维把握存在的逻辑,即人类思想运动的逻辑。由于这个逻辑具有充实任何真理性内容的功能,因而是人类的全部知识得以生成和得以解释的统一性根据。

黑格尔的这种理解和追求,是对整个传统哲学本体论的深刻总结。他以本体论、认识论和逻辑学相统一的哲学形式,唯心主义地实现了本体论所指向的终极存在与终极解释的统一。

终极价值:寻求意义统一性

本体论寻求作为世界统一性的终极存在和作为知识统一性的终极解释,并不是超然于人类历史活动之外的玄思和遐想,而是企图通过对终极存在的确认和对终极解释的占有,来奠定人类自身在世界中的安身立命之本,即人类存在的最高支撑点。人类对终极存在和终极解释的关怀,植根于对人类自身终极价值的关怀。

"自然是人的法则","人是万物的尺度","上帝是最高的裁判者","理性是宇宙的立法者","科学是推动宇宙的支点","人的根本就是人本身",这些表达特定时代精神的根本性的哲学命题,就是哲学本体论历史地提供给人类的安身立命之本或最高的支撑点。它们历史地构成人类用以判断、说明、评价和规范自己的全部思想和行为的根据、标准和尺度,即作为意义统一性的终极价值。

在西方哲学史上,从被黑格尔称为"具有世界史意义的人物"苏格拉底开始,就试图引导人们离开各种特殊的事例而去思索普遍的原则,追究人们用以衡度自身言行的真善美到底是什么。这种苏格拉底式的追究,就是对人的终极价值的寻求,它贯穿于自柏拉图、亚里士多德至康德、黑格尔和费尔巴哈的整个西方传统哲学。

寻求生命意义的根基,也就是寻求对人类具有普遍适用性或普遍约束性的终极价值。这种终极价值是衡度人类全部思想和行为的最高标准,而人类所追求的一切较小的目标都只是达到这种终极价值的途径或手段。对终极价值的关怀,构成本体论的最激动人心的终极关怀。

---

① 黑格尔:《哲学史讲演录》第2卷,商务印书馆1960年版,第385页。

应当看到,“究天人之际,通古今之变”,“判天地之美,析万物之理”,“为天地立心,为生民立命”的中国传统哲学,它所表达的对终极存在、终极解释和终极价值的渴求与关怀,正是中国古典式的、博大精深的本体论追求。从求寻“终极价值”的意义上去重新理解“本体论”和中外哲学史,既会深化对“本体论”的理解,也会深化对哲学史的认识。

三、本体论的自我批判与现代重建

由于本体论指向终极存在、终极解释和终极价值,是一种“终极性”的关怀,特别是由于传统哲学在其本体论的追求中,往往把“本体论”变成某种不可变易的存在,因而人们往往把本体论视为一种阉割掉内在的否定性、僵死凝固的哲学理论。这其实是一种误解。本体论所追求和承诺的终极存在、终极解释和终极价值,既是理论思维指向的永恒目标,又是理论思维公开反思和自我批判的对象,因而具有自我否定的内在根据。

作为理论思维指向的永恒目标,本体论是在哲学层面上表达了人类思维及其所建构的全部科学对确定性、必然性、简单性和统一性的寻求。众所周知,化学寻求基本元素,物理学寻求基本粒子,生物学寻求遗传基因,这不正是对“终极存在”的关怀吗?自然科学、社会科学、思维科学和数学都要寻求“基本原理”,这不正是对“终极解释”的关怀吗?就全部科学的直接指向性而言,不都是企图以某种终极存在为基础而对自己的研究对象作出统一性的终极解释吗?有谁否认科学对“终极存在”和“终极解释”的这种“关怀”或“追求”呢?恩格斯说,人的思维是“至上”与“非至上”的辩证统一,“按它的本性、使命、可能和历史的终极目的来说,是至上的和无限的;按它的个别实现和每次的现实来说,又是不至上的和有限的”①。哲学的本体论追求正是植根于人类思维的“本性、使命、可能和历史的终极目的”,即植根于人类思维的“至上”性。对此,当代美国哲学家M·W·瓦托夫斯基也指出,“不管是古典形式和现代形式的形而上学思想的推动力都是企图把各种事物综合成一个整体,提供出一种统一的图景或框架,在其中我们经验中的各式各样的事物能够在某些普遍原理的基础上得到解释,或可以被解释为某种普遍本质或过程的各种表现”②。而这种本体论的形而上学渴望之所以是不可“拒绝”的,是因为人类“存在一种系统感和对于我们思维的明晰性和统一性的要求——它们进入我们思维活动的根基,并完全可能进入到更深处——它们导源于我们所属的这个物种和我们赖以生存的这个世界”③。

---

① 《马克思恩格斯选集》第3卷,第126页。

② 瓦托夫斯基:《科学思想的概念基础》,求实出版社1982年版,第14页。

③ 瓦托夫斯基:《科学思想的概念基础》,求实出版社1982年版,第13页。

在这个意义上,哲学的本体论追求既是不可回避的,也是无法取消的。

作为理论思维公开反思和自我批判的对象,本体论所寻求的确定性、必然性、简单性和统一性,及其所承诺的终极存在、终极解释和终极价值,总是隐含着内在的否定性,并表现为历史性的自我扬弃过程。哲学作为思想中的时代,它所承诺的"本体"及其对"本体"的理解和解释,都只能是自己时代的产物;而哲学本体论却总是要求最高的权威性和最终的确定性,把自己所承诺的"本体"视为毋庸置疑和不可变易的"绝对"。正因如此,哲学本体论从其产生开始,就蕴含着两个基本矛盾:其一,它指向对人及其思维与世界内在统一的"基本原理"的终极占有和终极解释,力图以这种"基本原理"为人类的存在和发展提供永恒的"最高支撑点";而人类的历史发展却总是不断地向这种终极解释提出挑战,动摇它所提供的"最高支撑点"的权威性和有效性,这就是哲学本体论与人类历史发展的矛盾。其二,哲学本体论以自己所承诺的"本体"或"基本原理"作为判断、解释和评价一切的根据、标准和尺度,也就是以自身为根据,从而造成自身无法解脱的解释循环。因此,哲学家总是在相互批判中揭露对方的本体论的内在矛盾,使本体论的解释循环跃迁到高一级层次。这又是哲学本体论的自我矛盾。在哲学史上,哲学家们总是立足于新的时代精神,不断地揭示隐含于本体论承诺之中的诸种前提,展现它们所提供的终极存在、终极解释和终极价值的狭隘性、片面性和暂时性,从而促使人类不断地反省自己的安身立命之本,以自觉的批判意识去对待自己的全部思想和行为,用新的理论思维方式和新的价值观念体系去观照人类的历史与现实,在更高的层次上进行新的本体论追求。由此我们可以懂得,正是本体论的终极关怀和本体论的自我批判的相互推动,构成哲学的本体论追求自身的矛盾统一。

然而,传统哲学为什么总是把自我批判的本体论变成非批判的本体论信仰?传统哲学的终结是否也意味着本体论追求的终结?现代哲学是否需要和能否重建自己时代的本体论?本体论所指向的终极存在、终极解释和终极价值的现代意义何在?这是本体论研究在现代的重大课题。

关于"本体论问题",当代美国哲学家威拉德·蒯因认为,在讨论本体论问题时,必须注意区别两种不同的问题:一是何物实际存在的问题,一是我们说何物存在的问题;前者是关于"本体论的事实"问题,后者则是在语言中对"本体论的许诺"问题。

蒯因的这种区分,表达了对本体论问题的现代理解,触及了传统哲学本体论的症结所在。总结哲学本体论的发展史,我们会发现,虽然传统哲学家们一直是在"说何物存在",即在语言中承诺自己所确认的终极存在、终极解释和终极价值,但他们却总是把"说何物存在"的问题视为"何物实际存在"的问题,也就是把自己的"承诺"当作毋庸置疑和不可变易的绝对。正因如此,传统哲学家总是把自我批判的本体论变成非批判的本体论信仰。

一旦自觉到本体论是一种“承诺”,便会提出如下的问题:本体论承诺了什么?这种承诺的根据和意义何在?对此,德国哲学家H·赖欣巴哈在20世纪50年代初提出:“思辨哲学努力想获致一种关于普遍性的、关于支配宇宙的最普遍原则的知识。”他还具体地指出:“思辨哲学要的是绝对的确定性。如果说预言个别事件是不可能的,那么,支配着一切事件的普遍规律至少应被视为是知识所能知道的;这些规律应该可以用理性的力量推导出来。理性,宇宙的立法者,把一切事物的内在性质显示给人的思维——这种论纲就是一切思辨哲学的基础。”①

赖欣巴哈的观点代表了现代西方分析哲学和科学哲学的基本看法,即:都把本体论所承诺的实质内容归结为关于世界的绝对确定性的终极解释;又把本体论追求的根源归结为错误地夸大了人类理性的力量——把理性视为“宇宙的立法者”。现代西方的科学主义思潮,正是以否认对理性至上性的承诺为出发点,进而否认本体论式的意向性追求——“拒斥形而上学”。

与科学主义思潮不同,以存在主义为代表的现代西方人本主义思潮,一方面是把整个传统哲学归结为与存在主义相对立的“本质主义”,拒绝本体论对终极存在和终极解释的追求;另一方面又把本体论式的意向性追求聚焦于反思人自身的存在。法国哲学家保罗·萨特明确地从本体论上把全部的存在区分为“自在的存在”和“自为的存在”,凸现“自为的存在”的特殊性——“存在先于本质”,并把考察“自为的存在”——人的生存结构——置于哲学的核心地位。

剖析西方哲学对本体论的现代理解,可以使我们比较清楚地看到,尽管现代西方哲学的各流派对本体论持有各异其是甚至恰相反对的态度(诘难或辩护,拒斥或重建),但都把传统本体论的目标理解为对绝对确定性的终极解释的寻求,都把传统本体论的根基归结为对理性至上性的承诺。在这个意义上,整个现代西方哲学——无论是科学主义思潮还是人本主义思潮——都是反本体论的:拒斥传统本体论的绝对主义和理性主义,张扬相对主义和非理性主义。而二者的区别则在于:科学主义思潮从反对绝对主义和理性主义出发,把本体论追求视为“无意义”的“假问题”而予以“拒斥”;人本主义思潮则从关注人自身的存在出发,剔除本体论对世界统一性(终极存在)和知识统一性(终极解释)的追求,而把本体论归结为对人的生存状态的关怀。

应当承认,现代西方哲学对传统本体论的解析与批判不乏深刻之处,对本体论的现代重建也不乏睿智之见。但是,我们更应清醒地看到,现代西方哲学所张扬的相对主义和非理性主义,表明它从近代哲学对人类未来满怀激情的憧憬变

① 赖欣巴哈:《科学哲学的兴起》,商务印书馆1983年版,第234、235页。

成了对人类未来惴惴不安的恐惧,从近代哲学对人类理性力量鲸吞宇宙的幻想变成了对理性力量深感忧虑的怀疑。消解、拒斥、烦恼、焦虑,代替了大一、统一、和谐、全体。许多现代西方哲学家都认为,生活是根据下一步必须要解决的具体问题来考虑的,而不是根据人们会被要求为之献身的终极价值来考虑的,并把当今的时代概括为"相对主义时代"①。这种本体论追求的拒斥与丧失,从对人类理性的理解角度看,是从传统哲学片面夸大人类思维的至上性,走向了片面夸大人类思维的非至上性;而从理论与现实关系的角度看,则是理论地折射出现代发达工业社会的文化危机和精神危机。

我们把终极存在、终极解释和终极价值称作本体论终极关怀的"三重内涵",而不是称作终极关怀的"三种历史形态",这就意味着,它们之间的关系并不是此消彼长、依次更迭的,而是互为前提,始终并存的。具体地说,我们可以对哲学本体论所追寻的"终极存在"、"终极解释"和"终极价值"作出如下的总体说明:追寻作为世界统一性的终极存在,这是人类实践和人类思维作为对象化活动所无法逃避的终极指向性,这种终极指向性促使人类百折不挠地求索世界的奥秘,不断地更新人类的世界图景和思维方式;追寻作为知识统一性的终极解释,这是人类思维在对终极存在的反思性思考中所构成的终极指向性,对终极解释的关怀就是对思维规律能否与存在规律相统一的关怀,也就是对人类理性的关怀,这种关怀促使人类不断地反思"思维和存在的关系问题",引导人类进入更深层次的哲学思考;追寻作为意义统一性的终极价值,这是人类思维反观人自身的存在所构成的终极指向性,对终极价值的关怀就是对人与世界、人与人、人与自我的关怀,这种关怀促使人类不断地反思自己的全部思想与行为,并寻求评价和规范自己的标准和尺度。显而易见,无论是对世界统一性和知识统一性的关怀,还是对意义统一性的关怀,对于作为实践主体和认识主体的人类来说,都不是一个是否"应当"的问题,而只能是一个"如何"关怀的问题。哲学对"在"或"本体"的指向与追求,是哲学思维的一个突出特征,也是哲学对人类的重要社会功能。

第二节 "真"的问题

人对世界的关系,主要地是在人的实践活动中形成的认知关系(真与假)、评价关系、(善与恶)和审美关系(美与丑),哲学对人与世界之间关系的反思,集中地表现为对真善美的寻求与阐扬。而哲学对真善美的寻求,从根本上说,是寻求真善美之所以为真善美的根据、标准和尺度,也就是对"本体"的寻求。因此,

① 参见宾克莱:《理想的冲突》,商务印书馆 1986 年版,第 19 页。

我们需要从哲学寻求“本体”的视角去探索哲学层面的真善美问题,并从这种探索中深化对哲学自身的理解。

一、“真”的概念解析

无论是在日常生活中,还是在科学研究中,人们经常提出的问题是:“这是真的吗?”如果对这个问题稍加分析,我们就会发现,人们是在几种不同的意义上使用“真”这个概念。分析这些在不同的意义上所使用的“真”的概念,会激发我们的理论思考,比较真切地体会哲学所研究的问题,以及哲学是如何研究问题的。

其一,在最直接的意义上,“这是真的吗”所追问的是,“这”(例如这个人或这件事)是否“存在”。这里的“真”的含义是“有”或“存在”,而对“真”的否定则是“无”或“非存在”。由此我们可以知道,哲学本体论对“在”的寻求,直接地就是对“真”的寻求。“真”的第一层含义,是在“有”与“无”、“存在”与“非存在”的关系中得以成立的。“真”就是“有”或者说“存在”。

其二,“这是真的吗”并不是在是否“存在”意义上的追问,而是对具体的“在者”的规定性的追问。或者说,在这种追问中,被追问的对象的“存在”不成问题,成为问题的是被追问的对象是否具有某种特定的规定性。

任何特定的事物即“在者”,总是具有某种(某些)特定的规定性的存在;具有这种(这些)特定的规定性的事物,便是这种“在者”,而不具有这种(这些)特定的规定性的事物,则不是这种“在者”;因此,对于特定事物来说,具有该事物的规定性的“在者”是“真的”,不具有该事物的规定性的“在者”则是“假的”。例如,我们面前有“一个东西”,别人说这是“一张桌子”,而我们提问说,“这是真的吗?”,就是在这个“东西”是否具有“桌子”的规定性的意义上提出问题。由此可见,“真”的第二层含义,是在“真实的”与“虚假的”关系中成立的。“真”就是“真实的”。“真”的这层含义不同于“有”或“存在”的含义。

其三,无论是关于事物是否“存在”或关于事物是否具有某种(某些)规定性的追问,总是关于“对象”的追问,而“这是真的吗”的第三层含义,则不是对“对象”的追问,而是对关于“对象”的表象和思想的追问。或者说,在这种追问中,认识“对象”的存在及其“真实性”不成问题,成为问题的是关于“对象”的“表象”和“思想”,即,在认识主体的表象和思想中是否符合对象本身地再现了对象。这是明确地对主体的认识提出的问题,即所谓认识论问题。

认识的对象外在于认识的主体而存在,对象的存在对认识主体来说具有客观性。但是,认识的对象只有成为主体的“映象”,即由外在于主体的“对象”变成内在于主体的“映象”,主体才能认识“对象”。而“对象”变为“映象”的过程,即是主体对客体的认识过程。在认识的过程中,主体既可能“正确地”再现了对象,也可能"错误地"再现了对象。在认识论上提出"真"的问题,是对"映象"是否符合"对象"的追问。由此可见,"真"的第三层含义,是在人的认识"正确的"与"错误的"关系中成立的。"真"就是"正确的"认识。正是在"真"的认识论意义上,即人的认识是否"正确"的意义上,才构成了"真理"的问题。

其四,"这是真的吗"并不是对"对象"与"映象"的关系的追问,而是对作为"映象"自身的"表象"和"思想"的关系的追问。或者说,在这种追问中,成为问题的是"表象"与"思想"的关系。这种追问,具有更为深刻的哲学认识论意义。

作为认识主体的人,既具有"表象"对象的"感性"机能,又具有"思想"对象的"理性"机能,人的认识活动就是在"感性"与"理性"、"表象"与"思想"的矛盾中进行的。人的"感性"机能所构成的关于对象的"表象",只能是"表象"对象的"感性存在"即"现象",人的"理性"机能所构成的关于对象的"思想",则是"思想"对象的"内在规定"即"本质"。人的"理性"无法"思想"对象的"现象",人的"感性"无法"表象"对象的"本质"。那么,究竟是"理性"所"思想"的对象的"本质"是真实的,还是"感性"所"表象"的对象的"现象"是真实的?从人的"感性"与"理性"、"表象"与"思想"的矛盾中提出"真"的问题,是对感性经验与理论思维何者为真的追问。由此可见,"真"的第四层含义,是在"感性"与"理性"、"表象"与"思想"、"经验"与"超验"的关系中成立的。正是由于对这个层次上的"真"作出了各异其是的回答,才构成了哲学中的"经验论"与"唯理论"的长期的派别冲突。由此可见,在真理观的哲学视野中,"真"和"真理"的问题,深层地表现为人的"感性"与"理性"、"表象"与"思想"、"经验"与"超验"的矛盾关系问题。而对这个层次上的"真"的辩证理解,则意味着对"真"的理解必须从属于对人的存在方式——实践——的理解。

其五,"这是真的吗"并不是对认识结果的"真"或"假"的追问,而是对认识主体关于认识对象的评价的追问。或者说,在这种追问中,成为问题的已经不是"存在论"和"认识论"问题,而是"价值观"和"审美观"的问题。

关于这个问题,黑格尔曾经作过生动而又深刻的论述。他说:"譬如我们常说到一个真朋友。所谓一个真朋友,就是指一个朋友的言行态度能够符合友谊的概念。同样,我们也常说一件真的艺术品。在这个意义下,不真即可说是相当于不好,或自己不符合自己本身。一个不好的政府即是不真的政府,一般说来,不好与不真皆由于一个对象的规定或概念与其实际存在之间发生了矛盾。对于这样一种不好的对象,我们当然能够得着一个正确的观念或表象,但这个观念的内容本身却是不真的。"①

一个对象可以是"真实地""存在着",并且我们的表象和思想也"正确地"

① 黑格尔:《小逻辑》,商务印书馆 1980 年版,第 86 页。

构成了关于它的“映象”，但是，我们仍然可以发问：“这是真的吗？”这表明，这里所追问的“真”，已经不是对象是否“存在”的真，也不是映象是否“正确”的真，而是我们关于“对象”及其“映象”的“评价”：“好的”或“美的”才是“真的”，“坏的”或“丑的”则是“假的”。这是超越关于“真”的存在论和认识论追问的价值论追问。

总结关于“真”的上述五层含义，我们可以把“真”的问题概括为三个方面：一是“有没有”的问题，即所谓“存在论”或“本体论”问题；二是“对不对”的问题，即所谓“认识论”或“逻辑学”问题；三是“好不好”的问题，即所谓“价值论”或“伦理学”问题。

经过这样的分析、总结与概括，我们就会发现，“真”的概念是一个多义性的概念，“真”的问题是一个复杂的问题。从哲学上看，“真”的问题当然主要是“对不对”的问题，也就是人的认识（表象和思想）是否“正确地”把握到对象的存在（现象和本质）的问题，因此人们通常主要是从“认识论”或“逻辑学”去看待和研究“真”的问题。但是，从“真”的概念的多义性去看待“真”的问题，就需要把“有没有”、“对不对”、“好不好”这三个方面的问题联系起来，从存在论、认识论和价值论的统一中去理解“真”，也就是从人与世界、思维与存在之间的整体关系中去理解“真”。

二、“真理”与“思想的客观性”

“真”和“真理”这两个概念，既具有密切的相关性，又具有重要的差异性。在关于真理的认识中，既不能把它同“真”割裂开来，也不能把它同“真”混为一谈。

在通常的理解中，主要的倾向是把“真”和“真理”混为一谈，既把“真”的问题说成是“真理”问题，又把“真理”问题视为“真”的问题。这表现在哲学理论中，则往往是既把“存在论”问题与“认识论”问题混为一谈，又把“存在论”问题与“认识论”问题割裂开来。

“真”的问题，首先是一个“存在论”问题，即“存在”与“非存在”、“有”与“无”的问题。但同时它又是一个“认识论”问题，即关于对象的映象的“正确”与“错误”的问题。而这里的“存在论”问题与“认识论”问题又是密切相关的：一方面，“意识在任何时候都只能是被意识到了的存在”①，没有相应的“存在”就没有相应的“意识”；另一方面，意识中的存在，又只能是“被意识到了的”存在，没有被意识到的存在，对意识来说又只能是“非存在”。因此，“真”的问题需要在“存在论”与“认识论”的统一中去思考。不仅如此，由于“真”的问题是“有

① 《马克思恩格斯选集》第1卷，第30页。

没有"、"对不对"、"好不好"等存在论、认识论和价值论问题的统一,所以,"真"的问题需要从人与世界、思维与存在的总体关系中去思考。

与"真"的概念不同,对"真理"概念的通常解释是,"对客观事物及其规律的正确反映。同'谬误'相对,真理与谬误的区别在于是否正确地反映着客观实际"①。

关于"真理"的这种解释,首先是表明,"真理"的问题不是认识的对象自身如何的问题,而是人的认识(表象和思想)与认识的对象的关系如何的问题,即,"真理"的问题不是"存在论"问题,而是"认识论"问题。与"真理"不同,"真"的问题则首先是确认对象是否存在的"存在论"问题。

如果对"真理"概念作进一步的辨析,我们就会发现,把"真理"解释为"对客观事物及其规律的正确反映",非常容易混淆一个重要问题,这就是:"真理"是关于"客观事物及其规律"的正确认识,还是关于"规律"本身的正确认识?这个问题,对于如何理解"真理"来说,是至关重要的。

把"真理"定义为关于"客观事物及其规律"的正确认识,这意味着,"真理"既是对"客观事物"的正确认识,又是对事物的"规律"的正确认识。我们知道,人的认识是以感性和理性的双重机能去把握对象,从而形成关于对象的现象形态的"表象"和关于对象的内在本质的"思想"。如果我们把"真理"说成是关于"客观事物及其规律"的正确认识,那就是说,"真理"可以分解为关于对象的现象形态的"表象"真理,以及关于对象的内在本质的"思想"真理。这是对真理的庸俗化理解。

"真理"是关于"普遍必然性"的认识,是能够对某种(某些)纷繁复杂的现象作出理论性解释的认识,因而可以简洁地定义为"关于事物的规律性的正确认识"。这就是说,被称之为"真理"的认识只能是指关于事物的共性、本质、必然、规律的认识,而不能是指关于事物的现象形态的认识。恩格斯曾经辛辣地嘲讽那种随意地使用"真理"这个概念的作法。他说,如果把"巴黎在法国"、"人不吃饭就会饿死"等等称作永恒真理,那只能被认为是喜欢对"极简单"的事物使用"大字眼"②。

真理是关于"普遍必然性"的认识,因此,真理的问题是"思想的客观性"问题。

思想的客观性问题,就其实质而言,是思维和存在、人的认识和客观世界在规律层次上的统一问题。对此,恩格斯在论述哲学基本问题时提出:"我们关于我们周围世界的思想对这个世界本身的关系是怎样的?我们的思维能不能认识

① 《辞海》,上海辞书出版社 1980 年版,第 141 页。

② 参见《马克思恩格斯选集》第 3 卷,第 126-127 页。

现实世界？我们能不能在我们关于现实世界的表象和概念中正确地反映现实？用哲学的语言来说，这个问题叫做思维和存在的同一性问题，绝大多数哲学家对这个问题都作了肯定的回答。”①

分析恩格斯的论述，我们可以把“思维和存在的同一性问题”即“思想的客观性”问题概括为三个基本层次的关系问题：一是人的表象意识与经验对象的关系问题；二是人的思维规定与对象本质的关系问题；三是人的表象意识与思维规定的关系问题。

人的表象意识与经验对象的关系问题，即表象的客观性问题，它所探讨和回答的是，作为人的感性映象的表象是否“摹写”、“复写”、“复制”、“复现”经验对象的现象形态的问题，也就是人的表象是否与对象的现象相符合的问题。这个问题是回答“思想的客观性问题”的一个重要前提，而不是“思想的客观性问题”本身。就是说，要回答“思想”的客观性问题，需要首先解决“表象”的客观性问题；但是，回答了“表象”的客观性问题，还没有解决“思想”的客观性问题。而“真理”的问题则主要是“思想”的客观性问题。

思想的客观性问题，主要地包括两个基本层次的问题：在其表层，是思维规定（指关于对象的概念、范畴、命题以及由它们的逻辑联结所构成的各种理论体系）是否表述经验对象的共性、本质、必然和规律的问题；在其深层，则是思维运演的逻辑（指由思维形式、思维范畴、思维规则、思维方法所构成的思维运动）能否描述存在的运动规律的问题，也就是思维和存在在规律层次上的统一问题。

由此我们可以知道，作为“思想的客观性”问题的真理问题，既是一个“思维规定”与“对象本质”是否和如何统一的“认识论”问题，又是一个“思维逻辑”与“事物逻辑”能否以及如何统一的“逻辑学”问题。

“真理”问题首先是“思想的客观性”问题，理解这个问题，是十分重要的。正因为“真理”是在规律的层次上实现“思维和存在”的统一，所以黑格尔、马克思和列宁都强调如何以概念的逻辑运动去把握和描述事物的运动规律的问题；正因为“真理”是在规律的层次上实现“思维和存在”的统一，所以不能以“直观”的方式去检验真理，而必须诉诸人类的实践活动。

哲学对思想客观性问题的追问与回答，经历了漫长、曲折、复杂的发展过程，提出了发人深省的多角度、多层次的重大理论问题，积累了启迪后人深入思索的经验教训。回避这些重大的理论问题而简单化地断言思想的客观性，就会丢弃理论应有的彻底性和说服力；无视哲学史上的经验教训而直接地论证思想的客观性，则会丧失哲学真理观所具有的丰富深邃的理论内容。因此，我们需要在“史”与“论”的结合中去探讨真理问题。

① 《马克思恩格斯选集》第 4 卷，第 221 页。

三、思想客观性问题的扩展与深化

人对自己提出"思想的客观性"问题,是以人意识到"表象"与"思想"的分裂为前提的。在哲学史上,对思想客观性问题的关注与追问,发端于古代哲学寻求"本体"的困惑之中;具体地说,就是发端于关于"本体"的经验与超验、表象与思想的理论困惑之中。这种理论困惑的具体表现形式,就是人的表象(经验)与思想(概念)同万物的"存在"与"非存在"、"本体"与"变体"的关系问题。

在人与世界的认识关系中,一方面是人作为现实的认识主体,以感性与理性、表象与思想的对立统一的方式"自为"地把握世界;另一方面是世界作为不依赖于人的意识的客观存在,以现象与本质、偶然与必然的对立统一的方式"自在"地存在。然而,当着人们以反思的方式去寻求万物的"始基"、"基质"、"本原"、"本体",并进而反思把握世界的人的意识,以及人的意识所把握的世界时,却首先是惊愕于人的意识的自我分裂,以及世界的自我分裂。

人们在反思中所发现的人的意识以及世界的自我分裂是:对人的"表象"(经验)所显现的世界,总是个别性的、流变性的、偶然性的、杂多性的、现象性的存在,对人的思想即理性认识所显现的世界,则是普遍性的、不变性的、必然性的、规律性的、本质性的存在;对人的表象所显现的事物感性存在,对人的思想是非存在(思想无法把握事物的感性存在);对人的思想所显现的事物本质存在,对人的表象又是非存在(表象无法把握事物的内在本质);经验对象只对经验表象而存在,超验本质只对超验思想而存在。由此便形成了人的意识自我分裂的哲学意识——表象世界与概念世界的分裂。把这种人的意识自我分裂的哲学意识对象化给意识所把握的世界,则形成世界自我分裂的哲学意识——世界的感性存在与内在本质的分裂。

这种分裂意识及其对象化的哲学表达,在古希腊哲学中是"变体"与"本体"的分裂,并具体地表现为柏拉图的"影像世界"与"理念世界"的分裂。追究万物"本原"的古代意义的本体论问题,就是在表象与思想自我分裂的哲学意识的基础上展开的:究竟是对人的表象意识所显现的感性世界的存在是真实的,还是对人的思维规定所显现的本质世界的存在是真实的?

意识到表象与思想的自我分裂,并使之获得具体的哲学理论内容,思想的客观性问题就凸现出来了:(1)人能否认识"看不见"的存在?人类思维运演的逻辑能否描述存在的运动规律?(2)人如何认识"看不见"的存在?是以表象为基础并通过对表象的归纳、分析、抽象、概括来实现,还是通过超越表象的"理性直观"?(3)人所认识到的"看不见"的存在,究竟是自在之物的本质(宇宙为理性立法),还是思维赋予存在的规定(理性为宇宙立法)?正是对这些问题的不同回答,构成了哲学论争的重要理论内容,也正是在这种哲学论争的历史发展中,展现了真理问题内在的复杂环节。

以近代实验科学为基础的近代西方哲学,它要解决的根本问题,是思维能否和怎样表达思维对象的本质和规律的问题,也就是思想的客观性问题。这正如黑格尔所说,近代西方哲学的原则并不是“淳朴的思维”,并不是“如实地思维各个对象”,而是“思维那个对于这些对象的思维和理解”①。

思维把自己关于对象的思维和理解作为对象,这样的思维当然就不是“淳朴的”,而是黑格尔所说的“对认识的认识,对思想的思想”,也就是“反思”。在这种“反思”中,近代哲学愈来愈明确地自觉到:凡属对象在人类思维中的规定性,都是人的思维关于对象的规定;这些规定之是否具有客观性,不仅需要考察关于对象的思维内容,而且必须探究形成思维内容的思维运动。这样,近代哲学所探究的思想的客观性问题,就不是简单的思想和表象同对象的关系,而是以思想的客观性问题为核心,具体地提出和研究了自然世界与人类意识、意识内容与意识形式、感性认识与理性认识、对象意识与自我意识、外延逻辑与内涵逻辑、知性思维与辩证思维,以及归纳与演绎、分析与综合、表象与抽象等丰富的理论内容。正因如此,近代哲学才“十分清楚”地提出了作为哲学“基本问题”的思维和存在的关系问题,并使之获得了“完全的意义”。

前德国古典哲学的近代西方哲学,站在经验论或唯理论的立场上,分别把思想的客观性问题诉诸感觉的认识论分析(如唯物论哲学家洛克和唯心论哲学家贝克莱、休谟)或理性的超验直观(如唯物论哲学家斯宾诺莎和唯心论哲学家笛卡尔、莱布尼兹),其共同特征则在于分别从思维的内容或形式出发,而去思考表象和思想及其与对象的关系。

近代的唯物论哲学和唯心论哲学,各自从一个方面去思考思维和存在的关系问题,并以此为基础去回答思想的客观性问题。在近代唯物论哲学看来,思维和存在的关系问题,就是思想内容与思维对象的关系问题,而不去反思思维本身的根据;在近代唯心论哲学看来,思维和存在的关系问题,则是思维活动与思想内容的关系问题,认为存在在任何时候都只能是意识到的存在。因此,在近代的唯物论哲学和唯心论哲学相互对立的意义上,又都没有使思维和存在的关系问题获得“完全的意义”。

德国古典哲学奠基人康德在思想客观性的哲学探索中占有特别引人注目的地位。他改变了前德国古典哲学的提问方式,即:不是直接追究思想的客观性,而是反过来追问人的“认识何以可能”。这种追问显示出德国古典哲学探索思想客观性的两个标志性的基本特征:一是把思维和存在的关系问题聚焦在思维把握存在的规律问题,二是集中于对人类精神活动的深切反思。

---

① 黑格尔:《哲学史讲演录》第4卷,商务印书馆1978年版,第7页。

针对近代唯物论哲学和唯心论哲学分别从认识的“内容”和“形式”出发追究思想的客观性,康德从认识的“内容”与“形式”的矛盾提出和思考问题。在康德看来,这二者的矛盾在于:作为意识之外的“物自体”或“自在之物”是世界的本来面目,但它不转化成人的意识界的存在,就无法构成人的认识内容;作为意识界存在的认识内容是人对世界的认识,但这种认识只能是人的认识形式把握世界的产物,而不是作为自在之物的世界本来面目;人类要认识自在之物即世界的本来面目,就只能是超越认识内容即意识界的存在;而超越认识内容即意识界的存在,自在之物即世界的本来面目又无法构成人类的认识对象。因此康德认为,人类试图以理性把握“物自体”必然陷入理性的“二律背反”。

那么,如何理解和评价人类对世界的认识呢?康德认为,人类认识世界的根据,在于人类自身先验地(先于经验地)具有提供时空观念的感性形式和提供判断形式的知性范畴。人类的感性形式和知性范畴使自在之物对人生成为“现象”,这就是人所把握到的世界;而自在之物或物自体只是作为消极的界限限定人类认识的可能性;人的认识只能达到“现象界”,而永远不可能达到自在之物或物自体。这就是哲学史上的康德式的“不可知论”。

在康德的这种理解中,既把“自在之物”作为认识的对象性前提和认识的消极界限承诺下来,又把“先验逻辑”作为认识的主体性根据和认识的积极界限承诺下来。这种认识的对象性前提与认识的主体性根据的对立、认识的消极界限与认识的积极界限的对立,既宽容地肯定了人类认识不断地拓展与深化的可能性(人类不断地构成人所理解的世界),又断然地否定了人类认识自在之物即世界本来面目的可能性(人类只是建构人所理解的世界)。

由此可见,在康德哲学中,对人类认识的肯定也就是对人类认识的否定——人类认识世界的根据(先验逻辑)同时又是人类认识世界的界限(现象界)。它的深层底蕴是:人类思维把握存在的逻辑,只是思维用以把握存在的逻辑,它只具有主观逻辑的意义,而不具有客观逻辑的意义,它只能构成人所理解的世界,而不能表述世界的本来面目。

康德所提出的“认识何以可能”的问题及其所作出的“理性为宇宙立法”的结论,构成了主观逻辑与客观逻辑、思维规律与存在规律相分裂的哲学意识。以这种哲学意识为理论前提去回答思想客观性问题,就必须在本体论、认识论和逻辑学相统一的意义上探索“思维把握存在的逻辑”,并证明这种逻辑所具有的客观性。黑格尔哲学和马克思主义哲学,分别作出了辩证唯心论的回答和辩证唯物论的回答。

黑格尔批判康德的根本出发点是:思维把握存在的逻辑,就是思维和存在所服从(所遵循)的同一逻辑,因此它不仅具有主观逻辑的意义,而且具有客观逻辑的意义。这就是黑格尔的“思维与存在的同一性”的本体论承诺。

在黑格尔看来,思维和存在必须首先是自在同一的,然后才能有自为的同一。这种自在的同一性是说,不管人类思维是否自觉到自己的以及事物的本性,它们的本性都是存在的、并且是统一的。这种同一性只有在人类思维的反思活动中才能被自觉到,所以在思维自觉到这种同一性之前,它又只能是一种思维推断上的“逻辑先在性”。

黑格尔以思维和存在的自在同一性或逻辑先在性为出发点,其目的在于说明:(1)思维和存在之所以能够在人类思维的进程中自为地实现统一,其根源在于它们自在地就是统一的;(2)人类思维自为地实现的统一,是把自在的统一升华成自为的统一,把潜在的统一转化成现实的统一,因此思维与存在的统一又是一个辩证的发展过程;(3)哲学的任务就在于使人类自觉到思维的本性,按照思维自己构成自己的道路去实现思维与存在的自在自为的统一。因此,黑格尔所说的思维和存在的自在同一性或逻辑先在性,并不是说思维先在地包含了存在的具体内容,而是说思维和存在服从于同一规律。哲学在对思维的反思中逻辑地展现思维和存在从自在的同一到自为的同一再到自在自为的同一,就以理论的形态表现了人类思想运动的逻辑。

四、思想客观性的辩证唯物论理解

在黑格尔那里,是以纯粹思辨的方式断言思维和存在的自在同一性,并把这种自在的同一性归结为“绝对理念”的“逻辑先在性”。辩证唯物论对思维和存在的自在同一性的理解,则是以实证科学为基础,以世界物质统一性为内容,因而首先是为思想客观性问题奠定坚实的唯物主义基础。

辩证唯物论认为,思维和存在的统一之所以是“理论思维的不自觉的和无条件的前提”,是因为思维和存在“这两个系列的规律在本质上是同一的”。辩证唯物论关于思想客观性的这种前提性认识,主要是诉诸下述几方面的论证:(1)思维运动作为物质运动的高级形式,它是由物质运动的低级形式发展而来的,这就从思维的起源上论证了思维和存在本质上服从于同一规律;(2)思维运动作为人脑这种高度发达的物质的机能和属性,它依赖于人脑这个物质载体,这就从思维运动的物质承担者上论证了思维和存在本质上服从于同一规律;(3)思维运动作为物质的反映特性的高级形式,它是物质达到自我认识水平的存在方式,这就从思想内容的来源上论证了思维和存在在本质上服从于同一规律。

辩证唯物论不仅唯物主义地论证了思维和存在自在意义上的同一性——二者在本质上服从同一规律,而且唯物主义地论证了思维和存在在自为意义上的同一性——思维把握存在的逻辑所具有的客观意义。

思维和存在虽然在本质上服从同一规律,但二者“在表现上是不同的”。这首先是因为“人的思维的最本质和最切近的基础,正是人所引起的自然界的变化,而不单独是自然界本身;人的智力是按照人如何会改变自然界而发展的"①。因此,辩证唯物论从人类的现实的自为性——实践活动及其历史发展——去研究思维规律的特殊性及其所具有的客观意义。

列宁在论述"逻辑的范畴和人的实践"时指出,"人的实践活动必须亿万次地使人的意识去重复各种不同的逻辑的格,以便这些格能够获得公理的意义"②,"人的实践经过千百万次的重复,它在人的意识中以逻辑的格固定下来。这些格正是(而且只是)由于千百万次的重复才有着先入之见的巩固性和公理的性质"③。这就是说,作为思维规则("逻辑的格")的思维把握存在的规律,在其自为性的意义上,是在人类的亿万次的实践活动中形成和巩固的;思维运演的逻辑,在其现实性上(而不是在遗传性的获得的意义上),是实践的操作逻辑不断地(历史地)内化的结果。因此,辩证唯物论对思维逻辑的理解、对思想客观性的证明,不仅包括对思维和存在的自在同一性的唯物主义解释,而且特别地诉诸对思维和存在的自为统一的实践的(辩证的和历史的)唯物主义论证。正是在这后一方面,辩证唯物论对思想客观性的理解,既同一切唯心主义理论划清了原则界限,也显示了与旧唯物主义的重大区别。

实践活动直接地表现为现实的主体对现实的客体的改造过程。"人在自己的实践活动中面向着客观世界,以它为转移,以它来规定自己的活动"④。对象的现实性以及对象性活动的现实性,不仅要求对象性活动的主体具有现实性,而且要求主体用以支配自己的对象性活动的思想也具有现实性,即主体的思想是关于对象本身的规律性认识。因此,辩证唯物论认为,人类自身的实践活动,是人类思想客观性的现实根据。

实践活动作为主体对客体的改造过程,它是一种目的性的对象性活动。就是说,主体用以支配自己的对象性活动的思想,不仅是观念地反映客观世界,而且观念地创造客观世界——人给自己构成自己所要求的世界的客观图画,并以自己的对象性活动来实现对自己的现实性(目的性要求)和对世界的非现实性(变革世界的现存状态)的确信。那么,人的目的性要求具有客观性吗? 这是由实践而引发的更深层次的思想客观性问题。

列宁说,"人的目的是客观世界所产生的,是以它为前提的"⑤。在人类"面向着客观世界"的实践活动中,积淀在人类思维之中的关于世界的规律性认识,是人对世界的目的性要求的前提。"一旦人已经存在,人,作为人类历史的经常

---

① 《马克思恩格斯选集》第3卷,第551页。
② 《列宁全集》第38卷,第203页。
③ 《列宁全集》第38卷,第233页。
④ 《列宁全集》第38卷,第200页。
⑤ 《列宁全集》第38卷,第201页。

前提,也是人类历史的经常的产物和结果,而人只有作为自己本身的产物和结果才成为前提”①。作为“历史的经常前提”的人,总是“前一个过程的结果”,他们的目的性要求及其历史活动,总是“决定于在他们以前已经存在、不是由他们创立而是由前一代人创立的”历史条件。人的目的性要求的客观性,就在于人既是历史的前提又是历史的结果,并从而在这种“前提”与“结果”的辩证转化中构成实践活动的合规律性与合目的性的对立统一。人类实践活动的客观性和人类存在的历史性,是辩证唯物论理解思想客观性的“最切近”的出发点。

马克思说:“社会生活在本质上是实践的。凡是把理论导致神秘主义方面去的神秘东西,都能在人的实践中以及对这个实践的理解中得到合理的解决。”②人在自己的历史性实践活动中,始终以客观世界来规定自己的活动,以关于客观世界的规律性认识来形成自己对世界的目的性要求,并通过自己的实践活动来验证思想(包括目的)的客观性。实践活动作为历史地延伸着的思维与存在、理想与现实、目的与规律的“交错点”,它永远不会停留在一个水平上,而是在无限丰富的侧面和层次上扩展和深化思想向客体的接近。思想客观性的源泉,在于人类的实践活动及其历史发展。

五、真理观的哲学视野

在认识论的意义上,真理问题的实质是思想的客观性问题,即人的思想能否表述客观规律,人的思想如何表述客观规律,以及怎样检验思想的客观性等问题。然而,人的认识是作为人的实践活动的内在环节而存在的,是在人的历史发展过程中不断地扩展与深化的。所以,真理问题并不是单纯的认识论问题,而是与价值观和历史观等众多哲学问题密不可分的问题。我们应当从开阔的哲学视野去看待真理问题。

人类认识的直接目的是获得关于事物的规律性认识即“真理”,而根本的目的则是以这种规律性的认识去规范人的思想与行为,改变世界的现存状态以满足人自己的需要。人对自己需要的满足,这既是认识(获得真理性的观念)的根本动力,也是认识的最终目的。因此,人们追求什么样的真理,怎样去追求真理,如何去对待真理,都与人们的价值观密切相关。

在“真”这个概念的多重含义中,已经不仅包含“有没有”(有与无)、“对不对”(真与假)的含义,而且包含着“好不好”(善与恶)的含义。这意味着,“真”的概念已经是存在论、认识论和价值论相统一的观念,因而需要从人的存在方式去理解人所具有的“真”的观念。关于“真理”问题,则更需要我们从人的存在方

---

① 《马克思恩格斯全集》第26卷,第545页。

② 《马克思恩格斯全集》第1卷,第18页。

式去理解。

马克思和恩格斯提出,应当从人的“实际生活过程”、从“实际活动的人”出发去理解真理,而不能够抛开“实际活动的人”和人的“实际生活过程”去看待真理。人与世界的关系,包括人对世界的认识关系和改造关系,都是“物的尺度”与“人的尺度”的对立统一,“合规律性”与“合目的性”的对立统一。人类为了改造世界以满足自己的需要,首先就必须掌握“物的尺度”,认识事物的“客观规律”;但同时,人又是根据“人的尺度”去把世界变成理想的现实。因此,人们追求什么样的真理(认识哪些“物的尺度”或“客观规律”),人们如何对待已经获得的真理(如何把规律性的认识转化为实践),都与价值问题密不可分。

人类的生活活动——实践是一个无限的历史性的展开过程,因而人类所获得的关于客观事物的规律性认识——真理也是一个无限的历史性的展开过程。在对真理的传统理解中,经常隐含着一种逃避历史的企图,总是企图建构一个独立于历史的、放之四海而皆准的永恒的真理。这种企图明显地表现在对“科学”和“真理”的非历史的理解之中。当代科学哲学家伊姆雷·拉卡托斯曾经尖锐地指出,如果人们期望“科学”提供绝对确定的东西,那么,这种对科学的理解本身就是“直接由神学继承过来的标准加以判定:它必须被证明是确凿无疑的。科学必须达到神学未达到的那种确定性。一个名副其实的科学家是不允许猜测的:他必须由事实来证明他所说的每一句话。这就是科学诚实性的标准。未经事实证明的理论在科学界被认为是罪孽深重的伪科学和异端”①。毫无疑问,用“神学”的标准来要求“科学”,其结果只能是把“科学”变成“神学”,把“真理”变成“谬误”。

从人类存在的历史性出发,我们应当这样来理解人类对真善美的寻求,即人类在自身的历史发展中所形成的具有时代特征的关于真善美的认识,既是一种历史的进步性,又是一种历史的局限性,因而它孕育着新的历史可能性。就其历史的进步性而言,人们在自己的时代所理解的真善美,就是该时代的人类所达到的人与世界的统一性的最高理解,即该时代人类全部活动的最高支撑点,因此具有绝对性;就其历史的局限性而言,人们在自己的时代所理解的真善美,又只是特定历史时代的产物,它作为全部人类活动的最高支撑点,正是表现了人类作为历史的存在所无法挣脱的片面性,因而具有相对性;就其历史的可能性而言,人们在自己的时代所理解的真善美,正是人类在其前进的发展中所建构的“阶梯”和“支撑点”,它为人类的继续前进提供现实的可能性。真善美永远是作为中介而自我扬弃的。它既不是绝对的绝对性,也不是绝对的相对性,而是相对的绝对性——自己时代的绝对,历史过程的相对。这表明,只有把“真理观”合理地拓

① 拉卡托斯:《科学研究纲领方法论》,上海译文出版社 1986 年版,第 3 页。

展为“存在论”、“认识论”与“价值观”和“历史观”的统一，才能深切地理解“真理是一个过程”、“真理是绝对性与相对性的统一”以及“实践是检验真理的唯一标准”等重要的哲学问题。

第三节　“善”的问题

一、“善”的哲学追问

哲学对“真”的寻求，并不仅仅是为了获得某些“普遍必然性”的知识，从而对世界上千差万别、千变万化的事物作出理论解释；哲学对“真”的寻求，更重要的是为了获得规范人的思想与行为的“根据”、“标准”和“尺度”，从而奠定人类自身在世界中的“安身立命之本”或“最高的支撑点”。因此，在哲学的意义上，对“真”的寻求，深层的是对“善”——人自身的幸福与发展——的寻求。

对于西方最早的哲学即古希腊哲学，人们常常把它区分为“前苏格拉底哲学”和“后苏格拉底哲学”。这表明苏格拉底哲学是整个古希腊哲学的一个最重要的转折点。那么，这个“转折点”的标志是什么？与“前苏格拉底哲学”的米利都学派和爱利亚学派不同，苏格拉底不是致力于追寻世界的“本原”，而是以他的“对话”的形式去诱引人们回答据以形成其各种结论的“根据”和“前提”，迫使人们对自己所使用的概念作出定义式的解释。

首先，苏格拉底式的“对话”，是引导人们明确地意识到并且承认自己的各种看法中的“矛盾”。在这种“对话”中，苏格拉底引导人们离开各种特殊的事例而去思索“普遍的原则”，明确人们所确信的真、善、美的普遍原则到底是什么。这样，苏格拉底就把人们据以形成其基本信念的“根据”或“前提”暴露出来，使之成为审察和批判的对象。然后，苏格拉底再从人们所确信的这些普遍原则中引申出与之恰相反对或恰相矛盾的命题。黑格尔说，苏格拉底“这样作，是为了唤醒人们的思想，在人们的信心动摇之后，他就引导人们去怀疑他们的前提，而他们也就被推动而自己去寻求肯定的答案”①。正是在这种“对话”的“辩证法”中，苏格拉底开启了“善”的哲学追问。

其次，苏格拉底的“对话”的“辩证法”，“并没有致力于对世界的起源和实在的结构进行关于自然的思辨，而是献身于在人类的社会生活和政治生活这种最普通的背景中找寻我们的认识和信念的依据”，致力于“思考有关诸如勇气、虔诚、义务、死亡以及对死亡的恐惧这类平常问题”②。这样，苏格拉底就“把哲学

---

① 黑格尔：《哲学史讲演录》第2卷，第53页。

② 参见瓦托夫斯基：《科学思想的概念基础》，求实出版社1982年版，第115页。

从天上带到了地上”(西塞罗语),使人们意识到“未经审视的生活是无价值的生活”。这就使哲学的追问聚焦于对“善”的思考。

再次,苏格拉底的哲学追问,是对概念的定义的追问,而不是对概念所表述的对象的追问。柏拉图在《美诺篇》中曾记载了苏格拉底对“美德”的追问。美诺提出男人的美德、女人的美德,以及老人、孩子和青年的美德,而苏格拉底则要求美诺回答“包括一切的普遍的美德”。美诺认为,这种“包括一切的普遍的美德”就是“能够取得人所要求的那些善”。至此,苏格拉底则明确提出对“善”的解释。这样,关于“善”的哲学追问,就发展成对整个生活信念的前提反思了。

由苏格拉底对“善”的哲学追问,我们可以知道,在哲学思考中,“善”是批判、反思的对象,而不是某种现成的、教条的结论。这种关于“善”的哲学追问,贯穿于整个的哲学发展史,并在本世纪的哲学中获得了新的发展。

当代哲学认为,人要“理智地委身于一种生活方式”,就必须对“善”进行哲学追问,也就是批判地反思“善”的观念。这是因为,“人的行动和目的绝非是盲目的必然性的产物。无论科学概念还是生活方式,无论是流行的思维方式还是流行的原则,我们都不应盲目接受,更不能不加批判地仿效。哲学反对盲目地抱崇传统和在生存的关键性问题上的退缩。哲学已经担负起这样的不愉快任务:把意识的光芒普照到人际关系和行为模式之上,而这些东西已根深蒂固,似乎已成为自然的、不变的、永恒的”①。以当代的各种理想的冲突为广阔的思考背景,真切地展开对“善”的哲学追问,既有助于我们对“善”的理解,也有助于我们对追问“善”的哲学的理解。

人是社会性的存在,而“不是处在某种幻想的与世隔绝、离群索居状态的人”②。社会是人类生活的前提,“伦理”则是维系人的社会性存在的重要规范条件。人类以伦理的方式把握世界,便形成了以某种“善”的观念为核心、以相应的伦理原则和伦理规范为基本内容的伦理文化和伦理生活。

在任何时代的人类社会生活中,“善”的观念和相应的伦理生活,都具有最显著的重大意义。一个社会的伦理文化和伦理精神的扭曲,都会造成人的整个生活意义的扭曲、变形乃至失落。因而,反思“善”的观念和人的伦理生活,是哲学的批判性、规范性和理想性功能的集中体现。

二、价值和价值论

“善”或“应当”的问题,总是具有某种思想和行为的规范作用;而“善”或“应当”之所以具有这种规范作用,是因为它蕴含着某种被人认同或接受的价值

---

① 参见霍克海默:《批判理论》,重庆出版社 1989 年版,第 243 页。

② 《马克思恩格斯选集》第 1 卷,第 31 页。

尺度和价值标准。人们正是以某种价值尺度和价值标准为依据，而形成某种道德理念和伦理规范。因此，在对“善”的哲学追问中，在对“应当”的哲学思考中，必然会凸现出以“价值”范畴为出发点的价值论问题。

价值论问题是现代哲学愈来愈关注的重大问题，它包括一系列与人们的生活密切相关的理论问题。我国当代学者曾把价值论问题分列为“价值的本体论研究”、“价值的认识论研究”和“价值与真理的辩证法研究”，并具体地探讨了“价值的基础”、“价值的本质”、“价值的特征”、“价值的类型”、“价值意识”、“评价的本质”、“评价标准”、“社会评价”以及“价值与真理”等问题①。近年来，国内学者不断地拓宽和深化了价值论研究，并主要是围绕着“价值是什么”、“价值在哪里”、“价值判断的根据何在”、“价值判断与事实判断是何关系”等难点和热点问题，展开了持久的热烈争论。

关于“价值的本质”即“价值是什么”这个问题，学界有各种不同的理解与解释，并在各种解释模式的论争中推进了人们对“价值”的理解。

从总体上看，多年来学界主要是从“主体—客体”的逻辑关系来思考和界说“价值”。具体地说，主要是从三个角度来解释“价值”：一是以客体自身的功能或属性来规定价值，即突出和强调价值的“客观性”；二是以主体和主体需要来规定价值，即突出和强调价值的“主观性”；三是以主体与客体的关系来规定价值，即突出和强调价值的“关系性”。由于学界注重以“主体—客体”的逻辑关系来思考和解释价值问题，所以，虽然有些学者突出或强调了价值的主观性或客观性，但在总体上都强调价值成立于主体与客体的统一。

这种关于价值的解释模式，一是突出了从主体与客体的“关系”中去理解价值，二是强调了价值的本质在于客体对主体的“效用”，因而可以说是一种“主客效用关系”的解释模式。近年来，一些学者又提出了不同于这种“效用价值”的“社会规范价值”、“人道价值”等解释模式。所谓“社会规范价值”，是作为个体主体与社会主体之间的价值关系而存在的；所谓“人道价值”，是人作为人、人作为主体存在本身所拥有的内在价值。还有的学者提出，在哲学层面上，所谓价值，就在于人的类特性、社会性，就是人的理想性、超越性。

价值判断作为评价活动的一种结果，意味着价值判断与另一种基本判断——事实判断——的区别与联系。价值判断与事实判断的关系，以及这两种判断所蕴含的“善”与“真”的关系，构成了价值论的更深层的理论问题。

价值判断的特殊性在于，“在价值判断中必然地包含两大类信息。其一是关于价值客体本身的以及它与其他相关客体之间关系的信息，其二是关于价值主体需要的信息。这两者对于价值判断而言缺一不可。而事实判断中仅仅包含

① 参见李德顺：《价值论——一种主体性的研究》，中国人民大学出版社 1987 年版。

第一类信息,即关于客体本身是什么和客体与其相关客体之间关系的信息。在事实判断的形成过程中,包含了作出这一判断者的情感、追求、价值愿望,但这一判断的内容本身,并不包含关于形成这一判断之主体的需要的信息”。“价值判断所揭示的是主体的需要与客体的性质、功能之间的关系,事实判断所揭示的是客体本身的性质和特点。这两者不是等同的。价值判断所对应的是主体与客体之间的一种价值关系,即客体与主体需要之间的关系,客体是否满足主体需要的关系,而事实判断所对应的是客体各要素之间与客体之间的关系”。“价值判断与事实判断的本质区别在于:在价值判断中多了一种对于价值判断而言是决定其质的因素:人的需要。这就是价值判断之精灵”①。

关于“价值”的哲学思考,会深化我们对“真”与“善”相互关系的理解,也会引导我们合理地提出和对待社会的价值导向与个人的价值取向等问题。

三、价值导向与价值取向

任何一个社会的价值体系中,都存在着相互矛盾的两个基本方面,这就是社会的价值理想、价值规范和价值导向与个人的价值目标、价值取向和价值认同之间的矛盾。通俗地说,就是社会所引导的“我们到底要什么”与个人所追求的“我到底要什么”之间的矛盾。

社会中的每个人的价值目标和价值取向总是千差万别、千变万化的,具有极大的主观性、任意性和随机性,似乎仅仅是依据个人的利益、欲望、需要、兴趣甚至是情绪进行价值选择。然而,透过个人的千差万别和千变万化的价值选择,我们会看到,个人的价值目标总是取决于社会所指向的价值理想,个人的价值取向总是“取向”某种社会的价值导向,个人的价值认同总是“认同”某种社会的价值规范。因此,在社会的价值体系中,社会的价值理想、价值规范和价值导向总是处于主导和支配的地位,总是起着决定性的作用。

社会的价值导向对个人的价值取向的决定性作用,首先是表现在个人的价值取向中的社会内容、社会性质和社会形式这样三个方面:其一,从个人的价值取向的内容上看,总是具有社会内容的社会正义、法律规范、政治制度、人生意义等问题,而决不是没有社会内容的纯粹个人问题;其二,从个人的价值取向的性质上看,总是具有社会性质的真善美与假恶丑、理想与现实、历史的大尺度与小尺度、集体利益与个人利益、整体利益与局部利益、长远利益与暂时利益等问题,而决不是与社会无关的所谓纯粹的个人问题;其三,从个人价值取向的形式上看,总是通过具有社会形式的科学、哲学、艺术、伦理、宗教等方式体现出来,而决不是没有社会形式的纯粹的个人表现。

---

① 冯平:《评价论》,东方出版社1995年版,第254页。

个人的价值取向所具有的社会内容、社会性质和社会形式，表明了社会价值导向对社会成员的价值取向的支配地位和决定作用。现实生活一再告诉我们，个人的价值取向的总体倾向，总是取决于社会的基本的价值导向；个人的价值取向的困惑，总是根源于社会的价值坐标的震荡；而解决个人的价值取向的矛盾，首先必须解决社会的价值导向的矛盾。

在社会的价值导向中，需要健全的、合理的社会赏罚机制。这可以说是社会的价值规范得以实现的“硬约束”。同时，社会价值导向的实现，又有赖于个人的价值认同，即行为主体的良知。良知是“个人理解和把握自己置身于其中的各种关系，以及自己须得处理的各种道德问题的一种特殊能力，也是个人自我监督、审视和自我把握的能力。这是人类较早发现的影响行为主体一切活动的内部稳定机制。在人类社会生活中，良知隐秘地然而又顽强地、普遍地在人们处理对己、对人、对社会、对外部环境的关系中发生作用”。“良知实现着对个人的指导、推动和对其精神世界的监护；人们在良知的水平上表现出来的符合道德的行为，是真实地面对自我的结果和忠实于自我的表现。个人在这个水平上通过对道德的践履同时也就发展着自身的高级属性并体现着人的尊严”①。

在社会转型的过程中，必然伴生着价值范式的重建，由此便引起普遍性的价值观念的震荡与困惑。我们需要在“善”的哲学追问中，辩证地看待和对待理想与现实、道德与利益、统一与选择等诸种关系，并在理想主义与功利主义、期待道德与义务道德、统一规范与多样选择等等之间保持一种“必要的张力”。

第四节 “美”的问题

古往今来的哲人，总是像关注“真”和“善”一样，特别地关注对“美”的探寻与反思。美的本质、美的存在、美的发现和美的追求，构成了以“美”为聚焦点的哲学层面的美学问题。

一、美与人的存在方式

“美”是什么？这是把“美”作为主词而进行的哲学追问，也就是对美的本体论追问。对此，哲学家们作出了种种不同的回答：柏拉图认为“美”是对“美的理念”的“分有”，康德认为“美”是“善”的象征，黑格尔认为“美”是具体化的“理念”，叔本华认为“美”是“意志”的客体化，弗洛伊德认为“美”是“性”的升华，克罗齐认为“美”是“直觉”的成功，车尔尼雪夫斯基认为“美”就是“生活”……

“美”是同人的存在密不可分的。我们需要从人的存在方式去探寻美的本

① 参见肖雪慧：《新伦理文化良性运行的条件》，《江海学刊》1995 年第 2 期。

质。对此,马克思作出了精辟的论述。马克思在论述人与动物的区别时提出,“动物只是按照它所属的那个物种的尺度和需要来进行塑造,而人则懂得按照任何物种的尺度来进行生产,并且随时随地都能用内在固有的尺度来衡量对象;所以,人也按照美的规律来塑造”①。

人以“任何物种的尺度”和“内在固有的尺度”的统一去改造世界,把世界变成人所期待的现实,从而让世界满足自己的需要,这就是人的实践的存在方式。正是这种实践的存在方式,决定了“人也按照美的规律来塑造”。因此,我们首先应当从人的“实践”的存在方式去思考“美”的本质。

马克思在区分“人”与“动物”的存在方式时提出,“动物是和它的生命活动直接同一的。它没有自己和自己的生命活动之间的区别。它就是这种生命活动。人则把自己的生活活动本身变成自己的意志和意识的对象。他的生活活动是有意识的。……有意识的生活活动直接把人跟动物的生命活动区别开来”②。动物的存在方式就是它的“生命活动”,“它没有自己和自己的生命活动之间的区别”,因而,它的存在方式就是本能地适应自然,不存在与自然之间的、与自己的生命活动之间的“对象性”关系,因而也就不存在“美”的关系。与此相反,人的存在方式的特殊性则在于,人“把自己的生活活动本身变成自己的意志和意识的对象”。这样,人的“生活活动”以及由此而构成的“对象性”存在的世界,就成了人自己的“意志和意识的对象”,也就成了人的审美的对象。美根源于人的目的性、对象性的实践的存在方式。

人的目的性、对象性的实践活动,内涵着两个“尺度”,这就是“任何物种的尺度”和“内在固有的尺度”。所谓人懂得按照“任何物种的尺度”来进行生产,就是说,人的生产的重要前提,是人掌握“任何物种”的规律,并按照这种规律进行生产,就是人的实践活动的“合规律性”。所谓人“随时随地都能用内在固有的尺度来衡量对象”,这首先是说,人的实践活动蕴含着人自己的“内在固有的尺度”即人的目的性要求;这同时是说,在人的实践过程中,人的“内在固有的尺度”即“目的性要求”,是“随时随地”地制约和支配着人的生产活动的。这就是人的实践活动的“合目的性”。人在实践活动的“合规律性”与“合目的性”的统一中,实现了人的“意志和意识”,把世界变成了人所理想的现实,因此马克思说,“人也按照美的规律来塑造”。

“美”是实践活动中所实现的“人的尺度”与“物的尺度”、“合目的性”与“合规律性”的统一。人按照“任何物种”的“尺度”进行生产,因而,能够创造性地生产出符合“任何物种”的规律的产品;人又是按照“内在固有”的“尺度”进行生

① 马克思:《1844 年经济学—哲学手稿》,第 50-51 页。

② 马克思:《1844 年经济学—哲学手稿》,第 50 页。

产,因而创造出的符合“任何物种”的规律的产品又满足了人自己的需要。正是在“人的尺度”与“物的尺度”、“合目的性”与“合规律性”的统一中,人类发展了自己,实现了人类自身的自由。

人的实践活动是真正的创造性活动。人在自己的实践活动中,既创造了理想的世界(把世界变成自己所希望的存在),又创造了理想的自我(把自己变成自己所希望的存在),并在这双重的创造中,使人类获得更大的自由。“美”就是人的创造性活动;“美”就是人创造的世界;“美”就是人在创造性活动中所获得的、所感受到的自由。我们需要从人的创造性的实践活动中去理解“美”。

二、美的存在与创造

人创造了人的生活世界。人的生活世界辉耀着美的光芒。

人的生活世界之美,首先是表现为人自身的人性之美;人自身的人性之美,又首先表现为人的创造性之美。人创造了人的生活世界,也就是创造了人本身。创造意味着“无中生有”,意味着“万象更新”。人从“生存”中创造出“生活”,从“动物”中创造出“人类”,从“物质”中创造出“精神”,从“存在”中创造出“美”。美是人的创造。

人在创造人的生活世界的同时,创造了人自身。人的有意义的生活世界涵养了人的性、情、品、格,由此便构成了人自身的人性之美、人情之美、人品之美和人格之美。人的性、情、品、格“对象化”为人的生活世界,这样,美就是人的生活,美就是人的世界。

人的性、情、品、格之美表现为人的自爱、自尊、自律、自立、自强之美,展现为人的理想、信念、情操、品位、格调、趣味、境界之美。

自爱,这是人性中最根本的力量,也是人性美的源泉。热爱自己的生命,创造自己的生活,才能构成生活之美。热爱自己的家庭,营造家庭的和谐与欢乐,才能创造亲情之美,感受亲情之美。热爱自己的事业,全身心地投入到事业之中,才能进入创造的境界,才能以“对象性”的实践活动创造出美的产品。热爱自己的祖国,乃至自己所属的人类、自己生活的世界,才能有“天人合一”的至大之美。

自尊,这是自爱的根本体现。尊重自己,自视能配得上最高尚的东西,才会有高远的理想、高尚的情趣、高雅的举止和高超的境界。尊重自己,就会追求博大的气度、高明的识度和高雅的风度。人的博大的气度,会使人发现大地的“苍茫”之美和大海的“浩瀚”之美,也会使自己获得“壁立千仞”、“海纳百川”的“潇洒”之美;人的高明的识度,会使人展现出“阐幽发微”、“率先垂范”的“睿智”之美;高雅的风度,则会使人展现出坦坦荡荡、堂堂正正、不骄不躁、不卑不亢的“风采”之美。

人的人性之美,最激动人心的是真情之美。美是真实,美是真诚,美是真情。人世间最美的,莫过于真情实意,有情有义;人世间最丑的,也莫过于虚情假义,无情无义。美是生活,在于生活有真情。真情使生命具有了创造的活力,使生活具有了多彩的意义。

真情首先是亲情、友情和爱情。有人用"温暖"来形容"亲情",用"真挚"来形容"友情",用"甜蜜"来形容"爱情";还有人用"深度"来表达"亲情",用"广度"来表达"友情",用"纯度"来表达"爱情";因此有人说,人生只有体验了亲情的"温暖"与"深度",领略了友情的"真挚"与"广度",拥有了爱情的"甜蜜"与"纯度",才称得上是"美好"的人生。

人的真情,不仅是个人之间的亲情、友情和爱情,而且是个人对人类的真情、"小我"对"大我"的真情。人们都知道,马克思的座右铭是"为全人类而工作"。在悼念马克思的墓前讲话中,恩格斯不仅概括了马克思对人类作出伟大贡献的"两个发现",而且特别地指出,终生进行顽强斗争的马克思"可能有过许多敌人,但未必有一个私敌"①。对人类的挚爱,对人类解放的渴求,这是马克思的伟大事业的力量源泉,也是马克思的伟大人格的力量源泉。人类之爱造就了真情的至大之美。

人类的实践的存在方式,造就了人的生活世界的真情之美,也造就了人的智力探险的逻辑之美。人类具有思维的能力和求知的渴望。宇宙之谜、历史之谜、人生之谜,对于具有思维能力和求知渴望的人类来说,是一种精神上的诱惑和智力上的挑战。面对这种诱惑与挑战,人类以思维的逻辑去揭开笼罩着自然、历史和人生的层层面纱,并以思维的逻辑去展现自然、历史和人生的本质与规律。逻辑之美,是人类的智力探险之美、思维撞击之美、理性创造之美。

人类的智力探险、思维撞击和理性创造是美的,这种探险、撞击和创造的产品——思想、理论、科学——也是美的。在科学理论中,我们会感受到科学的"首尾一贯"、"秩序井然"的逻辑结构之美,可以感受到"强有力"的科学语言之美,也可以感受到"清晰而明确"的科学描述之美。

科学和艺术都是美的,但人们总是更直接、更强烈地感受到艺术美的存在。著名美学家苏珊·朗格曾对艺术美作出这样的阐释:"你愈是深入地研究艺术品的结构,你就会愈加清楚地发现艺术结构与生命结构的相似之处。"她具体地指出,"这里所说的生命结构包括着从低级生物的生命结构到人类情感和人类本性这样一些高级复杂的生命结构(情感和人性正是那些最高级的艺术所传达的意义)"。苏珊·朗格认为,"正是由于这两种结构之间的相似性,才使得一幅画,一支歌或一首诗与一件普通的事物区别开来——使它们看上去像是一种生

① 参见《马克思恩格斯选集》第3卷,第575-576页。

命的形式；使它看上去像是创造出来的，而不是用机械的方法制造出来的；使它的表现意义看上去像是直接包含在艺术品之中（这个意义就是我们自己的感性存在，也就是现实存在）”①。

艺术把人们带入美的境界，是因为艺术展现了生命的活力与创造，是因为艺术表现了充满活力与创造的生命。齐白石的“虾”不能在江海中嬉戏，徐悲鸿的“马”不能在草原上奔驰；然而，人们却在这“虾”或“马”中感受到了生命的活力与创造，体验到了强烈的艺术创造的生命之美。艺术，只有显示生命的欢乐与悲哀，生命的渴望与追求，生活的活力与创造，才有艺术之美；欣赏艺术作品，只有体验到生命的广大与深邃，生命的空灵与充实，才能进入艺术的世界，才能以艺术滋润生命，涵养生命，激发生命的创造力，创造美的生活、美的世界。

三、美的发现与体验

人性之美、生活之美、自然之美、社会之美、科学之美、艺术之美……美是到处都有的。因此罗丹说，对于我们的眼睛，不是缺少美，而是缺少发现。在这个意义上，美是发现。

人在发现美，美是人的发现，因此，美是同人的生存状态密不可分的。马克思认为，“对象如何对他说来成为他的对象，这取决于对象的性质以及与其相适应的本质力量的性质”②。这就是说，任何“对象”的存在，都同时地取决于两个方面的统一：一方面是“对象的性质”即作为对象的事物具有怎样的性质，另一方面是与这种“对象的性质”相适应的“本质力量”即认识主体（人）所具有的能力。对此，马克思以“音乐”为例作出这样的论述：“只有音乐才能激起人的音乐感；对于不辨音律的耳朵说来，最美的音乐也毫无意义，音乐对它说来不是对象，因为我的对象只能是我的本质力量之一的确证。”③这就是说，“音乐”之所以是美的音乐，当然一方面是“只有音乐才能激起人的音乐感”，但另一方面是因为有能够分辨音乐的“耳朵”在发现音乐之美。马克思认为，“主体的、属人的感性的丰富性，即感受音乐的耳朵、感受形式美的眼睛，简言之，那些能感受人的快乐和确证自己是属人的本质力量的感觉”，是“以往全部世界史的产物”④。这就是说，人在创造人的世界的同时创造了人自己，因而也创造了能够发现美的人的感觉。

人的全部“感觉”是“以往全部世界史的产物”，而世世代代现实存在的人则是自己所创造的历史文化的产物。每个时代的人对美的发现，都是以该时代的

① 苏珊·朗格：《艺术问题》，中国社会科学出版社1983年版，第55页。

② 马克思：《1844年经济学—哲学手稿》，第79页。

③ 马克思：《1844年经济学—哲学手稿》，第79页。

④ 马克思：《1844年经济学—哲学手稿》，第79页。

人所继承下来的历史文化为前提的。现代的哲学解释学认为,人类总是用语言来理解世界和表达对世界的理解。语言作为历史文化的“水库”,它保存着历史的文化积淀,而历史的文化积淀又由语言去占有世世代代的个人。因此,人们使用语言,就是以历史文化去理解人的存在和人的世界。这样,就构成以语言为中介的历史与现实之间、“历史视野”与“个人视野”之间的“融合”。人既在历史中接受、又在历史中更新理解的方式,从而实现了理解方式的更新即历史的发展。以现代哲学解释学的观点去看待美的发现,我们能够得到的重要启示是,必须从人的社会性、历史性、文化性和创造性的统一去理解美的发现和人对美的追求。

美的发现,与人的历史文化是密不可分的;美的体验,则更为直接地同人的存在状态紧密相关。

美是和谐,和谐才有美。作为审美主体的人,只有在人与自然、人与社会、人与自我的和谐中,才能真切地体验到和谐之美。人与自然的和谐,会体验到自然之美:风花雪夜有它的赏心悦目之美,电闪雷鸣也有它的激动人心之美。人与社会的和谐,会体验到社会之美:亲情、友情和爱情有它的温馨甜蜜之美,做工、务农和经商各有它的自我实现之美。人与自我的和谐,不仅会体验到自我之美,而且会体验到人类之美、人的世界之美。反之,在人与自然、人与社会、人与自我的“疏离”或“异化”中,则会失去美的发现和美的体验,而只会感受到“形上的迷失”和“意义的失落”。现代人寻求“家园”,渴望重新寻求到“自然”、“社会”和“自我”的“家园”。这意味着,和谐的“家园”之感,是最重要的美的体验。

美是“合规律性”(“是”或“真”)与“合目的性”(“应当”或“善”)的统一,这意味着真、善、美三者是统一的。

真善美统一的基础是人类自身的存在方式——实践活动及其历史发展。人类为了让世界满足自己的需要,把世界变成自己的理想的现实,就要从自然而然的世界中去探索“真”(世界为何如此),去寻求“善”(世界应当怎样),去实现“美”(“是”与“应当”的统一),也就是把世界变成对人来说是真善美相统一的世界。正是在人类的实践活动及其历史发展中,人类才不断地获得了关于世界的真理性的认识,才不断地实现了对世界的目的性要求,才不断地达到了“真”与“善”相统一的“美”的境界。真善美的统一是永无止境的发展过程。

第五节 关于人的哲学

人类的历史,是把世界变成对人来说是真、善、美相统一的世界的过程,因此,哲学所探寻的真、善、美问题,归根到底是探寻人自身及其与世界的相互关系的问题。人的奥秘,是哲学的奥秘所在;探寻哲学的奥秘,就是在求解人的奥秘。

人及其与世界的关系，是全部哲学问题的集结点。

一、哲学与“认识你自己”

“认识你自己”，这句脍炙人口的古希腊名言，也许是最为简洁而精辟地揭示了哲学的奥秘——从人自身去破解哲学。

在人类已知的世界中，人类自己是最奇特的存在。人在“我”的自我意识中，将人与世界把握为“关系”性的存在，又把世界（包括人自身）视为“对象”性的存在，从而进行认识的和实践的“对象性”活动，并在各种各样的“对象”性活动中，把世界变成对人来说是真善美相统一的现实。

在人与世界的“关系”中，在人的认识和改造世界的“对象”性活动中，人类既要“外向”地探索外部世界的“客观规律”，又要“内向”地认识自我的“本性”。然而，人们探索外部世界的“客观规律”，在最终的意义上，并不是为了解释和说明外部世界，而是为了掌握外部世界的“客观规律”来实现人自己的目的；人们认识自我的“本性”，从根本上说，也不是为了把玩或欣赏自己的奇异之处，而是为了合乎“本性”地实现自身的发展。所以，人类的一切探索，包括哲学探索，都是为了人自身的发展而进行的探索。

二、人的存在与人的世界

人类是一种独特的矛盾性的存在：人类作为物质世界链条上的特定环节，是自在的或自然的存在；人类作为认识世界和改造世界的主体，又是自为的或自觉的存在；人类作为自在存在与自为存在的统一是自在自为的存在，即作为物质世界中达到自我认识和自我改造的能动性主体而存在。

作为自在的或自然的存在，人类统一于物质世界，物质世界是人类生存和发展的根据；作为自为的或自觉的存在，人类又创造了属于人的世界，人是自己生存和发展的根据；作为自在自为的存在，人类既服从于自然的规律又实现自己的目的，并以自己的历史性活动而构成思维与存在、主观与客观、目的性要求与客观性规律、人的尺度与物的尺度的统一。

哲学史表明，从自在性、自为性和自在自为性这三个不同的视角去看待人以及人与世界、思维与存在的关系，会形成不同的哲学理论；而马克思主义哲学之所以能够真正地从自在自为的观点出发去看待人的存在，从根本上说，是因为马克思主义哲学把人理解为实践性的存在。

在马克思主义哲学看来，人类的社会生活在本质上是实践的。实践是人类的生存方式和发展方式。实践既造成了人类自身存在的自然性与社会性、自在性与自为性的二重性，又把世界分化为自在的世界与自为的世界、自然的世界与属人的世界。人的存在和人的世界，都需要从人的实践的存在方式去理解。

人类在自己的实践活动中,首先是在自己的生产劳动中,把自身提升为认识世界和改造世界的主体,从而把整个自然界(包括人自身的自然)变成认识和改造的对象即客体。这样,实践活动就否定了自然而然的世界的单纯的自在性,使之变成"人化了的自然"、"属人的自然",变成人的实践活动所造成的人的文化世界。由此便形成了现实世界的二重化,即自在世界与自为世界、自然世界与属人世界、客观世界与主观世界的分裂与对立。

所谓现实世界的"二重化",当然不是说世界自身分裂为两种根本不同的存在(只有在宗教的"想象"中,才把世界分裂为神的"彼岸世界"和人的"此岸世界")。现实世界的"二重化"是说,人类的实践活动使自然而然的世界具有了二重属性:一方面,无论是实践的主体(从事实践活动的人)和实践的客体(包括人及其思维在内的全部实践对象),还是实践活动中沟通主体与客体的所有中介(首先是物质性的劳动工具),在"本原"的意义上,都是自然的存在,都属于自然世界;另一方面,实践活动的主体、客体及其中介,在现实性上,又都是人类自己实践活动的产物和结果,都属于人类自己所创造的属人的世界、文化的世界。对于人类来说,世界就不仅仅是一个自在的、没有"关系"的世界,而且是一个自为的、与人发生种种"关系"的世界。

在人的社会性和历史性的实践活动中,一方面,人作为自然的产物和自然世界中的存在,在自己的实践活动中面向客观世界,以客观世界为转移,以客观世界来规定自己的活动;另一方面,实践活动的本质又在于世界不会主动地满足人的需要,人必须以自己的行动来改变世界,从而使世界满足自己的需要。人为自己绘制自己所要求的客观世界的图景,并通过对象化的实践活动改变外部现实,使世界变成人类的理想的现实。

三、关于人类解放的哲学

在论述"理论"的时候,马克思提出,"理论只要说服人,就能掌握群众;而理论只要彻底,就能说服人"。那么,理论的彻底性在哪里?马克思说:"所谓彻底,就是抓住事物的根本。但人的根本就是人本身"①。在关于"人"的哲学反思中,马克思为哲学开辟了新的道路——创建关于人类解放的哲学。

在批判黑格尔的思辨哲学时,马克思特别强调的是,黑格尔的"无人身的理性"的自我运动的哲学,并不是某种超然于世界之外或凌驾于世界之上的"玄思"或"遐想",而是以"最抽象的形式"表达了人类的"最现实"的生存状况,即"个人现在受抽象统治,而他们以前是互相依赖的。但是,抽象或观念,无非是

① 《马克思恩格斯选集》第1卷,第9页。

那些统治个人的物质关系的理论表现”①。因此,马克思给自己提出的任务是从黑格尔的“抽象或观念”中揭示出“统治个人的物质关系”。这就是马克思为了寻求人类解放之路而进行的哲学—经济学批判。

在这种哲学—经济学批判中,马克思曾以一个生动而犀利的论断来揭示英国古典政治经济学和德国古典哲学的本质。马克思说:“如果说有一个英国人把人变成帽子,那么,有一个德国人就把帽子变成了观念。这个英国人就是李嘉图,……这个德国人就是黑格尔”。② 李嘉图在他的政治经济学理论中,用物和物的关系掩盖了人和人的关系;黑格尔在他的思辨哲学中,则把物与物的关系、人与物的关系、人与人的关系都神秘地化为观念之间的关系。这样,所有的现实关系,都变成了“纯粹的、永恒的、无人身的理性”的自我运动。正因如此,马克思把哲学批判首先指向黑格尔的思辨哲学,使现实的关系从抽象的观念中显现出来,又从哲学批判转向政治经济学批判,深刻地揭示物与物的关系下所掩盖的人与人的关系,并把这种哲学—政治经济学批判提升到这样的高度,即:“任何一种解放都是把人的世界和人的关系还给人自己”。③ 这样,马克思就把他的哲学—政治经济学批判与这种批判的目的——人类解放——统一起来了。

马克思抛弃了关于合乎“人的本性”的社会条件的议论,而去考察和揭示人类历史的现实基础,从而在社会有机体众多因素的交互作用中,在社会形态曲折发展的历史进程中,在社会意识相对独立的历史更替中,发现了生产力的最终的决定作用,揭示了人类社会发展的客观规律。马克思从宏观的历史视野,把人类存在的历史形态概括为“人的依赖关系”、“以物的依赖性为基础的人的独立性”和“以个人全面发展为基础的自由个性”④。在“人的依赖关系”的历史形态中,个人依附于群体,个人不具有独立性,只不过是“一定的狭隘人群的附属物”。在“以物的依赖性为基础的人的独立性”的历史形态中,个人摆脱了人身依附关系而获得了“独立性”,但这种“独立性”却是“以物的依赖性为基础”的。人依赖于物,人受物的统治,人与人的关系受制于物与物的关系,人在对“物的依赖性”中“再度丧失了自己”。于是,对“神”的崇拜变成对“物”的崇拜。马克思的哲学,就是指引人们超越“人的依赖关系”和“以物的依赖性为基础的人的独立性”,实现“以个人全面发展为基础的自由个性”的哲学,也就是争取人类解放的哲学。

---

① 《马克思恩格斯全集》第46卷(上),第111页。

② 《马克思恩格斯选集》第1卷,第103页。

③ 《马克思恩格斯全集》第1卷,第443页。

④ 参见《马克思恩格斯全集》第46卷(上),第104页。

小结：

实践是人的存在方式。基于人类实践本性的理论思维，总是渴求在最深刻的层次上或最彻底的意义上把握世界、解释世界和确认人在世界中的地位和价值。理论思维的这种渴求，是一种指向终极性的渴求，一种终极性的关怀。理论思维的这种终极性的渴求和关怀构成了贯穿古今的哲学本体论。

本体论作为一种追本溯源式的意向性追求，一种理论思维的无穷无尽的指向性，一种指向无限性的终极关怀，它具有三重基本内涵：追寻作为"世界统一性"的"终极存在"；反思作为"知识统一性"的"终极解释"；体认作为"意义统一性"的"终极价值"。

本体论所追求和承诺的终极存在、终极解释和终极价值，总是具有内在的否定性，并表现为历史性的自我扬弃过程，从而形成了哲学的自我否定、自我超越的发展过程。这就是哲学的本体论追求的辩证法。

哲学对"本体"的寻求，就是对"真善美"的根据、标准和尺度的寻求。哲学层面的"真"的问题，包括"有没有"的"存在论"问题，"对不对"的"认识论"问题和"好不好"的"价值论"问题，是存在论、认识论和价值论的统一。哲学层面的"善"的问题，是寻求评价人的生活意义的根据、标准和尺度，使人们保持对整个生活信念的前提反思。哲学层面的"美"的问题，是反思由人的目的性、对象性的实践活动所构成的人的特殊的存在方式，即"按照美的规律"来进行生产的存在方式。因此，关于真善美的问题，归根到底是关于人的存在方式的问题，是人对自己的存在方式及其意义的批判性反思的问题。正是人对自己的存在方式及其意义的批判性反思，构成了以寻求"本体"为使命的古往今来的哲学。

思考题：

1. 谈谈你对"本体"这个范畴的理解。
2. 怎样以哲学视野去理解"真理"？
3. 为什么说对"善"的哲学追问是对整个生活信念的前提反思？
4. 怎样理解"美"是人的存在方式？

第六章 哲学的派别冲突

在哲学的发展史上,几乎所有真正的哲学家,都对“哲学究竟是什么”这个问题作出了各异其是的回答;因此,哲学自我追问的过程,在其表现形态上,就是各种各样的哲学派别相互冲突、相互批判的历史。探索哲学的派别性,以及哲学在派别冲突中所实现的理论发展,对于哲学的自我理解,以及深化对哲学发展规律的认识,都是至关重要的。

第一节 全面认识哲学的派别性

一、从人类存在的矛盾性看哲学的派别冲突

哲学是人类把握世界的一种基本方式,哲学的派别冲突是同人类的存在方式密不可分的。因此,在对哲学派别斗争的理解中,我们首先应该看到:哲学的自我追问,体现的是人类的自我追问;哲学自我理解的非一致性,体现的则是人类自我理解的非一致性;哲学的派别冲突,是哲学自我理解的非一致性的理论表现,因而哲学的派别冲突的根源,在于人类自身存在的矛盾性,以及人们对自身存在的矛盾性的理解的非一致性。

在对哲学派别斗争的理解中,我们还应该看到:无论是唯物主义与唯心主义,辩证法与形而上学,还是经验主义与逻辑主义,绝对主义与相对主义,或者理性主义与非理性主义,科学主义与人本主义,它们作为哲学层面的理论冲突,并非仅仅是哲学派别之间的思想冲突,而是深刻地体现着人类自身存在的矛盾性。其中,哲学的主要派别冲突,集中地体现着人对自然的依赖性与对自然的超越性的矛盾,人类的感性存在与理性追求的冲突,人类存在的有限性与人类理想的无限性的冲突,人类文化的多样性与人类文化的统一性的冲突,如此等等。

因此,在对哲学派别斗争的理解中,我们需要从人类存在的矛盾性去解释哲学理论的冲突,而不是把这些冲突单纯地视为哲学的自我冲突;同样,我们需要从人类存在的历史性去揭示哲学理论冲突的历史演化,而不是把哲学的理论冲突视为徒然的“厮杀的战场”;因此最为重要的是,我们需要从发展的观点去看待哲学的派别冲突,把哲学的派别冲突合理地理解为哲学发展的基本形式。

二、哲学理论的派别性与层次性

哲学的派别冲突是十分复杂的。这种冲突既具有不容否认的派别性，又具有不应忽视的层次性。哲学的派别冲突总是在不同层次上进行的，哲学在层次上的递进又总是在派别冲突中实现的。因此，我们需要用派别性和层次性这两个标准去考察哲学理论及其派别冲突。

把全部哲学理论区分为唯物论和唯心论、辩证法和形而上学等等，是运用划分哲学派别的标准考察哲学理论所得出的基本认识。没有这种基本认识，就会模糊甚至混淆哲学发展进程中始终存在的两条认识路线以及其他重大的原则界限，难以自觉地坚持和发展马克思主义哲学。但是，仅仅用划分哲学派别的标准去考察全部哲学理论，却会严重地阻碍马克思主义哲学的繁荣和发展。

哲学是思想中的时代。在哲学发展进程的每个环节上所进行的唯物论与唯心论等等的斗争，都以先前的哲学成果为基础，都聚焦于人类在其前进的发展中所提出的新问题，都孕育着新的思维方式的萌芽。因此，每个时代都有自己时代水平的唯物论与唯心论等等的斗争；特定时代的唯物论总是同自己时代的唯心论相比较而存在、相斗争而发展的；离开特定时代水平的哲学斗争，就会把哲学的派别斗争简单化、抽象化和庸俗化，把丰富多彩并且不断深化的哲学思想变成某些僵死凝固的教条，从而在实际上否认了哲学的进步与发展。

哲学史表明，正是由于唯物论哲学是与苏格拉底、柏拉图、亚里士多德、笛卡尔、贝克莱、休谟、康德、黑格尔这样的唯心论大师相斗争，才产生了德谟克利特、培根、斯宾诺莎、洛克、狄德罗、费尔巴哈乃至马克思这样的唯物论巨人。如果把唯心论大师简单化、庸俗化甚至是漫画化，唯物论巨人岂不成了与风车搏斗的堂吉诃德先生！

哲学史还表明，哲学不仅是在不同派别的哲学斗争中发展的，而且是在不同水平的哲学斗争中前进的。其中，包括不同水平的唯物主义对唯物主义的批判，以及不同水平的唯心主义对唯心主义的批判。亚里士多德对柏拉图的批判，黑格尔对康德的批判，马克思对费尔巴哈的批判，列宁对普列汉诺夫的批判，都是如此。正是由于不仅着眼于哲学派别之间的斗争，而且立足于哲学发展的逻辑，列宁才提出“聪明的唯心主义比愚蠢的唯物主义更接近于聪明的唯物主义”①，并在这个意义上常常把彻底的唯物主义者马克思同彻底的唯心主义者黑格尔相提并论，如说“辩证法也就是（黑格尔和）马克思主义的认识论”等等②。

多年来，我们习惯于仅仅用划分哲学派别的标准去看待哲学史和考察哲学

① 参见《列宁全集》第 38 卷，第 305 页。

② 参见《列宁全集》第 38 卷，第 410 页。

理论，并把运用这个标准所划分的哲学派别简单地归结为进步与反动的对立，结果往往是从两个方面阻碍了马克思主义哲学的发展：其一，虽然把唯物主义哲学分为古代的朴素唯物论、近代的机械的和形而上学的唯物论、马克思主义的辩证唯物论和历史唯物论，但由于简单化地把全部唯物论哲学归结为进步的哲学，因而从来没有像批判唯心论哲学那样去批判旧唯物论，以至抹杀了马克思主义哲学与全部旧唯物论的原则区别，在实际上把马克思主义哲学混同于旧唯物论；其二，由于把唯心论哲学简单化地归结为反动的哲学，就否认了它的历史发展，拒绝对它的具体的、深入的考察，无视现代唯心论哲学的新特点和新成果，把唯心论哲学抽象化和漫画化，以至把马克思主义哲学置于堂吉诃德先生与风车搏斗的可笑境地。这两方面的共同后果，则是使马克思主义哲学离开它在哲学史上所实现的革命变革及其随着时代发展而自我更新的生命力，把它变成了最一般的、因而也是最抽象的唯物论，甚至变成了某些空洞而凝固的教条。

因此，如果我们不仅承认哲学始终存在着各种派别之间的斗争，而且承认这种斗争是哲学自我否定的发展进程，那么，我们在肯定划分哲学派别的标准的同时，还必须承认和运用另一个标准——区分哲学水平的标准——去考察全部哲学理论和哲学派别斗争。

区分哲学水平的标准同区别科学水平的标准具有一致性：其一，先进的哲学也必须具有向上的兼容性，能够对先前哲学所探讨的问题给予理论解释；其二，先进的哲学也必须具有论域的超越性，能够提出和回答先前哲学所没有提出或没有解决的问题。

区分哲学水平的标准又有自己的特殊性：其一，反思层次的跃迁。在人类把握世界的各种方式中，哲学始终是一种"对思想的思想"、"对认识的认识"，即人类思维反过来以自己为对象而思之。哲学的水平总是同它所反思的思想（知识、科学等等）的水平密不可分。人类思想的发展，促使哲学不断进入更深层次的反思。比如，哲学从对经验常识的反思而进入对科学理论的反思，就引起哲学反思层次的重大飞跃。而科学从近代水平到现代水平的跃升，则导致哲学反思层次新的跃迁。

其二，传统问题的深化。哲学理论是一种历史性的思想，哲学史则是思想性的历史。因此，哲学问题总是自我相关、自我缠绕的。思维与存在的关系问题，自由与必然的问题，真善美的问题，理想与现实的问题，是人类的永恒的问题，因而也是哲学的万古常新的问题。哲学的进步，就在于从新的视角出发，以新的反思对象为基础，对这些万古常新的哲学问题作出自己时代水平的反思，从而为人们的理想、信念和行为提供时代水平的最高支撑点。在这个意义上，能否以新的视角、新的材料和新的手段去研究传统问题，并使之获得自己的时代水平的回答，是衡量哲学水平的重要标准之一。

其三,思维方式的更新。哲学作为世界观和方法论,它所提供给人类的不是某种在经验层次上加以证明的知识,也不是某种变革具体对象的技能,而是观察现实和接近现实的思维方式。新的思维方式的形成,起码需要以下三个条件:(1)通晓思维的历史和成就;(2)综合人类把握世界的各种方式——科学、艺术、伦理和宗教等等——的全部成果;(3)批判已有的认识成果及其思维方式。历史感、综合性和批判性,以及由这三者所决定的创造性,是衡量哲学水平的根本标准。它把反思层次的跃迁和传统问题的深化熔铸于思维方式的更新。

区分哲学水平的标准表明:其一,哲学的历史同人类的历史一样,在总体上是前进的、发展的,后来的哲学优越于先前的哲学,我们要从每个时代的哲学水平出发去考察哲学理论,而不能用划分哲学派别的标准去取代区分哲学水平的标准;其二,哲学的发展水平是不平衡的,同一时代的哲学可能处于哲学发展的不同水平上,我们的目标是促使低水平的哲学升华为高水平的哲学,而决不是相反;其三,由于思维方式的陈腐和僵化,常常出现用低水平的哲学去理解高水平的哲学,从而把高水平的哲学描述为低水平的哲学的现象。以旧唯物论的思维方式去理解和描述马克思主义哲学,并以这样理解的马克思主义哲学去规定哲学的对象、体系、功能和使命,去裁判整个现代哲学,是阻碍马克思主义哲学繁荣和发展的最大障碍。我们之所以在肯定用派别冲突的标准去考察哲学的同时,特别地强调用不同水平的标准去考察哲学,其目的就在于以两个标准的思想去推进哲学的发展。

三、反思现代哲学的派别冲突

现代哲学的产生是哲学发展史上空前的大革命。运用划分哲学派别和区分哲学水平的两个标准去考察现代哲学,把握现代哲学的基本特征和基本趋向,是在当代坚持和发展马克思主义哲学的基本前提。

传统哲学的突出特征之一,是从对立的两极——思维或存在——出发去寻求世界的统一性和解释世界的统一性原理。仅就近代西方哲学而言,从"我思"、"感知"、"自我"、"绝对"出发的唯心主义哲学,和从"自然"、"物质"、"人的感性存在"出发的唯物主义哲学,都是如此。由于这种水平的唯心论哲学和唯物论哲学分别从对立的两极出发去寻求解释世界的统一性原理,它们所能达到的也只是对存在的(自然的)统一性或精神的(意识的)统一性的解释,主观与客观、思维与存在、自由与必然、真与善、人与世界都仍然是相互隔裂、相互对立的存在。这样,近代的唯物论和唯心论也就成为片面夸大的两极性理论。

但是,黑格尔以后的现代哲学,以黑格尔所揭示给哲学的新对象——主观与客观、思维与存在相统一的概念世界——为契机,则放弃了从思维或存在的两极出发去寻求世界"本体"的思维方式,致力于探索把思维和存在联系起来的中介环节,并以这些中介环节作为哲学反思的真实对象。这是反思层次的重大跃迁,是传统问题的空前深化,是思维方式的深刻革命。它标志着哲学水平的巨大飞跃。

以"实践"这个中介环节为对象的马克思主义哲学,是现代哲学的最高成果,也是人类迄今所达到的最高的哲学思维方式。坚持和发展马克思主义哲学,最根本的就是从实践这个中介环节出发,以实践的观点去理解和变革人与世界的关系。同时,我们还必须看到,以实践为核心的中介环节是多侧面、多层次的存在。科学、艺术、语言、符号和意义等等,都是主观客观化和客观主观化的中介环节,都以扬弃的形式融主观和客观、思维和存在于一体,自身都具有主观与客观、思维与存在相互融合、相互过渡的性质。在这个意义上,以"科学"为对象的现代科学哲学、以"语言"为对象的现代语言分析哲学、以"意义"为对象的现代哲学解释学、以"符号"为对象的现代哲学文化学等等,都是实践哲学的展开和具体化,即都是实践哲学的题中应有之义。也是在这个意义上,这些哲学是与实践哲学处于同一时代水平的现代哲学;坚持和发展马克思的实践哲学,就不能拒斥这些哲学及其研究成果,而只能通过研究这些哲学和吸收它们的成果来发展实践哲学。

但是,现代西方哲学在对"科学"、"艺术"、"语言"、"意义"、"符号"等等的研究中,往往由于离开实践的思维方式而片面地夸大了某个中介环节,并从这个被片面夸大了的中介环节出发去构造整个哲学体系,以至像他们所猛烈抨击过的黑格尔一样滑进了唯心主义。这就需要我们在重视区分哲学水平的标准的同时,坚持划分哲学派别的标准,同唯心主义进行毫不妥协的斗争。而在这种斗争中,我们又必须时时注意这是以新的形式所表现出来的高级层次上的斗争。如果离开现代哲学所具有的显著的"一致性",用传统哲学的两极对立的思维方式去看待现代的哲学斗争,就会一方面是极为可笑地与幻想的论敌即抽象的唯心主义进行搏斗,另一方面则是十分可悲地使自己倒退回旧唯物论的水平而裹足不前。

因此,在探讨哲学派别冲突的过程中,我们需要把哲学的派别冲突同人类存在的矛盾性联系起来,需要用两个标准去衡量哲学的派别冲突,尤其是需要从现代哲学的时代特征出发去深化对现代哲学派别斗争的理解,在当代的水平上推进哲学的发展。

第二节　唯物主义与唯心主义

哲学的唯物主义与唯心主义,是贯穿于整个哲学史的最基本的哲学派别。在哲学的层面上,认识唯物主义与唯心主义的派别冲突,是学习哲学的重要目的,也是深化哲学的自我理解的重要途径。

一、“本原”问题

关于哲学的唯物主义与唯心主义,通常作出如下解释:“人们以总体方式把握世界,首先遇到的就是世界的本质问题,即精神和物质何者为第一性,何者为第二性,二者归根到底谁先谁后、谁依赖谁、谁决定谁的问题”。“对于精神和物质何者为第一性问题的回答,基本上只有唯物主义的和唯心主义的两种,哲学家也依照他们如何回答这个问题而分为唯物主义和唯心主义两大阵营。凡是主张物质自然界是本原,物质第一性、意识或精神是第二性的,都属于唯物主义阵营;凡是断言精神对自然界来说是本原,意识或精神是第一性的,而物质是第二性、从而归根结底承认某种创世说的,都属于唯心主义阵营”①。在此基础上,我们需要以马克思主义哲学的实践观进行深入的探讨。

人类作为物质世界链条上的特定环节,即作为物质世界长期发展的产物,人类统一于物质世界,物质世界是人类生存和发展的根据;人类作为认识和改造世界的主体,即作为超越纯粹自然性的人的存在,人类自己的创造活动是人类生存和发展的根据。人类对自然的依赖性与人类对自然的超越性,构成了哲学在“本原”或“本体”问题上的矛盾冲突。

传统的唯物主义哲学和唯心主义哲学,分别从对立的两极去思考自然界与精神的关系问题,因而始终僵持于“本原”问题的自然本体与精神本体的抽象对立,并以还原论的思维方式去说明二者的统一。由于旧唯物论以自然为本体,只是从被动的观点去理解人与世界的关系,取消了人的能动性,因此它所坚持的是一种单纯的、自在的客体性原则;由于唯心论以精神为本体,只是从能动的观点去理解人与世界的关系,抽象地发展了人的能动性,因此它所坚持的是一种单纯的、自为的主体性原则。这样旧唯物论和唯心论就不仅固执于“本原”问题上的自然本体与精神本体的抽象对立,而且造成了思维方式上的客体性原则与主体性原则的互不相容。

它们把这种本原问题上的抽象对立和思维方式上的互不相容扩展到全部哲学问题,就使它们自身成为片面夸大两极的哲学理论。马克思在《关于费尔巴哈的提纲》中对全部旧哲学的批评,正是精辟地揭露了这种两极对立的哲学的根本缺陷,指出了在其原有的思维方式内无法解决的内在矛盾。

马克思说:“从前的一切唯物主义——包括费尔巴哈的唯物主义——的主要缺点是:对事物、现实、感性,只是从客体的或者直观的形式去理解,而不是把它们当作人的感性活动,当作实践去理解,不是从主观方面去理解。所以,结果

① 李秀林等主编:《辩证唯物主义和历史唯物主义原理》,中国人民大学出版社 1990 年版,第 7 页。

竟是这样,和唯物主义相反,唯心主义却发展了能动的方面,但只是抽象地发展了,因为唯心主义当然是不知道真正现实的、感性的活动本身的。"①在这段简洁精辟的文字中,马克思既尖锐地指出了旧唯物主义的"主要缺点",又深刻地揭露了唯心主义"抽象地发展了"能动的方面的本质。而这二者的共同之处,则在于它们都不懂得"革命的"、"实践批判的"意义。

对于旧唯物主义的批判,马克思突出强调的是它"只是"从客体的或者直观的形式去理解事物、现实、感性,而"不是"把它们当作人的感性活动,当作实践去理解,不是从主观方面去理解。

很明显,在马克思对旧唯物主义的总体评价中,包含着两个方面或两个层次的意思。第一方面或第一层次,马克思并不否认旧唯物主义从客体的或者直观的形式去理解事物的积极意义,恰好相反,马克思在他的全部著作中都首先是坚定不移地承认外部自然界对人及其思维的"优先地位",承认唯物主义的基本原则及其思想路线,并一再声明他自己是"唯物主义者"。第二方面或第二层次,马克思则批评旧唯物主义"只是"从客体的或者直观的形式去理解事物、现实、感性,而"没有"从实践的方面去理解。正是在这第二方面或第二层次,马克思展开了对旧唯物主义的批评,并在这种批评中提出了新的理论思维方式。

对于唯心主义的批判,马克思突出强调的是它"抽象地"发展了能动的方面,并且进一步指出,它"当然"是不知道真正现实的、感性的活动本身的。

在马克思对唯心主义的总体评价中,也包含着两个方面或两个层次的意思。第一方面或第一层次,在与旧唯物主义"只是"从客体的或者直观的形式去理解事物、现实、感性相对比的意义上,马克思指出,唯心主义"发展了能动的方面",即从人的感觉(如贝克莱)或思维(如黑格尔)出发去看待思维对存在的关系。第二方面或第二层次,马克思尖锐地指出,唯心主义不仅是"抽象地"发展了能动的方面,而且它只能是"抽象地"发展能动的方面,因为它作为唯心主义哲学"当然"不知道真正现实的、感性的活动本身。正是在这第二方面或第二层次,马克思展开了对唯心主义的批判,并在这种批判(以及对旧唯物主义的批判)中,提出了新的理论思维方式,实现了哲学史上的革命性的"实践转向"。

二、"认识路线"问题

近代以来的西方哲学,实现了所谓的"认识论转向",认识论问题逐渐成为哲学研究的重心。因此,哲学的发展提出了如何从认识论上划分唯物主义与唯心主义的问题。按照列宁提出的两条认识路线,从认识论上划分唯物主义与唯心主义,就看它们从什么出发,把什么作为认识的根据和前提,把什么作为认识

① 《马克思恩格斯选集》第1卷,第16页。

的对象和内容来源。“从物到感觉和思想”，就是把“物”作为认识的出发点，因而是哲学的唯物主义；反之，“从思想和感觉到物”，就是把“思想和感觉”作为认识的出发点，因而是哲学的唯心主义。

列宁在自己的哲学论著中，不仅提出了“从物到感觉和思想”与“从思想和感觉到物”的“两条认识路线”，而且深刻地论述了认识的辩证本质和辩证过程。列宁认为，“辩证法是人类的全部认识所固有的”，“辩证法是活生生的、多方面的（方面的数目永远增加着的）认识”，而“形而上学的唯物主义的根本缺陷就是不能把辩证法应用于反映论，应用于认识的过程和发展”①。因此，在对“两条认识路线”的理解中，我们既要坚持“本原”问题上的唯物主义原则，又要克服“形而上学的唯物主义”的“根本缺陷”，辩证地理解认识的本质及其发展过程。

在现实生活中，我们经常强调要“一切从实际出发”，“实事求是”，“按照事物的本来面目去认识事物”。这当然首先就需要我们坚持“从物到感觉和思想”的认识路线。但是，人们却常常把这些根本性的要求及其所蕴含的唯物主义认识路线，简单化地理解为认真地“看”与仔细地“听”，而忽视“思想”及其所包含的“理论”对“看”和“听”的能动作用，甚至把“理论”与“观察”对立起来。这就要求我们把人合理地看成历史文化的存在，在哲学的层面上深入地探讨“主体”与“客体”、“主观”与“客观”、“理论”与“观察”等等的辩证关系，达到对人的认识的辩证唯物主义理解。

三、哲学唯心主义的认识论根源

在所有的哲学问题当中，人们经常感到最为大惑不解的问题，就是哲学唯心主义何以能够长期存在，一些“聪明”的哲学家何以会成为唯心主义者的问题。这是因为，任何一个正常的普通人都知道这样一个基本事实（科学事实）：先有地球，后有人类及其意识；物质世界是“本原”性的存在，而精神世界是“派生”性的存在；先有事物的存在，后有关于事物的观念。那么，为什么会有这种认为“意识第一性、物质第二性”的唯心主义哲学呢？为什么会有“聪明”的哲学家搞这种唯心主义呢？

对此，列宁在他所著的《哲学笔记》一书中作出了精彩的回答。列宁说，从“粗陋的、简单的、形而上学的唯物主义”的观点看，哲学唯心主义只能是“胡说”；与此相反，从“辩证唯物主义的观点”看来，哲学唯心主义是“把认识的某一个特征、方面、部分片面地、夸大地……发展（膨胀、扩大）为脱离了物质、脱离了自然的、神化了的绝对”②。

---

① 参见《列宁全集》第 38 卷，第 410、411 页。

② 参见《列宁全集》第 38 卷，第 411 页。

人的认识不是直线，而人们在理解人的认识的时候，却往往是从认识的某个环节出发，把它作为解释人的认识的出发点。由此便造成了认识中的“直线性和片面性，死板和僵化，主观主义和主观盲目性”，而这些却恰恰是哲学唯心主义的“认识论根源”。这里的最为重要也是最为困难的理论问题，就是“时间先在性”和“逻辑先在性”及其相互关系问题。

“时间先在性”是易于理解的：它是对经验事实（包括科学事实）的陈述，即表述经验对象之间在时间序列中的先后顺序。具体地说，一事物先于他事物而存在，这一事物较之他事物就具有时间上的“先在性”。自然界先于人类意识而存在，因而“物质”是“意识”的“本原”；客观世界先于人的意识内容而存在，因而“客观世界”是“意识内容”的“本原”；这不仅符合人类的经验常识，而且不断地被科学所证实。正因如此，旧唯物主义才对哲学唯心主义感到大惑不解：把意识说成是物质的本原，这不是纯粹的“胡说”吗？

为了超越旧唯物主义的这种简单的认识，并从而认清哲学唯心主义的认识论根源，就必须引进“逻辑先在性”问题。“逻辑先在性”是相对于“时间先在性”而言的。它所陈述的并不是事物之间在时间序列中的先后顺序，而是事物之间在“逻辑”上的“优先地位”。显而易见，相对于“时间先在性”问题，“逻辑先在性”问题是难于理解的，它需要辩证的思维方式。正因如此，人们往往是从旧唯物主义的观点（而不是辩证唯物主义的观点）去看待哲学唯心主义，并简单地将其指斥为“胡说”。

从总体上看，事物之间在“逻辑”上的“优先地位”问题，可以分为“自在”与“自为”两种情况。哲学唯心主义的产生与演化，特别是近代以来的哲学唯心主义的演化，是同片面地夸大以至歪曲这两种情况的“逻辑先在性”密不可分的。

“自在”意义的逻辑先在问题，是指事物的本质对事物的现象在“逻辑”上具有优先地位，即事物的本质决定事物的存在（如俗话所说的“种瓜得瓜，种豆得豆”）。这里所说的逻辑优先地位，并不是说先有事物的本质、后有事物的现象，而是说事物的本质决定事物自身的产生、演化和灭亡。人们在认识事物时，之所以要“透过现象发现本质”，之所以要“从感性认识上升到理性认识”，正是因为事物的本质较之事物的现象具有逻辑上的优先地位。

需要认真思考的是，这种自在意义上的本质对现象的逻辑上的优先地位，只能是成立于人类关于世界的认识的“逻辑”之中，是人们在自己的认识活动中以“逻辑”关系去把握事物的本质与现象的产物。就事物自身说，现象是本质的现象，本质是现象的本质，两者之间并不存在孰先孰后的问题。而人们在认识事物的过程中，却必须肯定本质对现象的逻辑先在性，从而以普遍性、必然性、规律性去把握和说明纷繁复杂的现象。一旦人们把这种认识的“逻辑”对象化给事物本身，并把这种认识中的“本质”与“现象”以逻辑的形式对立起来，就会歪曲这种自在意义的“逻辑先在性”,把“本质”看成是独立于“现象”之外,并且决定事物存在的某种“本原”的东西。古希腊著名哲学家柏拉图之所以“野蛮地”(列宁语)把“理念”与“事物”割裂开来,认为“理念”是“事物”的“原型”,而“事物”不过是“理念”的“摹写”,其根源就在于柏拉图歪曲地“夸大”了本质对现象的“逻辑先在性”。

如果说古代的哲学唯心主义主要是“野蛮”地“夸大”自在意义的“逻辑先在性”,那么,近代以来的哲学唯心主义则主要是“夸大”了自为意义的“逻辑先在性”。

所谓自为意义上的“逻辑先在性”,是指人的认识活动中的主—客体关系。马克思说:“凡是有某种关系存在的地方,这种关系都是为我而存在的;动物不对什么东西发生‘关系’,而且根本没有‘关系’;对于动物来说,它对他物的关系不是作为关系而存在的。”①马克思在这里所说的“为我而存在的”“关系”,就是人与世界的主—客体关系。在这种主—客体关系中,主体对客体具有“逻辑”上的“优先地位”,即:从“逻辑”上看,客体作为主体认识和改造的对象,客体之所以是客体,是以主体存在为前提的;没有成为主体对象的存在,只是某种“自在之物”,而不是主—客体关系中的客体。这说明,在人的认识活动和实践活动中的主—客体关系,是以“我”(主体)的“逻辑先在”为前提的。进一步说,主体在何种程度上把握到客体,客体在何种程度上成为主体的对象,又是以主体的实践水平和认识水平为前提的。例如,马克思曾经说过,你要欣赏音乐,你就要有能够欣赏音乐的耳朵。如果你不懂音乐,再美妙的乐曲也不能成为欣赏的对象。同样,如果一个人没有相应的医学知识,X 光片对他来说只不过是一张黑白相间的图片,而不具有任何诊断价值。这就是主体的“经验”、“知识”、“思想”等等对客体的“逻辑先在性”。

再进一步说,在人的认识世界和改造世界的过程中,“在社会历史领域内进行活动的,全是具有意识的、经过思虑或凭激情行动的、追求某种目的的人;任何事情的发生都不是没有自觉的意图,没有预期的目的的”②。因此,在人与世界的主—客体关系中,主体的“意识”、“激情”、“意志”、“目的”等等,也具有一种“逻辑先在性”。

毫无疑问,主体对客体的“优先地位”,只能是一种“逻辑”上的先在性,而决不是主体的情感、意志、思维等等在“时间”上先于客体而存在。但是,近代以来的唯心主义哲学,在“认识论转向”的过程中,却歪曲地“夸大”了主体对客体的“逻辑先在性”,把主体的感觉(如贝克莱)、思维(如黑格尔)、意志(如叔本华)

---

① 《马克思恩格斯选集》第 1 卷,第 35 页。

② 《马克思恩格斯选集》第 4 卷,第 243 页。

视为本原性的存在，把客观世界视为派生性的存在，也就是列宁所说的“把认识的某一个特征、方面、部分片面地、夸大地……发展（膨胀、扩大）为脱离了物质、脱离了自然的、神化了的绝对”。正是由于“粗陋的、简单的、形而上学的唯物主义”还不懂得“时间先在性”与“逻辑先在性”的区别，因而也就不懂得列宁所说的“哲学唯心主义是经过人的无限复杂的（辩证的）认识的一个成分而通向僧侣主义的道路”，所以只能是简单地把哲学唯心主义指斥为“胡说”。要想超越形而上学的唯物主义而达到辩证唯物主义对唯心主义的理解，就必须从“逻辑先在性”的视角深入研究哲学唯心主义的认识论根源。

如果我们把哲学唯心主义的产生与演化同科学进步的特点联系起来，会有助于我们深化对“逻辑先在性”及其与哲学唯心主义的认识论根源的相互关系的理解。

科学的发展总是表现为学科发展的不平衡性，某种科学理论的划时代发现，总是突出了人类的某种认识成分。它的璀璨夺目的光芒使得其他的认识成分在一个历史时期内相形见绌，黯然失色。其结果是吸引其他学科都试图运用这种认识成分来研究自己的领域。与此同时，各个时代的哲学家也试图以某种被科学家们普遍接受的认识成分来解释和说明人类的全部认识活动，并从这种认识成分出发去构筑自己整个的哲学体系，从而导致整个哲学概念框架的变革。

科学和哲学发展的这种规律，更为显著地凸现了主—客体关系中的“逻辑先在性”问题。由于每个时代的哲学家都试图以某种被人们（首先是科学家）普遍接受的“认识成分”来解释和说明人类的全部认识活动，这种“认识成分”也就具有了“先入为主”的“逻辑先在性”。

哲学发展进程中的这种状况具有二重性：一方面是深入地研究了这种具有“逻辑先在性”的认识的某种成分，并以新的角度去理解人与世界的关系；另一方面，则往往片面地夸大这种具有“逻辑先在性”的认识的某个成分，并从这种被夸大了的认识成分出发去构筑具有某种极端性和片面性的哲学理论体系。仅从近代以来的西方哲学看，笛卡尔的唯理论、贝克莱的经验论、康德的不可知论、黑格尔的泛逻辑主义、马赫的经验论、胡塞尔的现象学、杜威的实用主义、卡尔纳普的逻辑实证主义、波普的证伪主义……，都是如此。而一旦“把认识的某一个特征、方面、部分片面地、夸大地……发展（膨胀、扩大）为脱离了物质、脱离了自然的、神化了的绝对”，这种哲学就成为了唯心主义哲学①。

四、唯物主义的历史形态

正如人们常常对“唯心主义”这个概念感到困惑并由此产生误解一样，人们

---

① 参见《列宁全集》第 38 卷，第 412 页。

也经常对“唯物主义”这个概念产生种种误解。在《路德维希·费尔巴哈和德国古典哲学的终结》一书中，恩格斯针对当时人们对“唯物主义”的误解与偏见，十分愤慨地指出：“庸人把唯物主义理解为贪吃、酗酒、娱目、肉欲、虚荣、爱财、吝啬、贪婪、牟利、投机，简言之，即他本人暗中迷恋着的一切龌龊行为；而把唯心主义理解为对美德、普遍的人类之爱的信仰，总之，对‘美好世界’的信仰”①。

与这种侮辱和咒骂哲学唯物主义的误解和偏见相反，在一个时期内，人们又简单地以政治上的革命与反动、进步与保守、正确与错误等等去划分哲学的唯物主义与唯心主义，似乎凡是“唯物主义”便是革命、进步与正确，凡是“唯心主义”则是反动、保守与错误。其结果，就不仅仅是使哲学唯心主义抽象化和漫画化，而且也把哲学唯物主义简单化和凝固化了。尤为严重的是，人们往往从这种贴标签式的简单划分中，以最一般的、最抽象的唯物主义去看待和解释马克思主义哲学。为此，我们不仅需要了解哲学唯物主义的基本历史形态，而且需要理解这些历史形态之间的变革，特别是马克思的唯物主义哲学所实现的革命性变革。

古代的唯物主义哲学是在反对原始宗教的斗争中产生的。它的主要特征是以自然原因去解释自然现象。它构成了人类最早的理论思维形式。在西方，唯物主义哲学大约产生于公元前7—6世纪的古希腊。在中国，唯物主义哲学大约产生在殷周之际。

古代的唯物主义哲学把万物的“本原”归结为某种物质形态，是依靠笼统的直观，即通过经验观察再加上想象和猜测而形成的理论，具有明显的自发性和朴素性，因而人们往往称之为“自发的唯物主义”或“朴素的唯物主义”。这种朴素的唯物主义确信人的感觉和思想与经验对象的一致性，以及感觉和思想的可靠性，并没有明确地提出和自觉地探索“思维和存在的关系问题”，而是在直接断言世界本身的意义上去寻求“万物的统一性”。就此而言，古代的唯物主义还是一种非反思的即“独断”的理论形态。

近代的唯物主义是唯物主义哲学的第二种历史形态。它萌芽于14—16世纪，形成于16—17世纪，在18世纪达到发展的高峰。近代唯物主义的主要代表人物是英国的培根、霍布斯、洛克，荷兰的斯宾诺莎，法国的拉美特利、狄德罗、爱尔维修和霍尔巴赫，以及德国的费尔巴哈。

近代的唯物主义以近代实验科学对自然现象的实证研究为基础，以新的实证知识和科学方法论证世界的物质统一性，摆脱了古代唯物主义的素朴性；近代的唯物主义自觉地提出和探讨了“思维和存在的关系问题”，主要是研究了认识内容的来源等问题，确认了唯物主义的反映论和可知论原则；在对人的哲学思考中，德国哲学家费尔巴哈在批判宗教神学和黑格尔的思辨哲学的过程中，提出人

① 《马克思恩格斯选集》第4卷，第228页。

的“感性存在”是思维和存在统一的基础,创立了人本学唯物主义,从而使近代唯物主义发展到一个新的水平。但是,近代的唯物主义具有明显的局限性:其一,机械性。它把自然界中各种现象和过程统统归结为机械运动,一概用力学规律加以解释;其二,形而上学性。它没有达到对“概念”本性的辩证理解,无法以概念的运动去描述事物的运动,因而也就不可能以矛盾的观点去解释世界;其三,唯物主义的不彻底性。马克思和恩格斯曾对费尔巴哈作出这样的评论:“当费尔巴哈是一个唯物主义者的时候,历史在他的视野之外;当他去探讨历史的时候,他决不是一个唯物主义者。在他那里,唯物主义和历史是彼此完全脱离的”①。自然观的唯物主义而历史观的唯心主义,这是整个旧唯物主义的“通病”。

由马克思和恩格斯创立的现代唯物主义,是哲学唯物主义的高级形式。对于这种现代唯物主义,有“辩证唯物主义”和“历史唯物主义”以及“实践唯物主义”等几种称谓。这些称谓从不同的侧面表述了马克思和恩格斯创立的现代唯物主义的总体特征。

以“辩证唯物主义”来称谓马克思的“现代唯物主义”,突出地强调辩证唯物主义全面地论证了思维与存在相统一的物质基础,彻底地坚持了唯物主义的认识路线。它认为:思维运动作为物质运动的高级形式,是由物质运动的低级形式发展而来的,思维和物质在本质上服从于同一物质运动规律,这就从思维的起源上论证了物质是思维和存在统一的基础;思维运动作为人脑这种高度发达的物质的机能和属性,它依赖于人脑这个物质载体,这就从思维运动的物质承担者上论证了物质是思维和存在统一的基础;思维运动作为物质的反映特性的高级形式,它的内容是对存在的反映,而不是主观自生的,这就从思维内容的派生性上论证了物质是思维和存在统一的基础;思维运动作为人类特有的自觉的能动的反映活动,以人类的物质实践活动为基础,并作为人类实践活动的内在环节而存在,这就从思维运动的现实性上论证了物质是思维和存在统一的基础。

“历史唯物主义”亦称“唯物主义历史观”、“唯物史观”。关于“历史唯物主义”与“辩证唯物主义”的关系,长期以来比较通行的观点是,历史唯物主义是把辩证唯物主义原理应用和推广到社会历史领域的结果。这就是所谓的“推广论”。近年来,理论界提出的另一种观点是,历史唯物主义是马克思哲学的基础和核心,即认为历史唯物主义在马克思主义哲学体系中起着“基础”和“核心”的作用。这两种观点的共同点则在于,都把历史唯物主义理解为仅仅适用于社会历史领域的学说,即都是“狭义的历史唯物主义概念”。与此相反,理论界的又一种观点是“广义的历史唯物主义概念”。这种观点认为,马克思并没有创立过

---

① 《马克思恩格斯选集》第1卷,第50页。

历史唯物主义以外的任何其他的哲学，历史唯物主义就是马克思主义哲学。

“实践唯物主义”这一提法，源于马克思恩格斯在《德意志意识形态》中的一段论述：“对实践的唯物主义者，即共产主义者来说，全部问题都在于使现存世界革命化，实际地反对和改变事物的现状。”①对此，学术界有不同的理解：一种理解认为，马克思恩格斯在这里把他们所创立的哲学概括为“实践唯物主义”。与此相反，另一种理解认为，马克思恩格斯在这里所讲的是“实践的唯物主义者”，而不是“实践唯物主义”，因此不同意用实践唯物主义来概括和称谓马克思主义哲学；还有一种理解认为，用“实践唯物主义”来概括和称谓马克思主义哲学，是对马克思恩格斯关于“实践的唯物主义者”思想的正确引申，符合马克思主义哲学的基本观点。实践唯物主义首先是突出了马克思主义哲学的根本特性即实践性。

唯物主义的历史形态向我们表明：哲学发展进程中的每个历史时代的唯物主义与唯心主义的对立与斗争，既包含着普遍原则问题，又具有历史的规定性；唯物主义不仅是在与唯心主义的对立和斗争中发展的，而且也是在不同历史形态的唯物主义的对立与斗争中发展的；马克思恩格斯所创建的“现代唯物主义”，是以实践的观点去理解人与世界的关系，去解决全部哲学问题，“实践的唯物主义”是马克思主义哲学的建构原则和本质特征。究竟如何在“辩证唯物主义”、“历史唯物主义”和“实践唯物主义”的统一中去深化对马克思所创建的“现代唯物主义”的理解，是需要我们共同深入探讨的重大问题。

第三节 辩证法与形而上学

一、辩证法的概念解析

辩证法一词源出于古希腊文，原义是谈话和论战。古希腊哲学家把在辩论时通过揭露和克服对方议论中的矛盾以取得胜利的艺术称作辩证法。

在当代中国，“辩证法”是一个十分流行的概念。然而，无论是在人们的日常理解中，还是在通行教科书的阐述中，都存在着许多亟待澄清的问题。由于后者（通行教科书的阐述）是前者（人们的日常理解）的理论根源，因此，我们试图以通行教科书对辩证法的阐述为出发点，对“辩证法”这一概念的哲学意义进行辨析与澄清。

关于辩证法的通常理解，主要存在以下问题：一是在经验常识的思维方式中去解释辩证法及其与形而上学的关系，从而把辩证法的哲学思维方式变成冠以

① 《马克思恩格斯选集》第1卷，第48页。

哲学名词的常识思维方式；二是离开哲学的基本问题即思维和存在的关系问题去看待辩证法，从而把辩证法变成列宁所批评的"实例的总和"；三是离开辩证法的认识史基础和认识史内容去解说和应用辩证法，从而把辩证法变成到处套用的简单公式；四是以知性思维方式去理解辩证法，从而把辩证法变成公式化、形式化的教条主义的"语录词汇"；五是仅仅把辩证法的批判性视为辩证法的理论功能，而不是把批判性作为辩证法的"本质"，因而使辩证法成为一种非反思的思维方式，并从而把辩证法当作某些知识性的现成结论。下面，我们具体地分析这些问题。

第一，通常是在经验常识的思维方式中去解释辩证法及其与形而上学的关系。例如，关于辩证法和形而上学的通常解释是："辩证法认为，世界上一切事物都是发展变化的，事物发展的原因在于它内部的矛盾性。相反，形而上学用孤立的、静止的和片面的观点去看世界，把一切事物看成彼此孤立的和永久不变的，如果说到变化，也只是限于数量的增减和位置的变更，而不承认事物的实质的变化；并且硬说一切变动的原因在于事物外部的力量的推动。"①这种解释的问题在于，它没有区分经验层面的常识思维与概念层面的哲学思维，以致人们的思想总是滞留在经验层面，以常识思维去看待哲学思维。列宁在《哲学笔记》一书中，以黑格尔对古希腊哲学家芝诺的著名命题"飞矢不动"的分析为例，深刻地阐述了经验层面的常识思维与概念层面的哲学思维的区别，得出了极为重要的哲学结论："问题不在于有没有运动，而在于如何在概念的逻辑中表达它。"②

在经验的层面上承认"联系"、"运动"和"发展"，这当然也可以说是"辩证法"，但这只不过是"朴素的"辩证法。正是由于这种"朴素的"辩证法无力解决概念中的矛盾，因而它在回答"运动的真实性"等"思维和存在的关系问题"时，往往又陷入"形而上学"的思维方式，即以"是就是，不是就不是；除此以外，都是鬼话"的思维方式去理解和解释各种问题。因此，在对辩证法的理解中，我们首先需要超越经验层面的常识思维方式，而跃迁到概念层面的哲学思维方式。

第二，通常是离开哲学的基本问题即"思维和存在的关系问题"去解释辩证法，即把辩证法视为与"思维和存在的关系问题"无关的另一类问题。其结果，就把作为哲学世界观的辩证法变成了列宁所批评的"实例的总和"。

按照通常解释，哲学基本问题被分解为关于思维和存在"谁为第一性"（何者为"本原"）的"本体论问题"，以及思维和存在"有无同一性"（思维能否认识存在）的"认识论问题"。作为这种理解的逻辑延伸，辩证法就被分别地解释为下述三种形态：其一，与"本体论"相联系的辩证法，即关于客观世界矛盾运动的

① 艾思奇主编：《辩证唯物主义历史唯物主义》，人民出版社 1978 年版，第 6 页。

② 《列宁全集》第 38 卷，第 281 页。

"客观辩证法"(包括"自然辩证法"和"历史辩证法");其二,与"认识论"相联系的辩证法,即关于人类认识和人类思维矛盾运动的"主观辩证法"(包括"认识辩证法"和"思维辩证法");其三,作为"客观辩证法"和"主观辩证法"的总和,辩证法则被解释成关于自然、社会和思维的发展的"普遍规律"的学说。

对于这种通常解释,我们应当思考这样一些问题:其一,能否把所谓的"客观辩证法"看成是与"思维和存在的关系问题"无关的"存在"的辩证法?其二,能否把所谓的"主观辩证法"看成是与"思维和存在的关系问题"无关的"思维"的辩证法?其三,能否把"关于普遍规律的学说"看成是离开"思维和存在的关系问题"的关于"整个世界"的辩证法?

如果离开"思维和存在的关系问题",把辩证法看成是关于"存在"的"客观辩证法"、关于"思维"的"主观辩证法"以及关于"自然、社会和思维"的"普遍规律"的辩证法,辩证法就变成了关于"存在"和"思维"的实证知识,因此人们也就会把辩证法变成列宁所批评的"实例的总和",也就是把辩证法变成"原理加实例"。

第三,通常是离开辩证法的认识史基础和认识史内容去解说和应用辩证法,因而往往把辩证法变成到处套用的简单公式。

哲学发展的最基本的逻辑,在于哲学理论是一种历史性的思想,而哲学史则是思想性的历史。正因为哲学理论是历史性的思想,离开历史性的思想,哲学就会变成空洞的教条和现成的结论;正因为哲学史是思想性的历史,具有深厚的历史感的哲学,才会成为具有丰富的思想内容的哲学。这是哲学的历史与逻辑的统一,当然也是辩证法理论的历史与逻辑的统一。

我们经常说,辩证法是世界观、认识论和方法论的统一。辩证法理论的世界观意义,在于它是列宁所说的"对世界的认识的总计、总和、结论";辩证法的认识论意义,在于它是列宁所说的"活生生的、多方面的(方面的数目永远增加着的)认识";辩证法的方法论意义,在于它是列宁所说的"是活生生的实在的内容的形式,是和内容不可分离地联系着的形式"。辩证法理论的世界观、认识论和方法论的统一,也是它的历史与逻辑的统一,即"思想性的历史"与"历史性的思想"的统一。因此,只有"建立在通晓思维的历史和成就的基础上的理论思维",才能成为具有生命力的辩证法理论。

第四,对辩证法的最大曲解,就是以知性思维方式去理解辩证法,从而把辩证法变成某种公式化、形式化的东西。

所谓知性思维,主要是指形式逻辑思维。它的基本特点是:(1)形式性。它使思维脱离具体思想内容而作单纯的形式推理,这就避免不了形式推理的主观任意性;(2)抽象性。它把"普遍性"与"共同点"混为一谈,并使"共同点"脱离对象内容而成为经验归纳的知识;(3)外在性。它把知识或科学看成是主体站在客体之外的观察、控制和整理，进而也把客观对象看作是相互外在，可以进行比较、编排的东西，从而把知识看成是相互隔绝的、凝固不变的东西①。以这种知性思维去理解和解释辩证法，辩证法很容易被曲解为诡辩论一类的东西。

辩证法作为思维的逻辑，它是列宁所说的那种逻辑，即“形式是具有内容的形式，是活生生的实在的内容的形式，是和内容不可分离地联系着的形式”②。在这种内容和形式不可分离的辩证法的思维逻辑中，任何思想（概念）都具有“联系的必然性”和“差别的内在的发生”，因而也就具有“矛盾的必然性”和“内在的否定性”。正因如此，列宁说：“辩证的东西 =‘在对立面的统一中把握对立面’。”③

显而易见，这种辩证思维是对思想内在矛盾的把握，而不是对思想的形式性、抽象性和外在性的把握。如果以知性思维去理解辩证法，并以这样理解的“辩证法”去对思想进行形式分析，就会出现难以避免的双重后果：一是“使思维陷入貌似机智的绝对混乱之中”，二是使辩证法名誉扫地，乃至被讥笑为“变戏法”。

第五，由于未对辩证法的“批判性”引起应有的重视，或者仅仅把“批判性”视为辩证法的一种“功能”，因而使辩证法成为一种非反思的思维方式，并从而把辩证法当作某些知识性的现成结论。

辩证法之所以在本质上是批判的，从根本上说，是因为人对世界的统一关系是否定性的统一，思维对存在的统一关系是否定性的统一。人对世界的关系，是人以“任何物种的尺度”和人的“内在固有的尺度”去改造世界，把世界变成人所期待的世界，让世界满足人的需要。因此，在人与世界、思维与存在的关系中，一方面是以认识活动在观念中否定世界（存在）的现存状态，并在观念中建构人所要求的现实，另一方面，则是在实践活动中现实地否定世界（存在）的现存状态，把观念中的目的性要求和理想性图景变成现实的存在。这种人与世界、思维与存在之间的否定性的统一性关系，构成了辩证法批判本性的现实基础，即：人以否定的、批判的态度去看待现存的一切。马克思说，辩证法在它的“合理形态”上，就是“在对现存事物的肯定的理解中同时包含对现存事物的否定的理解，即对现存事物的必然灭亡的理解；辩证法对每一种既成的形式都是从不断的运动中，因而也是从它的暂时性方面去理解；辩证法不崇拜任何东西，按其本质来说，它是批判的和革命的”④。

与辩证法的批判本性相反，形而上学的本性则在于它的非批判性。

---

① 参见孙利天：《论辩证法的思维方式》，吉林大学出版社 1994 年版，第 192 页。

② 《列宁全集》第 38 卷，第 89 页。

③ 《列宁全集》第 38 卷，第 97 页。

④ 《马克思恩格斯选集》第 2 卷，第 218 页。

哲学层面的形而上学理论,并不是一般地否认"矛盾"、"运动"、"变化"和"发展",而主要是否认思维与存在的"矛盾",否认思维和存在的矛盾关系的"发展"。形而上学的思维方式之所以是在"绝对不相容的对立中思维",之所以认为"是就是,不是就不是,除此之外,都是鬼话",从根本上说,就在于它离开人的实践活动及其历史发展,不是把思维与存在的统一看作矛盾运动中的统一、历史发展中的统一,而是看作直接的统一、不变的统一。因此,它在对现存事物的"肯定的理解"中总是排斥对它的"否定的理解",它对每一种"既成的形式"总是排斥从它的"暂时性方面"去理解。这就是与辩证法相对立的形而上学的非批判性。

由此我们可以看到:区分辩证法与形而上学,不能离开哲学的基本问题即思维和存在的关系问题;区分马克思主义的辩证法理论与形而上学(唯心主义辩证法在本质上仍然是形而上学),不能离开以实践的观点去回答思维和存在的关系问题。以实践的观点去看待马克思主义哲学如何回答哲学的基本问题,我们就会真正理解辩证法的"批判本性",而不是把批判性仅仅看作辩证法的一种"功能"。

在对辩证法的理解中,我们还应当看到,辩证法不仅仅是关于思维与存在的统一和发展的学说,而且还是"一种崇高的人生态度和人生境界。真正掌握辩证法理论和思维方式,要有追求高尚精神生活和追求真理的持久热情和顽强毅力,要有超越狭隘功利目的的哲学态度,要有自我教化、灵魂升华的自觉,这也许是掌握辩证法的更主要的困难"①。与此相反,在绝对不相容的两极对立中的思维即形而上学的思维方式,则以知性方式把面向人生的思考变成僵死的规定性,在非此即彼的痛苦和焦虑中无以自拔。超越形而上学思维的辩证法则使人生获得"必要的张力"。

二、辩证法的自在性与自为性

关于辩证法的存在方式,通常是作出如下的分类:其一是区分为"客观辩证法"和"主观辩证法",其二是区分为"自然辩证法"、"社会(历史)辩证法"和"认识(思维)辩证法",其三是区分为"自发辩证法"、"唯心辩证法"和"唯物辩证法",或"直观形态的辩证法"、"反思形态的辩证法"和"实践论的辩证法"。

第一种区分方式,是认为辩证法有两种基本的表现形式和两个起作用的基本理论。所谓的"客观辩证法"是指"客观世界的辩证运动及其规律","主观辩证法"则是指"客观辩证法在人的思维中的反映"即"辩证的思维"。这种区分方式所强调的是,"客观辩证法是第一性的,主观辩证法是第二性的,后者依赖于

① 参见孙利天:《论辩证法的思维方式》,吉林大学出版社 1994 年版,第 34-35 页。

前者并反映前者"。

第二种区分方式，是同人们把整个世界划分为自然、社会和思维三大领域相适应，又把辩证法区分为自然的、社会的或历史的、认识的或思维的辩证法。这种区分方式与第一种区分方式的共同之处在于，它以第一种区分方式为前提，同样是把自然的和社会（历史）的辩证法归结为"客观辩证法"，而把思维（认识）的辩证法归结为"主观辩证法"；这两种区分方式的不同之处在于，第一种区分方式强调的是辩证法的两种基本存在方式及其相互关系（客观辩证法决定主观辩证法，主观辩证法反映客观辩证法），第二种区分方式则强调的是辩证法的三个基本的存在领域，而不是侧重于客观辩证法与主观辩证法的关系。

第三种区分方式，是在承认前两种区分方式的基础上，专门对"主观辩证法"即"辩证的思维"的理论形态的区分。这种区分的侧重点在于，把人类的理论形态的辩证法划分为不同的历史形态，以说明辩证思维、辩证法理论的历史演化与发展，并说明马克思主义哲学以前的辩证法理论的局限性和马克思主义哲学的辩证法理论在哲学史上的革命性变革。

关于辩证法的上述划分方式是重要的和必要的。但是，对于上述的划分方式，我们还需要深入地思考这样一些问题：(1)客观世界是否存在与"辩证法"相对立的"形而上学"？如果客观世界就是一个自然而然的过程，那么是在什么意义上把这个自然而然的过程称作"辩证法"？(2)人的"认识"和"思维"是否在本性上是"辩证"的？如果人的认识和思维在本性上就是辩证的，为什么会有"形而上学"的思维方式？(3)如果人的认识和思维在本性上就是辩证的，那么是在什么意义上把人的认识和思维的辩证法称作"主观"辩证法？

针对上述问题，我们认为，首先需要使用"自在"和"自为"这两个概念，把辩证法区分为"自在的辩证法"和"自为的辩证法"。所谓"自在的辩证法"，是指包括人的思维活动在内的全部存在的辩证运动过程；与此相对应，所谓"自为的辩证法"，则是指人们用以认识世界的辩证的思维方式和辩证法理论。

在这种区分方式中，"思维"的辩证法具有了二重性：一方面，思维作为物质的特殊形式，它与自然和社会一样，属于"自在的"辩证法；另一方面，思维作为人类的理论思维能力和人类以概念为中介的认识活动，它需要自觉的"发展和锻炼"（恩格斯语），因而又属于"自为的"辩证法。从"自在"和"自为"去理解辩证法，会使我们比较深入地理解辩证法及其与形而上学的对立与斗争。

在《哲学笔记》这部哲学巨著中，列宁集中地论述了辩证法问题。列宁的论述表明，无论是外在于思维的物质世界还是人类思维本身，无论是思维反映存在的认识运动还是主体改造客体的实践活动，它们自在地都是辩证的运动过程。他主要是在四重意义上说明辩证法的自在性。

第一，辩证法是物质世界本身所固有的。列宁在《哲学笔记》中反复强调，辩证法首先是“自在之物本身”的“自己运动”、“自生的发展”①。世界就是无限多样的物质形态以其无限多样的运动形式所构成的普遍联系和永恒发展的过程。因此,就物质世界自身说,并不存在与辩证法相对待的形而上学。

第二,辩证法又是物质世界长期发展的产物——人类思维——所固有的。列宁说:“客观主义:思维的范畴不是人的用具,而是自然的和人的规律性的表述”②。人类思维以概念、范畴的普遍性为中介而实现一般与个别的对立统一,因此“在任何一个命题中”“都可以(而且应当)发现辩证法一切要素的萌芽,这就表明辩证法是人类的全部认识所固有的”③。从自在性上看,人类思维也不存在与辩证法相对待的形而上学。

第三,辩证法又是思维与存在的关系所固有的。列宁在《哲学笔记》中提出这样的问题:“如果一切都发展着,那么这点是否也同思维的最一般的概念和范畴有关?如果无关,那就是说,思维和存在不相联系。如果有关,那就是说,存在着具有客观意义的概念的辩证法和认识的辩证法。”④

第四,辩证法同样是人类的实践活动所固有的。实践活动是物的尺度与人的尺度、合规律性与合目的性、世界对人的生成和人对世界的生成的对立统一。人类实践的辩证发展过程即是历史的辩证法。与辩证法相对待的形而上学的“实践”是不可设想的。

通过上述分析,我们可以懂得,在“自在”的意义上,整个世界就是一个辩证的运动过程。现在的问题是:既然辩证法是思维和存在及其相互关系(认识关系和实践关系)所固有的,在它们的自在性上并不存在与辩证法相对待的形而上学,为什么在人们关于世界的理论解释中,在人们反映世界的理论思维方式中,却始终存在辩证法与形而上学的对立和斗争呢?为什么人们不能凭借自在性的辩证法,而只有通过自为性的辩证法才能形成辩证法的世界观和方法论呢?

辩证法是思维和存在及其相互关系所固有的,因而人们在表象意识和经验常识的水平上,就可以承认并证明事物之间的外部联系和一切事物的外部变化,这就是所谓的“朴素的辩证法”。问题在于,作为哲学世界观和理论思维方式的辩证法,是要“提供理解一切现存事物的‘自己运动’的钥匙”,“提供理解‘飞跃’、‘渐进过程的中断’、‘向对立面的转化’、旧东西的消灭和新东西的产生的钥匙”⑤。对此,仅仅凭借辩证法的自在性而形成的自发形态的(经验层次的)辩证法不仅是无能为力的,而且往往(必定)走向自己的反面即形而上学。

---

① 《列宁全集》第38卷,第238、408页。
② 《列宁全集》第38卷,第87页。
③ 《列宁全集》第38卷,第410页。
④ 《列宁全集》第38卷,第280页。
⑤ 《列宁全集》第38卷,第408页。

在关于辩证法的论述中，列宁肯定了黑格尔的这种看法："从来造成困难的总是思维，因为思维把一个对象的实际上联结在一起的各个环节彼此分隔开来考察"，并深入地予以发挥："如果不把不间断的东西割断，不使活生生的东西简单化、粗糙化，不加以割碎，不使之僵化，那末我们就不能想象、表达、测量、描述运动。思维对运动的描述，总是粗糙化、僵化"[①]。正是由于概念所具有的"隔离性"和"僵化性"，当着人们以概念去反映事物时，就难以"在现存事物的肯定的理解中，同时包含着它的否定的理解、它的必然灭亡的理解"[②]，就难以从"对象本质自身中的矛盾"去理解和表达事物的"自己运动"、"自生的发展"。因此，当着人们以概念的"隔离性"和"僵化性"去理解和表达事物，并从而把概念的"隔离性"和"僵化性"对象化给概念所反映的事物，就会否认"对象本质自身中的矛盾"，否认对象的"自己运动"、"飞跃"、"渐进过程的中断"、"向对立面的转化"和"自生的发展"。这就是作为哲学世界观的形而上学的思维方式。

以形而上学的思维方式去把握世界，世界本身的自在的辩证法就"视而不见"了，由此便构成了哲学层面的形而上学与辩证法的两种世界观的对立与斗争。很显然，这里所说的与形而上学相对待的辩证法，不是世界本身的自在的辩证法，而是作为哲学世界观或理论思维方式的辩证法。这就是辩证法的自为性或自为形态的辩证法。因此，辩证法与形而上学的对立，只能是两种世界观理论、两种理论思维方式的对立。

三、辩证法的批判性与形而上学的非批判性

辩证法在本质上是批判的，因此，我们需要从批判性本质去深化对辩证法的理解，并从而深化对辩证法与形而上学的对立与斗争的理解。

辩证法的批判本质，集中地表现在它以"批判"的方式去对待"思维和存在的关系问题"。哲学的基本问题是思维和存在的关系问题，哲学世界观的根本矛盾就是思维与存在之间的矛盾。思维与存在之间的矛盾，首先表现在，虽然思维和存在"这两个系列的规律在本质上是同一的，但是在表现上是不同的"[③]。思维是以感性为中介，通过概念的逻辑运动来表达存在的运动规律。因此，思维与存在的统一，并不是思想内容与对象本质的直接的符合，而是思维在概念运动和概念发展中所实现的矛盾的统一，矛盾运动过程中的统一。因此，辩证法的批判本质，首先表现在反思概念、范畴、命题和由它们的逻辑联结所构成的诸种理论体系能否以及怎样表述经验对象的本质和规律的问题，反思由思维形式、思维

① 《列宁全集》第38卷，第285页。

② 马克思：《资本论》第1卷，第2版跋。

③ 参见《马克思恩格斯选集》第4卷，第239页。

规则和思维方法所构成的思维运演的逻辑能否以及怎样描述存在的运动规律的问题。规律的客观性问题,思想的客观性问题,真理的客观性问题,以及在这种客观性问题中所蕴含的概念、语言、逻辑和意义问题,直接地构成辩证法的批判性反思的主要对象。

思维与存在的世界观矛盾,更深刻地表现在,人的思维的最本质、最切近的基础,既不是思维本身,也不是与思维相对立的存在,而是把思维和存在现实地联系起来的中介——人的目的性和对象化活动即实践。实践活动既是思维和存在统一的现实基础,又是思维和存在的矛盾无限展开的实质性内容。在人类的实践活动中,蕴含着思维的能动性与对象的现实性、主体的目的性与客体的规律性、人的尺度与物的尺度、认知关系与价值关系等丰富的矛盾关系。人类的实践活动作为历史的展开过程,又蕴含着人作为历史的前提和结果的矛盾、人类文化的正面效应与负面效应的矛盾、认识进程中的真理与谬误的矛盾、人类历史的必然性与偶然性的矛盾、人类思维的至上性与非至上性的矛盾等等。因此,只有达到对思维和存在关系问题的实践论批判,才能真实地揭示世界观的内在矛盾,并对其作出合理的解释。

关于辩证法的批判本质,马克思说,它在对现存事物的肯定理解中同时包含否定的理解,即对现存事物的必然灭亡的理解;它对每一种既成的形式都是从不断的运动中,因而也是从它的暂时性方面去理解①。而辩证法之所以能够在对世界上的一切事物的肯定理解中同时包含对它的否定理解,之所以能够为人类提供一种对整个世界进行辩证思考的理论思维方式,从根本上说,是因为辩证法的批判是对“思维和存在的关系问题”的批判性反思。

思维与存在的对立统一,是人类全部活动的最基本的前提。人类的认知活动、评价活动、审美活动和实践活动,人类所创建的数学、自然科学、思维科学、社会科学和人文科学,就其实质内容而言,都是解决思维与存在的统一问题。只有在对思维和存在的关系的肯定理解中同时包含否定的理解,把思维和存在的统一理解为“不断的运动”过程,才能从根本上把整个自然的、历史的和精神的世界理解为一个过程,才能构成辩证法的理论思维方式。

与辩证法的思维方式相反,作为哲学世界观和方法论的“形而上学”,它的本质则在于它的非批判性。

“形而上学”这个概念有两种含义:其一是在近似于“哲学”或“世界观”的意义上使用,其二则是在与“辩证法”相对立的意义上使用,指的是一种以否认矛盾的观点对待世界的理论思维方式。18 世纪末至 19 世纪初的德国古典哲学的集大成者黑格尔,在他的哲学著作中首先以这种意义使用“形而上学”。他认

① 参见马克思:《资本论》第 1 卷,人民出版社 1975 年版,第二版跋。

为，在以往的"形而上学"理论中，总是把形而上学所寻求的"本体"当作某种永恒不变的东西。他从形而上学的这一特征出发而予以引申，把形而上学作为与辩证法相对立的思维方式。正是在与这种形而上学相对立的意义上，黑格尔提出，"辩证法是现实世界中一切运动、一切生命、一切事业的推动原则。同样，辩证法又是知识范围内一切真正科学认识的灵魂"①。

马克思主义哲学批判地继承了黑格尔的辩证法思想，在两种发展观、两种思维方式相对立的意义上，具体地阐述了形而上学思维方式的本质、特征和根源。马克思提出，辩证法在对事物的肯定理解中同时包含对它的否定的理解，因而在本质上是批判的、革命的。而形而上学的本质，正如恩格斯所说，它认为"是就是，不是就不是；除此之外，都是鬼话"。形而上学的基本特征，就是在"绝对不相容的对立中思维"。

哲学层面的形而上学理论，或者说，形而上学的理论思维方式，它并不是一般地否认"矛盾"和"发展"，而主要是否认思维和存在的矛盾，否认思维和存在的矛盾关系的发展，从而否认哲学世界观的矛盾和发展。

形而上学的思维方式之所以能够在"绝对不相容的对立中思维"，之所以能够认为"是就是，不是就不是；除此之外，都是鬼话"，是因为它认为思维与存在之间并不是矛盾的统一、发展中的统一，而是直接的统一、不变的统一。

在经验常识中，思维与存在之间并不存在矛盾，因而也更不存在它们之间的矛盾关系的发展。比如，我们说看见了一本书，那就是说，外在于意识的书被反映为意识中的关于书的映象，并被思维的概念规定——书——所把握。在书、书的映象和书的概念之间，达到了直接的统一。再比如，我们说看见了一条奔腾的江河，那就是说，外在于意识的江河被反映为意识中的关于江河的奔流不息的映象，并被思维的概念规定——奔腾的江河——所把握。在奔腾的江河、关于江河的奔流不息的映象以及奔腾的江河的概念之间，也达到了直接的统一。因此，人们在表象意识和经验常识的水平上，虽然可以承认事物之间的外部联系和事物的外部变化，但却否认思维与存在之间存在矛盾。

如果人们在经验常识中发觉思维与存在之间存在矛盾，也只能是把这种矛盾看成是直接的不统一，即发觉概念与对象的不一致。比如公园里新展出的一种动物，虽然人们可以在头脑中形成关于它的映象，却找不到相应的概念去表达它。在这种情况下，人们往往以某种类似的概念去把握对象，如把秃鹫说成是老鹰等。但是，这种思维与存在的"矛盾"，仍然是以"是就是，不是就不是"为其思维方式的。在这种"矛盾"中，概念只不过是把握事物的"名称"，人们所理解的"矛盾"也不过是"名称"与"对象"的不一致，而没有触及"事物"的内在矛盾和

① 黑格尔：《小逻辑》，商务印书馆 1980 版，第 177 页。

概念的内在矛盾。

作为哲学世界观的形而上学,它否认人类认识的过程性,否认概念和范畴的内在否定性。以这样的思维方式去看待思维和存在及其相互关系,思维的内在矛盾性、存在的内在矛盾性、思维和存在之间的内在矛盾性,就统统不见了。特别是,它以这种“是就是,不是就不是”的思维方式去看待“思维和存在的关系问题”,理论思维前提的内在矛盾性、哲学的“统一性原理”的内在矛盾性,也统统不见了。其结果,它就把理论思维的前提批判,变成了对理论思维前提的“不自觉的和无条件的”承诺;把哲学“统一性原理”的自我批判,变成了对哲学“统一性原理”的非批判信仰,以僵死凝固的思维方式去看待思维与存在、人与世界的关系,从而在本质上把世界看成是没有矛盾和发展的存在。因此,从哲学世界观的层面上看,形而上学的根本特征在于,它以非批判的方式去对待哲学自身的前提,把哲学的“统一性原理”视为某种永恒的终极真理。正因如此,全部的旧哲学都以“形而上学”而告终。

第四节　经验论与唯理论

一、人的感性与理性的矛盾

人类存在的矛盾性,直接地表现为人的感觉经验与理性思维的矛盾,或者更为简洁地说,感性与理性的矛盾。

人类自身的独特存在方式——实践活动——就是感性与理性的矛盾性的集中体现:一方面,实践是人的有目的、有意识的自觉活动;另一方面,实践又是人以自己的感性存在(肉体组织)去改变世界的感性存在的客观物质性活动。在实践活动中,人的感性与理性是不可分割地融为一体的。

以实践活动为基础的人类认识活动,则更为明显地是感性与理性的对立统一:一方面,人要以自己的各种感官去感知外部世界以及人自身的存在,形成关于人和世界及其相互关系的感觉经验;另一方面,人则要以自己的理性思维去把握事物的“本质”和“规律”,形成关于人和世界及其相互关系的规律性认识。

然而,值得我们深思的是,无论是在人的实践活动中,还是在人的认识活动中,人的感性与理性总是处于矛盾状态之中。自觉到这种矛盾,并试图从理论上解释这种矛盾,便构成了哲学中的经验主义与唯理主义的论争,以及试图弥合这种论争的种种哲学努力。

人类的感觉经验,它所把握到的只能是认识对象的种种“现象”;人类的理性思维,它所把握到的则只能是认识对象的内在“本质”。因此便构成了人的感觉经验与理性思维的矛盾:对人的感觉经验来说的“存在”,对人的理性思维来说却只能是“非存在”；反之，对人的理性思维来说的“存在”，对人的感觉经验来说也只能是“非存在”。感性“看不见”本质，理性“看不见”现象，而人却既要“看见”现象，又要“看见”本质，因此，人的感性与理性的矛盾是“无处不在”、“无时不有”的。

人的感性与理性的矛盾，使人能够把自己的全部对象都视为矛盾性的存在；或者反过来说，人的全部对象能够被视为矛盾性的存在，根源于人的感性与理性的矛盾。理解这个问题，对于理解人与世界、思维与存在之间的关系是十分重要的。

世界是一个自然而然的过程，世界上的一切事物都如其所是地存在着。因此，对于世界的一切事物自身来说，它并不存在“现象”与“本质”、“个别”与“一般”、“内容”与“形式”、“偶然”与“必然”等等的“矛盾”。或者反过来说，事物自身所具有的无限多样的“矛盾”，对于事物自身来说，都不是作为“矛盾”而存在的。能够意识到事物的矛盾性存在，是以人的感性与理性的矛盾为前提的。

在人的感性与理性的矛盾中，人的感性所“看到”的，是对象的“个别”的、“偶然”的、“现象”的存在，人的理性所“思想”的，则是对象的“共性”的、“必然”的、“本质”的存在。因此，在人的感性与理性的矛盾中，人的全部对象被“把握”为个别与一般、偶然与必然、现象与本质的矛盾性存在。

古希腊哲学家在寻求“万物的统一性”即“本体”的过程中，就由人的感性与理性的矛盾而形成了两种不同的基本思路：一种是关注经验世界本身的多样统一性，把“本体”视为“万物所由来、万物所复归”的某种感性存在物，因而以感性经验中的多样统一性去解释万物与本原、变体与本体的对立统一关系。这可以说是古代哲学中所蕴含的“经验论”萌芽。另一种思路则是探寻对象世界的现象与本质的逻辑关系，把“本体”视为某种超越经验、却又能被思维所把握的理性存在物，因而以超越的逻辑关系去解释“可见世界”与“可知世界”的关系。这可以说是古代哲学中所蕴含的“唯理论”萌芽。

人的感性与理性的矛盾，不仅表现为对世界的“个别”与“一般”、“偶然”与“必然”、“现象”与“本质”的矛盾性理解之中，而且更为深刻地表现为对人自身的矛盾性理解之中。在对人与世界相互关系的反省中，古希腊哲学家曾经提出一个著名的命题：“人是万物的尺度”。然而，以人的感性与理性的矛盾为出发点，“人是万物的尺度”这个命题本身便陷入难以解脱的矛盾之中：(1)以人为万物的尺度，那么，这个尺度是人的感觉经验还是人的理性思维？感觉经验中的存在是真实的存在，还是理性思维中的存在是真实的存在？(2)以人为万物的尺度，那么，这个尺度是人的情欲还是人的理智？人作为人自己的思想和行为的尺度，是以情欲为理智的尺度，还是以理智为情欲的尺度？人是“跟着感觉走”，还是“跟着理性走”？(3)人是自然界长期发展的结果，又是人以自身的劳动创造了自己,因而人既是自然的存在又是超自然的存在,既是感性的存在又是理性的存在,人作为万物的尺度和人自身的尺度,究竟是以人的自然性作为人的超自然性的尺度,还是以人的超自然性作为人的自然性的尺度?这就是在“人是万物的尺度”这个命题中所蕴含的感性与理性的矛盾。

人的感性与理性的矛盾,又不仅仅是表现在对世界和人自身的矛盾性理解之中,而且还表现在解决感性与理性的矛盾的哲学方法论之中。

西方近代以前的哲学,尚未具体地探讨人的认识如何从经验的个别上升到超验的普遍的问题,而主要是以亚里士多德的演绎逻辑来看待人的思维推理过程。

传统的演绎逻辑,从根本上说,是一种外延逻辑。对于传统的演绎逻辑,人们可以从两个方面提出十分严重的问题:其一,从概念的外延关系上看,传统的演绎逻辑只是从“普遍”推出“个别”,但却无法解决如何从“个别”上升为“普遍”。而人们的认识的直接目的,却正是要从“个别”上升到“普遍”,获得关于普遍必然性的知识;其二,从人的思想内容上看,传统的演绎逻辑是一种撇开思想内容即概念内涵的纯粹的形式推理,它无法回答人类思想发展的逻辑。而人的认识的发展过程,却正是思想内容即概念内涵的发展。因此,随着人类认识的发展,必然要求两种新的“逻辑”,即:从“个别”上升为“普遍”的归纳逻辑和关于概念发展的内涵逻辑。而这两种新的逻辑,都深刻地显露了人的感性与理性之间的矛盾。

从“归纳逻辑”看,人的认识由个别上升到一般,实现这一过程的基础是什么?能否把这一过程归结为理性现成地对感觉经验的归纳、概括、抽象的过程?如何理解“理性”在这一过程中的能动性和创造性?如何看待这一过程中的联想、想象和直觉?

从“内涵逻辑”看,概念的内涵由单纯上升到复杂、由抽象上升到具体的过程是怎样的?实现这一过程的基础又是什么?能否把这一过程归结为概念内涵的自我逻辑运动?如何看待“感性”(感性存在和感性活动)在概念内涵发展中的作用?

由此我们可以看到,在“逻辑”的层面上,更为集中和更为深刻地显现了人的感性与理性的矛盾,因而也更为尖锐地构成了哲学中的经验论与唯理论的矛盾和斗争。

二、经验论与唯理论的分歧

在哲学史上,对人的感性与理性的矛盾的哲学反思,形成了经验论与唯理论的分歧与斗争,并主要表现在下述几个方面:

第一,关于知识的来源问题。

近代哲学中的唯理论和经验论所争论的“知识的来源”问题，主要是有无“天赋观念”的问题。一般地说，经验论者都主张知识起源于感觉经验而否认“天赋观念”，与此相反，唯理论者则否认正确的认识起源于感觉经验而以不同的方式肯定“天赋观念”。

经验论者认为，“我们所有的一切知识都是从感觉获得的”①，“我们的全部知识是建立在经验上面的；知识归根到底都是导源于经验的”②。在经验论者看来，一切观念都是思维从感官经验的感性内容中归纳、概括、抽象出来的；全部观念都可以还原为感觉和感觉的不同结合形式，凡在理性中的东西，都存在于感官经验的感性内容中；凡是在感性内容中找不到的东西，或者是错误的，或者是超出人的理性之外的；思维的理解作用，只能是基于感觉的观念去表现对象③。

与经验主义相反，唯理主义者则以不同的形式肯定“天赋观念”。笛卡尔提出，观念的来源有“天赋的”、“外面”得来的和“臆造的”这三种情况；“外面”得来的观念与“臆造的”观念一样，都是没有真理性的，而只有“从我自己的本性得来的”一般观念才具有真理性。这就是说，“真理性”的认识只能是“天赋的”。莱布尼兹进一步提出，感觉经验只能感知个别的偶然的现象，而不能揭示真理的“普遍必然性”。在唯理主义者看来，思维本身具有超越感官经验的先天认识原则，对象只有在先天认识原则的把握下才能被人所认识；认识不能还原为感觉和感觉的不同结合形式，它有多于这种内容的作为认识原则的天赋观念；思维的理解作用是以它自己固有的天赋原则去理解对象④。

通过上述分析，我们可以看到，在关于认识的来源问题上，经验论和唯理论各存在自己的难以解决的问题。“对经验论来说，认识是否单纯是感觉的变形，是否只起源于感性，而不同时起源于理性呢？”“对唯理论来说，思维的能动理解作用是否是天赋观念，是否认识只起源于理性，而不同时起源于感性呢？”⑤

第二，关于认识的方法或逻辑问题。

经验论和唯理论在认识来源问题上的对立，已经蕴含着关于认识的方法或逻辑的不同理解。这种不同理解，就是在个别与一般问题上的对立：普遍必然性的认识能否从个别的感性经验中形成？

近代经验论的奠基人弗兰西斯·培根从知识起源于经验这一原则出发，形成他的由个别的感性经验上升为普遍必然性认识的“归纳法”。这就是培根的“新工具”。

---

① 霍布斯：《论物体》，见《十六—十八世纪西欧各国哲学》，商务印书馆 1975 年版，第 90 页。

② 洛克：《人类理解论》，见《十六—十八世纪西欧各国哲学》，商务印书馆 1975 年版，第 366 页。

③ 参见邹化政：《〈人类理解论〉研究》，人民出版社 1987 年版，第 60 页。

④ 参见邹化政：《〈人类理解论〉研究》，第 60 页。

⑤ 参见邹化政：《〈人类理解论〉研究》，人民出版社 1987 年版，第 61 页。

近代唯理论的奠基人笛卡尔的新的演绎逻辑，已经不是传统的演绎逻辑及其在现代西方数理逻辑中的发展。传统的演绎逻辑是一种外延逻辑，即依靠概念之间的普遍性、特殊性、个体性的外延关系而构成大前提、小前提和推出结论。笛卡尔的演绎逻辑则是思想从单纯上升到复杂、从抽象上升到具体的内涵逻辑。这种关于思想自身发展的内涵逻辑，在德国古典哲学集大成者黑格尔那里，构成了概念辩证发展的关于人类思想运动的逻辑。

在理解培根的经验论的归纳法与笛卡尔的唯理论的内涵逻辑的时候，我们还必须看到，作为近代哲学的两个开端，具有某些不可忽视的共同点：其一，培根创建的归纳法和笛卡尔开拓的内涵逻辑，都是在近代科学的基础上，试图超越传统的演绎逻辑的产物。他们不是彻底否定三段论及其逻辑规则，而是反对把传统的演绎逻辑绝对化和权威化；其二，他们都从破除僵化的概念和偏见出发，力图以新的方法或逻辑去实现思维的创造性。培根关于种族假象、洞穴假象、市场假象和剧场假象的论述，笛卡尔关于清除虚假观念的论述，都是力求防止先入为主的“成见”对人的认识的误导与束缚。

第三，关于认识的可靠性问题，即感觉经验与理性知识何者更为可靠的问题。

经验论者认为，“错误或虚假倒不是在感官里，感官并不主动，它只是接受影象，……错误或虚假是在判断里，或是在心灵里；判断或心灵没有给予应有的周密细致地对待，没有注意到离得远的东西只是由于离得远或由于别的原因，而应该比它们离我们较近时显得小和模糊；在别的情况下也是这样”。① 这就把“错误”或“虚假”归咎为“判断”或“心灵”。与此相反，唯理论者则认为感觉是“骗人的”。笛卡尔说：“因为我曾经多次观察到：塔远看像是圆的，近看却是方的，竖在这些塔顶上的巨像在底下看却像是些小雕像；像这样，在无数其他的场合中，我都发现外部感官的判断有错误。”②

经验论和唯理论在近代哲学的发展过程中，逐步地从彻底的两个极端而走向肯定感觉经验与理性知识的各自的合理性，但却一直把感性与理性割裂开来。德国古典哲学的奠基人康德，在总结近代哲学的经验论与唯理论的基础上，提出了感性直观与理性思维相结合的原理。他的名言是：思维无感性则空，直观无概念则盲。德国古典哲学的集大成者黑格尔认为，虽然康德强调感性直观与知性思维的“联合”，但在康德那里，“思维、知性仍保持其为一个特殊的东西，感性也仍然是一个特殊的东西，两者只是在外在的、表面的方式下联合着，就像一根绳

① 伽桑狄：《对笛卡尔〈沉思〉的诘难》，商务印书馆 1963 年版，第 75 页。

② 《十六—十八世纪西欧各国哲学》，商务印书馆 1975 年版.第 179 页。

子把一块木块缠在腿上那样"①。黑格尔则在哲学史上第一次提出了感性与思维的辩证统一问题。他要求凭借理性思维的能动性而实现由感性到理性的"飞跃"。然而,真正达到对感性与理性相互关系的辩证理解,并真正超越经验论与唯理论的片面性,则需要从人的实践活动及其历史发展出发去看待人的认识问题。这种实践论的认识论是马克思在认识论中的革命性变革。

三、表象与思想的矛盾运动

超越经验论和唯理论关于感性与理性的相互关系的片面性理解,十分重要的问题是形成关于表象与思想的矛盾运动的辩证理解。

在认识论中,通常是以"感性"和"理性"来标志认识的机能、形式、过程和阶段等等,如"感性机能"和"理性机能"、"感性形式"和"理性形式"、"感性认识阶段"和"理性认识阶段"。这种以"感性"和"理性"为核心范畴来描述和解释认识论诸种问题的哲学范式,存在着以下亟待探索与回答的问题:(1)认识论中的"感性"和"理性"是指认识的"形式",还是指认识的"内容",抑或认识的形式与内容的统一?(2)认识过程中的"感性"和"理性"是此消彼长、先后发挥作用的,还是始终并存、共同发挥作用的?具体地说,能否把"感性认识阶段"解释为运用"感觉、知觉和表象"去认识,而把"理性认识阶段"解释为运用"概念、判断和推理"去认识?这样的解释如何说明"感性"和"理性"的"相互渗透"?(3)如果以"感性"和"理性"的"相互渗透"去描述和解释认识过程的矛盾运动,应当怎样更为合理地区分认识的不同阶段?(4)"感性"和"理性"是人的纯粹自然的认识机能和认识形式,还是具有社会性、历史性和文化性的认识方式?如何在认识的矛盾运动中体现出认识主体的社会历史性?

列宁曾经提出:"认识是思维对客体的永远的、没有止境的接近。自然界在人的思想中的反映,应当了解为不是'僵死的',不是'抽象的',不是没有运动的,不是没有矛盾的,而是处在运动的永恒过程中,处在矛盾的产生和解决的永恒过程中的。"②而关于思维向客体接近的矛盾运动,列宁则引证黑格尔的话说:"凡是没有思维和概念的对象,就是一个表象或者甚至只是一个名称;只有在思维和概念的规定中,对象才是它本来的那样。"对此,列宁的评论是:"这是对的!表象和思想,二者的发展,而不是什么别的。"③这表明,以"表象"和"思想"的矛盾运动来解释认识的运动过程,具有重要的理论意义和实践意义。

以"表象"和"思想"作为描述认识的矛盾运动的核心范畴,首先是因为这对

① 黑格尔:《哲学史讲演录》第4卷,商务印书馆1983年版,第271页。

② 《列宁全集》第38卷,第208页。

③ 《列宁全集》第38卷,第242页。

范畴是“感性”和“理性”在人的认识过程中的现实化。作为认识主体的人具有感性和理性认识能力，在人的认识活动中，人的感性机能使对象的感性存在变成头脑中的“表象”，人的理性机能则使对象的内在规定变成头脑中的“思想”。因此，在人的现实的认识活动中，感性与理性的矛盾就呈现为“表象”与“思想”的矛盾运动；或者也可以反过来说，“表象”与“思想”的矛盾运动，是感性与理性的矛盾在人的现实的认识活动中的体现。

以“表象”和“思想”作为描述认识的矛盾运动的核心范畴，其次是因为这对范畴合理地表述了认识过程中的内容与形式的统一。“表象”既是再现对象的感性形象的方式，又是对象的感性形象在人的头脑中再现的内容，因而它是感性形式与感性内容的统一；同样，“思想”既是以概念、判断、推理等形式去表述对象的内在本质的方式，又是对象的内在本质在人的头脑中再现的内容。认识过程中的“表象”和“思想”的矛盾运动，就不仅仅是认识形式之间的矛盾，而且更主要的是认识内容的矛盾。因此，以“表象”和“思想”为核心范畴去描述认识的矛盾运动，就能够更为合理地阐释人的认识在内容与形式的对立统一中所实现的基本过程。

以“表象”和“思想”作为描述认识的矛盾运动的核心范畴，还因为这有助于从认识主体的社会性、历史性、文化性去阐释全部认识论问题。现实的认识主体是历史文化的存在，因而总是以其已经具有的“表象”和“思想”进入具体的认识活动之中，而不是仅仅以纯粹的“感性”和“理性”的“认识形式”去反映对象。认识过程中的矛盾运动，在一定的意义上，是已有的“表象”和“思想”同新形成的“表象”和“思想”的矛盾运动。因此，离开“表象”和“思想”的矛盾运动，就会以非历史的观点去看待和解释人的认识运动过程。旧唯物主义之所以陷入所谓“直观的”反映论，就在于它以这种非历史的观点去构建其认识论。

以“表象”和“思想”作为描述认识的矛盾运动的核心范畴，还因为这会帮助我们更为合理地构建关于认识发展过程的解释模式。在人的现实的认识活动中，“表象”与“思想”的矛盾运动，主要地表现为三个基本阶段：一是思想“把握”表象的矛盾运动，这是认识过程中的“感性具体”的阶段；二是思想“蒸发”表象的矛盾运动，这是认识过程中的“理性抽象”的阶段；三是思想“重组”表象的矛盾运动，这是认识过程中的“理性具体”的阶段。以表象和思想的矛盾运动来表达认识发展过程，凸现了认识运动中的内容与形式的不可分割、认识过程中的感性与理性的相互渗透、认识活动中的历史性与现实性的对立统一，从而形成以“现实的人及其历史发展”为出发点和立足点的关于认识过程的理论模式。

探索认识过程中的表象与思想的矛盾运动，能够深化我们对人的感性与理性的矛盾关系的理解，从而也能够使我们深化对哲学中的经验论与唯理论的派别斗争的认识，并自觉地超越经验论和唯理论对感性与理性相互关系的片面性理解。

首先,认识过程中的表象与思想的矛盾运动表明,在现实的认识活动中,感性的表象与理性的思维始终处于矛盾的运动过程之中。无论是形成感性具体的思想把握表象的过程,形成理性抽象的思想蒸发表象的过程,还是形成理性具体的思想创造表象的过程,都贯穿着思想与表象的矛盾运动。

在通常的解释中,往往把“感性认识”阶段说成是仅仅以“感觉”、“知觉”和“表象”去把握对象的过程。这其实是一种误解。认识中的“感性认识”阶段,是形成“感性具体”的过程,它同样是思想与表象矛盾运动的过程。认识中的形成“感性具体”的过程之所以是“感性认识”阶段,不是因为这个过程没有“概念、判断、推理”的参与,而是因为这个过程是“思想把握表象”的过程。在这个过程中,概念、判断和推理都是围绕表象旋转的,而没有形成新的或更为深刻的概念、判断和推理。例如,关于“灯”的认识,在认识的感性阶段,我们是以“灯”这个概念,“这是灯”的直言判断,“灯是能发光的,它是灯,所以它能发光”的推理,去把握关于“灯”的感觉、知觉和表象。这表明:一方面,认识的感性阶段离不开概念、判断和推理;另一方面,认识的感性阶段还没有形成新的或更为深刻的概念、判断和推理。因此,我们需要以感性与理性、表象与思想的矛盾运动去看待和解释认识的矛盾运动。

其次,认识过程中感性与理性、表象与思想的矛盾运动,总是经由“感性具体”而达到“理性抽象”和“理性具体”。如何看待“感性具体”与“理性抽象”和“理性具体”的关系,特别是如何看待“感性具体”与“理性抽象”和“理性具体”何者为“真实”的问题,构成经验论与唯理论争论的焦点之一。探讨表象与思想的矛盾运动,能够使我们辩证地理解和解释这些认识论中的重要问题。

从经验常识的角度看,作为经验表象的感性具体是真实可靠的,而作为逻辑范畴的理性抽象和理性具体是真伪莫测的。这是因为,经验表象的感性具体是“看得见”的实实在在的“经验”,而逻辑范畴的理性抽象和理性具体则是“看不见”、“摸不着”的“超验”的存在。然而,从理论思维的角度看,作为逻辑范畴的理性抽象和理性具体是真实可靠的,而作为经验表象的感性具体则是变幻莫测的。这是因为,“看得见”的经验表象只不过是“浑沌的关于整体的表象”,并没有关于对象的规定性的认识;而“看不见”的理性抽象或理性具体却是关于对象的各种规定性的认识,并在头脑中形成了关于对象的“许多规定的综合”和“多样性的统一”的认识。

这里的关键问题,是对认识本质及其意义的理解。人类认识的直接目的,是获得关于对象的“普遍性”、“本质性”、“必然性”和“规律性”的认识,从而能够以这种“普遍必然性”的认识去解释千差万别、千变万化的现象,并进而能够依据这种“普遍必然性”的认识“给自己构成世界的客观图画”,“以自己的行动来改变世界”。因此,人的认识必须超越经验表象而达到理性抽象乃至理性具体,才能实现认识的直接目的,并进而使认识的直接目的——普遍必然性的认识——转化为认识的最终目的即改变世界的实践活动。基于上述认识,我们既不能像经验论那样,以感性具体的真实去否定和排斥理性抽象和理性具体;也不能像唯理论那样,把理性抽象和理性具体视为与感性具体无涉的“天赋观念”。

最后,超越经验论和唯理论对感性与理性关系的片面性理解,从根本上说,是达到对感性与理性、表象与思想的矛盾运动的实践论理解。人是实践的存在,实践是人的存在方式。人的实践过程,是实现人自身的发展的历史过程。在人的自我发展的历史过程中,人的实践活动的两个尺度——“任何物种的尺度”和人的“内在固有的尺度”——都获得了历史性的发展,使人成为真正的历史的、文化的存在。把人理解为实践的、历史的、文化的存在,这是理解人的认识活动的前提,也是超越经验论和唯理论对感性和理性关系的片面性理解的前提。

经验论和唯理论割裂人的感性与理性,从根本上说,是离开人的实践活动及其历史发展去看待人的认识,特别是离开人的实践性、历史性和文化性去看待作为认识主体的人,也就是把现实的人变成了某种抽象的经验(经验论)或抽象的理性(唯理论)。从现实的人及其历史发展出发,我们就会以历史文化的视野去看待感性与理性、表象与思想的矛盾运动,把人的认识理解为思维向客体接近和逼近的无限的发展过程。

第五节　科学主义与人本主义

一、科学主义的概念解析

“科学主义”和“人本主义”,是在现代哲学中使用频率颇高的两个概念。人们普遍认为,科学主义与人本主义是现代哲学中双峰对峙的两大哲学思潮,并以科学主义与人本主义的演化趋向来描述和预测哲学的跨世纪走向。因此,在对哲学及其派别斗争的理解中,探讨科学主义与人本主义的内涵及其相互关系,是十分必要的。这里,我们首先辨析“科学主义”这个概念。

所谓“科学主义”,主要是指近代以来,特别是指19世纪中叶以来逐步盛行起来的一种哲学思潮或哲学运动。近代以来的科学发展及其广泛的技术应用,使一些自然科学家和哲学家认为:“精确”的科学是伟大的,而“思辨”的哲学是渺小的;只有忽视甚至否定传统的哲学,才能使科学从“形而上学”中解放出来;只有用实证科学(自然科学)的理论和方法去改造哲学,才能使哲学从传统的“形而上学”变成“科学的哲学”。由此可见,哲学中的科学主义思潮的实质,是改变传统的关于哲学与科学的相互关系的理解,“拒斥”传统意义上的哲学,把哲学变成科学的“副产品”。

为了具体地理解“科学主义”，我们需要分析“科学主义”与“科学哲学”、“分析哲学”以及“科学精神”的关系。

首先，我们分析“科学主义”与“科学哲学”的关系。

“科学主义”与现代西方的“科学哲学”具有十分密切的复杂关系，但“科学哲学”并不就是“科学主义”。“事实上，人们是在不同意义上使用词组‘科学哲学’的。总的说来，对这个词组有广义的和狭义的两种解释。广义上说，即就其本来的涵义来说，‘科学哲学’是以科学为研究对象的一个学科，是有关科学的哲学。换句话说，科学哲学是指研究一个领域或一个部门的哲学，这个领域或部门就是科学。科学哲学对科学的方方面面作哲学分析。这种广义的解释是不同哲学派别的哲学家可以接受的”。“但是，只限于对‘科学哲学’词组的广义解释就很不够了。欧洲哲学的历史演进给这个术语带来了特殊的意义，使之带有时代的印记。只要不忘考虑哲学史背景，这种特殊的意义便是不能忽视的”。“狭义上说的‘科学哲学’是指一个哲学运动、一种哲学思潮，与哲学上划分大派别相联系，在哲学史上有渊源关系，在哲学演变中占有一定的地位。这就是指开始于实证主义的科学主义思潮或哲学运动。”①

通过上述解释，可以初步地明确“科学主义”与“科学哲学”的关系：“广义的”科学哲学，是关于科学的哲学，它本身并不就是“科学主义”；与此相反，“狭义的”科学哲学，即作为一种试图以自然科学的理论和方法来改造哲学的哲学思潮或哲学运动，则是现代哲学中的“科学主义”思潮。

其次，我们分析“科学主义”与“分析哲学”的关系。

“科学主义”与盛行于当代的“分析哲学”也具有十分密切的复杂关系，但“分析哲学”也不等于“科学主义”。被称作“分析运动”的语言分析哲学，与始于实证主义的“科学哲学”，是部分地交织在一起的。这主要表现在，它们都把传统哲学的“狂妄”和“虚妄”归之为对语言的各种形式的歪曲和误用，都认为哲学的使命不是扩大关于事实的知识领域，而是要增加对事实以及关于事实的知识的理解。在这个意义上，它们都是把哲学视为通过语言分析而达到的哲学自我“治疗”。

语言分析哲学与实证主义的区别则在于，“实证主义认为，科学是人类合理认识和论述的准则。它承认还有其他论述形式，但是科学是衡量其他论述是否有意义的标准。在实证主义看来，哲学是科学的哲学，而语言分析、语言学哲学，则自我意识地认识到人类论述还有许多不同的形式，许多除了科学涵义以外的

① 舒炜光：《科学哲学研究的方法论初步》，载《现代外国哲学》第5辑，人民出版社1984年版，第34-35页。

别的涵义,哲学的任务是去发现各式各样的这类形式,也包括科学的形式是怎样起作用的,而不是用科学准则衡度每件事,然后宣布其他形式无意义”①。

上述分析表明,“分析哲学”与“实证主义”的区别是在于:实证主义把“科学”与否作为衡量一切的标准,并从而把以往的哲学作为“无意义”的“形而上学”予以“拒斥”;分析哲学则不是把“科学”与否作为唯一的标准,去断定各种文化形式是否“有意义”。

在语言分析哲学家看来,传统哲学的根本弊病,是企图“穿过语言”而达到对自在之物或绝对者的认识。这种根本性的错误导致思维上的各种严重错误。因此,语言分析哲学家给自己提出的任务是,“分析人的思想、分析人们理解和接受这个世界或互相交流的概念的最好办法,就是研究它们的实际应用”②。这样,语言分析哲学就改换了哲学的研究主题以及研究这些主题的方式,把“哲学的技术问题”即对语言的分析提升为哲学的中心问题。

这表明,“分析哲学”作为一种哲学思潮或哲学运动,本质上是“科学主义”的;但由它所标志的现代哲学的“语言转向”,却导致了哲学对语言的更为广泛和更为深切的关注,即对语言的“人文”关注,并由此构成了现代哲学中的“科学主义”与“人本主义”在本世纪末的某种“合流”的契机。

最后,我们分析“科学主义”与“科学精神”的关系。

“科学主义”作为近代以来的一种哲学思潮和哲学运动,有其特定的理论内涵和历史内涵,不能把“科学主义”混同于对“科学”的崇尚和倡导,更不能把它混同于“科学精神”。“科学精神”,是对真理的追求并为之奋斗的精神即“求真”的精神,是面对现实探索规律的精神即“求实”的精神,是以科学成果造福人类的精神即“求善”的精神,是促进人的全面发展并实现人与自然的统一的精神即“求美”的精神。这种求真、求实、求善、求美的“科学精神”本身就是一种“人文精神”,或者说是“人文精神”的重要组成部分。把具有特定内涵的“科学主义”与人类为真理而斗争的“科学精神”区别开来,批判“科学主义”而弘扬“科学精神”,这是我们的应有的基本态度。

二、人本主义的概念解析

在现代哲学中,“人本主义”是与“科学主义”相对峙的哲学称谓。一般认为,“人本主义”有三种涵义:一是特指 14 世纪下半期发源于意大利并传播到欧洲其他国家的哲学和文学运动,它构成现代西方文化的一个要素③;二是专指 18

① 参见麦基编著:《思想家—当代哲学的创造者们》,三联书店 1987 年版,第 183-184 页。

② 参见麦基编著:《思想家—当代哲学的创造者们》,三联书店 1987 年版,第 182 页。

③ 参见江天骥:《科学主义和人本主义的关系问题》,《哲学研究》1996 年第 11 期。

世纪末到19世纪初德国古典哲学中的路德维希·费尔巴哈的人本主义哲学；三是泛指承认人的价值和尊严，把人看作万物的尺度，或以人性、人的有限性和人的利益为主题的任何哲学，其中主要是指现代西方哲学中与“科学主义”相对应的，以人的本质、价值、地位等为研究重心的哲学思潮，包括生命哲学、哲学人类学和存在主义等。

在上述“特指”的第一种意义上，人本主义的思想家是力图把人重新纳入自然和历史世界中去，并以这个观点重新解释“人”。因此，这种“特指”的人本主义，或者说历史上的人本主义运动，是同超自然的信仰主义相对立，而不是同近代以来兴起的“科学主义”相对立的。在上述“特指”的第二种意义上，人本主义就是费尔巴哈的“人本唯物主义”。为了与“庸俗唯物主义”相区别，费尔巴哈把自己在反对宗教神学和黑格尔唯心主义哲学中所建立的哲学称为“人本主义”或“哲学中的人本主义原则”。这种人本唯物主义只是关于唯物主义的不确切的肤浅的表述。在上述的第三种意义即“泛指”的意义上，现代哲学中倡言“以人为本”的哲学，往往均被冠之以“人本主义”，甚至把马克思的哲学也归结为“人本主义”哲学。这至少是一种很严重的误解。为了理解现代哲学中的“人本主义”，我们需要辨析“人本主义”与“人道主义”、“马克思主义”、“反科学主义”的关系，还需要具体地了解现代哲学中的“存在主义”思潮。

首先，我们分析“人本主义”与“人道主义”的关系。

“人道主义”，通常被解释为“关于人的本质、使命、地位、价值和个性发展等的思潮和理论”。在这个意义上，作为哲学思潮或哲学理论的“人本主义”，或内蕴着“人道主义”的思想和原则，或张扬着“人道主义”的口号和旗帜，人们往往在某种程度上的同等意义去使用“人道主义”和“人本主义”这两个概念。就此而言，对“人道主义”的解释，也是某种程度上对“人本主义”的诠释。

通常认为“人道主义作为一种时代思潮和理论，它的产生、发展是与西欧资本主义的产生、发展相适应的。在15世纪新兴资产阶级思想家那里，人道主义的最初形式是人文主义，指文艺复兴的精神，即通过学习和发扬古希腊和古罗马文化，使人的才能得到充分发展。人文主义形式的人道主义者大多为艺术家、作家、思想家和科学家，限于文学艺术领域。它提倡人道反对神道，高扬人性贬抑神性，赞美人的自然性否定一切神授，要求重视人的‘个性’、‘自由意志’及世俗的享受，冲破封建的宗教束缚，追求人的解放。18世纪法国启蒙思想家将人道主义扩及到政治、经济和意识形态的各个领域，提出‘自由、平等、博爱’的政治口号，要求建立公正的社会制度，使现实的一切都符合人的理性，成为资产阶级革命的理论前提”①。

① 李淮春主编：《马克思主义哲学全书》，中国人民大学出版社1996年版，第509-510页。

其次,我们分析“人本主义”与马克思主义的关系。

显而易见,上述的“人道主义”或“人本主义”,与“马克思主义”是有原则性的重大区别的。按照恩格斯的解释,马克思主义哲学是关于“现实的人及其历史发展”的哲学,人在马克思主义哲学中占有极其重要的地位。马克思主义从人的存在方式——实践活动——出发去理解思维与存在、人与世界的相互关系,并以实践观点的思维方式去解决全部哲学问题,以人类自身的解放事业为自己的使命。这表明,马克思主义既以历史主义的态度批判地汲取了人道主义的合理内容,但又以科学社会主义而超越了人道主义。20世纪的“西方马克思主义”以人道主义或人本主义来诠释马克思主义,这从根本上说是不恰当的。

再次,我们分析“人本主义”与“反科学主义”的关系。

作为一种哲学思潮和哲学运动,现代哲学中的“人本主义”,是作为“反科学主义”的哲学思潮而存在的。20世纪的欧洲大陆哲学,改变了主要以数学、物理学等自然科学知识为对象的研究方式,日益显著地以人以及关于人的人文学科为对象,从而形成了与英美占主导地位的“分析哲学”相抗衡的哲学思潮,即“反科学主义”的哲学思潮。

这种“反科学主义”的“人本主义”思潮,反对把自然科学视为一切文化样式的典范,反对把自然科学的理论和方法供在哲学祭台的中央,要求对“科学”本身的种种预设前提进行批判性反思。特别是在“语言转向”中,欧陆的人本主义哲学反对“科学主义”地对待语言,即反对单纯地强调语言的逻辑性,反对分析哲学把对语言的哲学思考仅仅诉诸概念的确定性、表达的明晰性和意义的可证实性,而要求对语言的“人文主义”理解,即要求考察语词的多义性、表述的隐喻性和意义的可增生性,从而把语言理解为人的存在方式。

最后,我们分析“人本主义”与现代哲学中的“存在主义”思潮的关系。

在现代哲学中,“存在主义”是一种具有典型意义的“人本主义”。作为人本主义的存在主义,它所凸现的是人的存在与其它一切存在的区别,并从而把人的存在作为哲学理解的真正对象。存在主义认为:人以外的一切存在,都是“本质先于存在”,即某种特定的物种的本质预先地规定了该物种的每个个体的存在;与此相反,人的存在则是“存在先于本质”,即人在自身的存在过程中构成自己的本质,人是一种不断地超越自己先前之所是的存在。

在存在主义看来,正是人的存在的特殊性,才需要反思人的存在的哲学;而存在主义以前的全部哲学,却总是像对待其他存在一样,不断地追问人的“本质”,因此,除存在主义之外的全部哲学都是“本质主义”哲学。存在主义认为,寻求“本质”需要科学的研究方式,反思“存在”则需要哲学的研究方式;要求哲学像科学那样去寻求“本质”,必然得出“科学主义”的结论;让哲学反思人的“存在”,则是存在主义的或人本主义的哲学。由此可见,在存在主义这里,集中地表现了“科学主义”与“人本主义”在现代哲学中的对立。

三、科学主义与人本主义的对立与融合

科学主义与人本主义的对立，首先是哲学自我理解的对立，即理解和解释哲学自身的对立。

在科学主义看来，哲学和科学都起源于人类对知识的渴求，都承担着为人类提供普遍性知识的使命，由此便构成了哲学与科学之间的历史地位与作用的演化过程：古代的哲学以“知识总汇”的形式而囊括了全部科学，科学则以萌芽的形式而蕴含于哲学之中；近代的科学纷纷从哲学的母体中独立出来，而哲学则企图以“科学的科学”的姿态而君临于科学之上；现代科学不仅完全获得了自己的独立性，而且承担起不断地提供新的“世界观”或“普遍规律”的职能，因此现代的哲学必须而且只能作为“科学的副产品”即对科学命题进行逻辑分析的方式而存在。

与科学主义相反，人本主义认为，哲学与科学起源于人类的两种不同的渴求，科学寻求的是关于事物的规律，哲学寻求的则是人的自我理解。从哲学史看，古希腊哲学的根本指向就是“认识你自己”。古代哲学对“万物的统一性”的寻求，从根本上说，是以“外投”的形式而寻找“内在”的根据，即通过寻求“万物的统一性”而确立人自身的“安身立命之本”；近代哲学对“意识的统一性”的寻求，则更为明确地从关于世界的思考而转向关于人的思考，“认识论转向”的实质是“主体性转向”；现代哲学以发达的现代科学为前提，把人以外的一切存在都交给科学去进行研究，哲学则专门反思人的存在。

科学主义与人本主义的对立，具体地展现为对哲学的研究对象、理论性质和社会功能的不同理解。

在科学主义看来，现代科学为人类提供关于对象世界的各种规律性的认识，现代哲学的研究对象就是科学本身；由于现代哲学以现代科学为基础，所以现代哲学具有双重性质，即：一方面，由于它以科学为基础，因而它也具有科学的性质；另一方面，由于它是对科学的逻辑的、语言的分析，因而它又具有超科学的哲学性质。这种科学化的哲学，不是为人们提供“普遍规律”，而是为人们消解掉传统哲学“制造”的种种“虚假问题”，并为人们“澄清”语言表达的意义，使人们能够“科学地”思考问题和“科学地”生活。

与科学主义相反，人本主义认为，现代科学的发展既为哲学对人的反思提供了重要前提，又为哲学对人的反思提出了迫切要求。在现代人本主义看来，由于现代科学承担了对人以外的全部存在的研究，因而现代哲学能够集中地反思人这种特殊的存在，并从对人的反思出发去重新理解人与世界的关系；同时，由于现代科学技术的发展，造成了“全球问题”和“人的物化问题”，因而现代哲学的

根本任务是反思包括科学活动在内的人的全部活动方式,回答现代人类的存在意义问题。从这种基本理解出发,现代人本主义认为,人是哲学的真正对象,关于人的哲学反思与科学具有不同的理论性质,它的主要社会功能是为人的自我认识提供理论前提。

科学主义与人本主义的对立,还表现为对传统哲学的不同的理解与批判。

以黑格尔哲学为最高代表的传统哲学的本质特征,可以作出这样的总体性概括,即:哲学家主要是以个人头脑中的思辨活动去追求思维把握和解释世界的全体自由性。把这句话分解开来,包含两层基本涵义:一是传统哲学的追求目标——思维把握和解释世界的全体自由性;二是传统哲学的研究方式——哲学家个人头脑中的思辨活动。

从哲学自身发展的逻辑上说,现代哲学产生于对传统哲学的批判;而如何批判传统哲学,则同时规定着新哲学所选取的不同的哲学方向与道路。

“拒斥形而上学”,这是自19世纪30年代以来的实证主义所开始的科学主义思潮的旗帜和出发点,它标志着科学主义思潮对传统哲学的总体态度,也蕴含着科学主义思潮的基本取向。在科学主义看来,以黑格尔哲学为代表的传统哲学,是一种“狂妄的理性”或“理性的狂妄”,即试图超越科学理性而无限地驰骋人类的理性。因此,科学主义从“谦虚的理性”或“理性的谦虚”出发,试图以科学理性来限定人类理性,用科学即自然科学的理论和方法去“改造”哲学,或通过语言的分析去“治疗”哲学,使哲学成为科学的“副产品”。

与“拒斥形而上学”的科学主义思潮不同,人本主义思潮认为,黑格尔的哲学是一种彻底理性化、逻辑化的“冷酷的理性”或“理性的冷酷”,它把人变成了抽象的、冰冷的逻辑。因此,人本主义从“丰富的人性”或“人的丰富性”出发,把它对传统哲学的批判诉诸关于人的生存意义的“人学”。现代的人本主义哲学,在批判以黑格尔哲学为标志的传统哲学的过程中,具体地探讨了自在的存在与自为的存在、理性与非理性、意识与无意识、语言与文化等诸多矛盾关系,在现代意义上展开了对人的哲学反思。

在概括地了解科学主义与人本主义对立的同时,我们还应看到现代哲学中这两大思潮的某些共同点及其相互融合的趋向。

现代哲学中的科学主义思潮,是以逻辑实证主义为典型代表的。在现代哲学的发展过程中,逻辑实证主义不仅遭到各种人本主义派别的讨伐,而且也受到了其后的各种科学哲学流派的批判。波普的批判理性主义、库恩的历史主义、拉卡托斯的精致证伪主义、费耶阿本德的认识论的无政府主义等等,从不同的角度、在不同的程度上均“缓和”了对传统哲学的批判,从而也微妙曲折地调整了对哲学本身的看法。波普的批判理性主义不仅“容忍”思辨性的猜测,而且认为科学本身就是通过自由创造的、思辨的、尝试性的猜测与观察和实验的反驳而获得进步的。库恩则以科学家集团所共同遵循的"范式"作为其科学发展历史模型的核心范畴,强调社会文化心理因素在理论选择和科学发展中的作用。至于费耶阿本德,甚至反对科学是按照某种或某些特殊的方式进行的一种理性活动的观点,以至认为现代科学正在扮演与早期欧洲基督教相类似的角色。这种"内部造反",不能不说是对极端的"科学主义"的一种惩罚。

应当特别指出的是,面对现代科学及其技术应用的迅猛发展,在当代哲学中正在兴起"对科学的人文主义理解"的思潮。这种思潮认为,科学作为人类的一种活动方式,科学理论作为人类这种活动方式的结果,它同人类自身一样,是一种历史性的存在,而不是某种超越人类之外或凌驾于人类之上的独立自主的实体。科学的认识方式和方法论原则,并不具有永恒的中立性,而总是蕴含着人类的历史性的概念框架、解释原则和价值观念。因此,需要从人文主义的视野去理解科学,并在对科学的人文主义理解中,消弥科学主义与人本主义的对峙。

在《分析的时代——二十世纪的哲学家》一书的结尾,莫尔顿·怀特曾感慨万千地说:"只要我们把哲学看成是各部分截然隔开的学科,在那里有感动我们的萨特尔,有为我们做实证工作的卡尔纳普,那么我就必然看到使哲学界分裂的不只是不协调,而是更加令人沮丧的东西,那就是哲学家们完全缺乏能力和方法达到相互之间的了解。"他提出,"最重要的是把20世纪哲学的两个对立要素重新统一起来,即用那些主要是大陆传统中的高瞻远瞩、明察洞见和比较人道的与有文化修养的事宜来补足最近英、美传统中分析派的、实用主义的和语言学派所关心的事情"。他还充满信心地说:"当我们一旦弄清楚学科之间没有明确的分界线,而且没有一门学科可以称得起在认识分类表中占有一个唯我独尊的位置时,当我们弄清楚了人类各种经验的形式也和认识同样重要时:只有到那个时候才算打通最广义的、关于人的哲学研究的道路"①。超越科学主义和人本主义是当代哲学发展的总体趋向。

小结:

哲学的发展史是哲学自我追问的历史,也是各种哲学派别相互冲突的历史。哲学的派别冲突的根源在于人类自身存在的矛盾性,因此需要从人类自身存在的矛盾性去理解哲学的派别冲突。

在哲学的历史演进中,哲学的派别冲突总是在不同的层次上进行的,哲学理论在层次上的递进又总是在派别冲突中实现的,因此,应当以派别性和层次性这两个标准去考察各种哲学理论及其派别冲突。离开特定时代水平和特定理论层次去看待哲学的派别冲突,就会把哲学的派别斗争简单化、抽象化和庸俗化,并

① 参见怀特:《分析的时代——二十世纪的哲学家》,商务印书馆1981年版,第243-244页。

会导致把丰富多彩和不断进步的哲学思想变成某些僵死凝固的教条。

哲学的唯物主义与唯心主义，是对“精神”和“自然界”谁为“本原”的不同回答，也是“从物到感觉和思想”与“从思想和感觉到物”的两条不同的认识路线。哲学唯物主义与唯心主义的派别斗争，表现了人对自然的依附性与人对自然的超越性的矛盾。哲学唯心主义的产生与长期存在，具有深刻的认识论根源，其中最重要的是夸大和歪曲了主体对客体所具有的“逻辑先在性”。在理解哲学唯物主义时，应当着重探讨唯物主义历史形态的变革，特别是马克思的唯物主义哲学所实现的革命性变革。

辩证法是世界观、认识论和方法论的统一，不能离开哲学基本问题去解释辩证法。应当从“自在”与“自为”这两个层次去考察辩证法，充分理解整个世界自在意义上的辩证运动，并进而理解掌握自为意义上的辩证法理论的重要性，从而在思维与存在的关系的意义上理解辩证法与形而上学这两种思维方式的冲突。

人的感性与理性的矛盾，以理论的形态表现为哲学史上的经验论与唯理论的冲突。这种冲突主要地表现在关于知识的来源、认识的逻辑以及认识的可靠性的不同理解。超越经验论和唯理论对感性与理性的相互关系的片面性理解，十分重要的是形成关于表象与思想的矛盾运动的辩证理解。

在当代哲学的派别冲突中，科学主义与人本主义的对峙与融合是引人注目的。理解“科学主义”，需要考察“科学主义”与“科学哲学”、“分析哲学”以及“科学精神”的关系；理解“人本主义”，则需要分析“人本主义”与“人道主义”、“存在主义”和“反科学主义”的关系，特别是要分析“人本主义”与马克思主义的关系。现代西方哲学中的科学主义和人本主义的共同的基本观念，在于真理观的多元主义、价值观的相对主义和历史观的非决定论。现代哲学发展的一个重要趋向是超越科学主义和人本主义。

思考题：

1. 怎样理解哲学的派别性与层次性之间的关系？
2. 试用哲学的派别性与层次性分析唯物主义与唯心主义的斗争。
3. 怎样理解辩证法的自在性与自为性？
4. 简要分析人的感性与理性的矛盾，并以表象与思想的矛盾运动描述认识过程。
5. 什么是科学主义和人本主义？对这两大思潮作出简要的评论。

第七章　哲学的历史演进

哲学是历史性的思想，哲学史则是思想性的历史。哲学与哲学史是密不可分的。了解哲学的演进历程和发展规律，探索哲学历史性转换的时代内容和理论内涵，对于历史地追问和回答“哲学究竟是什么”这个根本问题，对于深入理解哲学的思维方式和生活基础、哲学的主要问题和派别斗争，都是十分重要的。

第一节　哲学发展史的涵义

哲学的历史有其特殊的演进历程和发展规律。人们通常把哲学区分为“古代哲学”、“近代哲学”和“现代哲学”，这意味着，哲学在“古代”、“近代”和“现代”发生了重大的历史性变化。如何看待这种变化，直接关系到如何理解哲学的“发展”。

在《哲学史讲演录》一书中，黑格尔曾经驳斥那种把“哲学史作为分歧意见之堆积”的观点。在那种观点看来，“哲学史的结果所昭示的，不过只是分歧的思想、多样的哲学的发生过程，这些思想和哲学彼此互相反对、互相矛盾、互相推翻”。“全部哲学史这样就成了一个战场，堆满着死人的骨骼。它是一个死人的王国，这王国不仅充满着肉体死亡了的个人，而且充满着已经推翻了的和精神上死亡了的系统，在这里面，每一个杀死了另一个，并且埋葬了另一个”①。正是针对这种观点，黑格尔专门地分析了“发展的概念”。这对于我们理解哲学发展史的涵义，既是饶有兴味的，又是深受启发的。

黑格尔提出，要理解“发展”，首先就要区分“潜在”与“实在”。他举例说：“小孩也是一个人，但是他只有理性的能力，只有理性的真实可能性；他有理性简直和无理性几乎没有甚么差别，理性还没有存在在他里面，因为他还不能够作理性的事情，也还没有理性的意识。”②这表现，“发展”是一个由“潜在”到“实在”的过程，既不能把“潜在”与“实在”混为一谈，又不能把“潜在”与“实在”割裂开来。

“发展”是一个“具体的概念”，这是黑格尔关于哲学发展史的又一个重要思想。黑格尔指出，“如果真理是抽象的，则它就是不真的。健康的人类理性趋向

① 黑格尔：《哲学史讲演录》第1卷，商务印书馆1959年版，第21-22页。

② 黑格尔：《哲学史讲演录》第1卷，商务印书馆1959年版，第26页。

于具体的东西。""哲学是最敌视抽象的,它引导我们回复到具体"。[①] 黑格尔把哲学的发展归结为"理念"的自我发展,这当然是错误的;但是,他从"具体"性来理解和解释哲学的发展史,则启发人们具体地探讨哲学史上的各种理论形态,从中寻求哲学演进的规律。

黑格尔认为,哲学的"具体"的运动,"乃是一系列的发展,并非像一条直线抽象地向着无穷发展,必须认作像一个圆圈那样,乃是回复到自身的发展。这个圆圈又是许多圆圈所构成;而那整体乃是许多自己回复到自己的发展过程所构成的"[②]。对此,列宁在《哲学笔记》中予以高度评价。列宁写道,"把哲学史比做圆圈",这是"一个非常深刻而确切的比喻!! 每一种思想=整个人类思想发展的大圆圈(螺旋)上的一个圆圈"[③]。

关于哲学研究和哲学史研究,黑格尔还从上述思想出发,提出了一个最重要的方法论原则,即逻辑与历史相统一的原则。黑格尔说:"历史上的那些哲学系统的次序,与理念里的那些概念规定的逻辑推演的次序是相同的。我认为:如果我们能够对哲学史里面出现的各个系统的基本概念,完全剥掉它们的外在形态和特殊应用,我们就可以得到理念自身发展的各个不同的阶段的逻辑概念了。反之,如果掌握了逻辑的进程,我们亦可从它里面的各主要环节得到历史现象的进程"[④]。毫无疑问,在黑格尔的逻辑与历史相统一的思想中,是要求"历史"屈从他的"逻辑",因此,马克思批评说:"黑格尔认为,世界上过去发生的一切和现在还在发生的一切,就是他自己的思维中发生的一切。因此,历史的哲学仅仅是哲学的历史,即他自己的哲学的历史。""他以为他是在通过思想的运动建设世界;其实,他只是根据自己的绝对方法把所有人们头脑中的思想加以系统的改组和排列而已"[⑤]。但同时,马克思又充分地肯定了历史与逻辑相统一的方法论原则,并运用这一方法论原则去看待哲学与哲学史的关系。

在黑格尔的关于哲学发展史的论述中,还提出了哲学的"主导原则"与哲学史的关系问题。他认为,历史上的每种哲学都有其自身的"原则","每一原则在一定时间内都曾经是主导原则"。[⑥] 黑格尔认为,"每一哲学曾经是、而且仍是必然的,因此没有任何哲学曾消灭了,而所有各派哲学作为全体的诸环节都肯定地保存在哲学里"。"那最新的哲学就是所有各先行原则的结果,所以没有任何哲学是完全被推翻了的。那被推翻了的并不是这个哲学的原则,而只不过是这个

---

① 黑格尔:《哲学史讲演录》第1卷,商务印书馆1959年版,第29页。

② 黑格尔:《哲学史讲演录》第1卷,商务印书馆1959年版,第31-32页。

③ 参见《列宁全集》第38卷,第271页。

④ 黑格尔:《哲学史讲演录》第1卷,商务印书馆1959年版,第34页。

⑤ 《马克思恩格斯选集》第1卷,第108页。

⑥ 黑格尔:《哲学史讲演录》第1卷,商务印书馆1959年版,第41页。

原则的绝对性、究竟至上性”①。

在这里,黑格尔突出强调的是,哲学之所以是发展的,是因为每一种哲学“原则”都具有二重性,即:一方面,每一种哲学原则的“绝对性”、“究竟至上性”都会被“推翻”;另一方面,每一种哲学“原则”本身都会作为“环节”而“保存”在哲学中。反思哲学的历史,我们会感受到黑格尔这些思想的辩证智慧。

在黑格尔看来,哲学的历史是哲学“原则”被“扬弃”的历史,每种哲学原则都作为哲学自身发展的环节而保存在哲学之中,这种观点确认了哲学的历史性发展,拒绝了相对主义的观点。毫无疑问,我们需要批判地考察黑格尔的哲学思想。但是,在理解哲学的“发展”的涵义时,我们不应忽视黑格尔的哲学史思想所提供的透视角度。

第二节 哲学发展的多重透视

一、从思维和存在的关系问题透视哲学史

哲学的历史演进,是同哲学基本问题——思维和存在的关系问题——的历史性变化密不可分的。恩格斯在提出“全部哲学,特别是近代哲学的重大的基本问题,是思维和存在的关系问题”②之后,紧接着就分别地论述了“思维和存在的关系问题”在“远古时代”、“中世纪”和“近代”的不同状况。结合恩格斯关于哲学基本问题历史演化的论述去反观哲学史,能够更为具体地深化我们对哲学的“发展”的理解。

恩格斯提出,在“远古时代”,人们已经“不得不思考这种灵魂对外部世界的关系”,并产生了“灵魂不死的观念”,因此,“思维对存在、精神对自然界的关系问题,全部哲学的最高问题,像一切宗教一样,其根源在于蒙昧时代的狭隘而愚昧的观念”。而在“中世纪”的“经院哲学”中,哲学的基本问题则是以这种形式提出来的,即:“世界是神创造的呢,还是从来就有的?”③

在概述了哲学基本问题在“远古时代”和“中世纪”的状况之后,恩格斯集中地论述了近代哲学与哲学基本问题的关系。恩格斯指出,思维和存在的关系问题,“只是在欧洲人从基督教中世纪的长期冬眠中觉醒以后,才被十分清楚地提了出来,才获得了它的完全的意义”。④

① 黑格尔:《哲学史讲演录》第1卷,商务印书馆1959年版,第40页。
② 《马克思恩格斯选集》第4卷,第219页。
③ 《马克思恩格斯选集》第4卷,第220页。
④ 《马克思恩格斯选集》第4卷,第220页。

一般认为，在西方哲学的发展史上，出现了两次大的“转向”，第一次是从古代哲学到近代哲学的“认识论转向”，第二次是从近代哲学到现代哲学的“实践转向”和“语言转向”。这两次“转向”，就其理论内涵而言，都是转换了对“思维和存在的关系”的理解。

古代哲学，它离开对人类意识及其与世界相互关系的认识论反省，单纯地从对象世界本身去寻求世界的统一性，并直接地断言世界本身，而没有自觉到在这种断言中所蕴含的“思维与存在的关系问题”。因此，哲学的“古代”涵义，是指尚未自觉地提出哲学基本问题而直接地寻求和断言世界本身的哲学理论形态。

近代哲学之所以被称为“认识论转向”，是因为它以反省人类意识及其与世界的相互关系为出发点，在“思维和存在的关系”中寻求二者的统一性。在这种认识论反省中，“思维和存在的关系问题”被“清楚地提了出来”，并使之获得了“完全的意义”。18世纪末到19世纪初的德国古典哲学，又把这种“认识论转向”发展为对“思维和存在的关系问题”的逻辑学反思，即以概念辩证运动的形式去描述思维和存在的规律层面上的统一。因此，哲学的“近代”涵义，是指自觉地提出哲学基本问题并从而寻求思维规律与存在规律统一的哲学理论形态。

现代哲学之所以被称为“实践转向”和“语言转向”，是因为它超越了近代认识论转向的主观与客观的二元对立，从思维与存在统一的现实基础（实践）或文化中介（语言）出发，去回答和解决思维和存在的关系问题。马克思的“实践转向”，以人的现实的存在方式——实践活动及其历史发展——为基础去解决思维与存在、人与世界之间的关系问题；现代西方哲学的“语言转向”，则是以人类历史文化的“水库”——语言——为出发点去反省思维与存在、人与世界之间的关系问题。因此，哲学的“现代”涵义，是指以人的历史性存在为中介去回答和解决哲学基本问题的哲学理论形态。它与传统哲学（包括古代哲学和近代哲学）的根本区别，在于传统哲学总是以“超历史”的方式去解决哲学问题，而现代哲学则是以“历史的”方式去提出和回答哲学问题。

在哲学的“古代”、“近代”和“现代”的理论形态的历史转换中，实现了哲学的提问方式和理论内涵的历史性发展。古代哲学提出“万物的统一性”问题，这既意味着人类试图以某种最深层的统一性的存在来确定人类生活意义的最高支撑点，又意味着人类尚未达到从思维对存在的关系去反省人类生活的意义。因此，这种哲学实质是表征着人类从自在走向自为的过程。近代哲学提出“意识的统一性”问题，这既意味着人类以反省的认识去寻求人类生活的意义，又意味着人类是以超历史的即抽象的观念去看待存在的意义。这种哲学表征着人类受“抽象”统治的自我意识。现代哲学提出“实践的统一性”以及科学、语言、文化等等的统一性问题，这既意味着人类从历史的即现实的观念去看待存在的意义，也意味着人类在多元文化中的意义的冲突与危机。这种哲学表征着人类的理论理性与实践理性相融合的自我意识。

二、从人类存在的历史形态透视哲学史

哲学作为理论形态的人类自我意识，它的理论形态的历史演进，直接地取决于人类关于自身存在的自我意识的历史性变化；而人类关于自身存在的自我意识的历史性变化，则深层地取决于人类存在的历史形态的转换。因此，哲学史，归根到底是理论形态的人类发展史；每个时代的哲学，则归根到底是“思想中所把握到的时代”，是“自己时代精神的精华”。

关于人类存在的历史形态，马克思从宏观的历史视野，作出了如下的总体概括：“人的依赖关系（起初完全是自然发生的），是最初的社会形态，在这种形态下，人的生产能力只是在狭窄的范围和孤立的地点发展的。以物的依赖性为基础的人的独立性是第二大形态，在这种形态下，才形成普遍的社会物质交往，全面的关系，多方面的需求以及全面的能力体系。建立在个人全面发展和他们共同的社会生产能力成为他们的社会财富这一基础上的自由个性，是第三阶段，第二阶段为第三阶段创造条件。”①概括地说，人类存在的三大历史形态是：人的依赖关系；以物的依赖性为基础的人的独立性；以个人全面发展为基础的自由个性。

在“人的依赖关系”的历史形态中，个人依附于群体，个人不具有独立性，只不过是“一定的狭隘人群的附属物”。在“以物的依赖性为基础的人的独立性”的历史形态中，个人摆脱了人身依附关系，而获得了独立性，但这种“独立性”却只能是“以物的依赖性为基础”。人依赖于物，人受物的统治，人与人的关系受制于物与物的关系。只有超越“以物的依赖性为基础的人的独立性”，才能实现“建立在个人全面发展和他们共同的社会生产能力成为他们的社会财富这一基础上的自由个性”。这就是人类存在的三大历史形态的基本特征。

人类存在的三大历史形态，是人类存在方式的历史规定性。这种历史的规定性，集中地表现为“自然经济”、“市场经济”和社会生产力高度发达基础上的“产品经济”。分析人类存在的历史规定性，有助于我们透视哲学历史性转换的理论内涵。

所谓“自然经济”，就是在生产力水平低下或较为低下的情况下的“人的依赖性”或“人对人的依附性”的人的存在方式。在“自然经济”的形态下，“人的生产能力只是在狭窄的范围内和孤立的地点上发展着”。由于生产力水平低下或较为低下所造成的“人对人的依附性”，从人的存在方式上看，“自然经济”的特点是经济生活的禁欲主义、文化生活的蒙昧主义和政治生活的专制主义的

① 《马克思恩格斯全集》第46卷（上），第104页。

"三位一体"。经济生活的禁欲主义既需要文化生活的蒙昧主义,更需要政治生活的专制主义。自然经济的人的存在方式,从本质上看,就是这种禁欲主义、蒙昧主义和专制主义"三位一体"的"人对人的依附性"的存在方式。

按照马克思的观点,超越自然经济的市场经济,实现了人的存在方式由"人对人的依附性"到"以物的依赖性为基础的人的独立性"的历史性转变。马克思提出,在这种"以物的依赖性为基础的人的独立性"的存在方式中,"才形成普遍的社会物质交换,全面的关系,多方面的需求以及全面的能力的体系"①。

如果我们可以像上文那样把"自然经济"的特征概括为经济生活的禁欲主义、文化生活的蒙昧主义和政治生活的专制主义,那么,在与"自然经济"相比较的意义上,我们可以对"市场经济"的特征作出如下的概括:经济生活的反对禁欲主义而要求现实幸福,文化生活的反对蒙昧主义而要求理性自由,政治生活的反对专制主义而要求天赋人权。"市场经济"的这种要求的理论表达,则构成人们所熟知的著名的哲学命题,这就是:"我欲故我在"(要求现实幸福);"我思故我在"(要求理性自由);"我生而为人"(要求天赋人权)。

如果我们更深入一步地从人的思维方式、价值观念和行为方式等人的存在方式的视角去透视"市场经济",那么,我们又可以对"市场经济"的特征作出更为实质性的概括。这就是:功利主义的价值态度(以功利原则为价值核心);工具理性的思维方式(以科学思维为合理性);民主法制的社会体制(市场经济即法制经济)。

市场经济按照自己的要求去塑造全部的社会生活,从而也就塑造了人的新的存在方式(人在市场经济中的存在方式)。对于人的这种存在方式的本质与特征,马克思作出了最为简洁、精辟的理论把握与概括,这就是:"以物的依赖性为基础的人的独立性"。

马克思的概括,深刻地揭示了市场经济以及与之相适应的人的存在方式的二重性:一方面,与自然经济相比,市场经济使人的存在方式由"人对人的依附性"转变为"人的独立性";另一方面,市场经济中的"人的独立性",只能是"以物的依赖性为基础",因此它所实现的由"人对人的依附性"到"人的独立性"的转变,只是由"人的依赖关系"转变为"物的依赖关系"。正是由于市场经济以及与之相适应的人的存在方式的二重性,所以马克思既充分肯定市场经济较之自然经济的巨大的历史进步性,又深刻地揭露市场经济的内在矛盾,并指出超越市场经济的人的第三大存在状态——"建立在个人全面发展和他们共同的社会生产能力成为他们的社会财富这一基础上的自由个性"②。

---

① 《马克思恩格斯全集》第46卷(上),第104页。

② 参见《马克思恩格斯全集》第46卷(上),第104页。

从人类存在的三大历史形态去透视哲学史，会有助于我们对哲学的古代形态、近代形态和现代形态的理解，也会有助于我们探索和展望哲学的未来发展趋向。

三、从哲学寻求崇高的进程透视哲学史

哲学的历史是寻求崇高的历史。在人类历史的精神坐标上，“崇高”与“渺小”一向是对立的两极：“崇高”象征着真善美，“渺小”则意味着假恶丑。为人类寻求“安身立命之本”的哲学，一向是以阐扬崇高和贬抑渺小作为自己的追求目标和理论使命。无论是从先秦到明清的中国传统哲学，还是从古希腊罗马到近代欧洲的西方传统哲学，无不把象征真善美的崇高作为哲学理性的真谛。

然而，值得深思的是，哲学作为“思想中所把握到的时代”，无论是中国传统哲学还是西方传统哲学，在建构人类生活精神坐标的进程中，既历史地践履着对崇高的追求，又非历史地把崇高异化为某种超历史的存在。崇高的追求与崇高的异化，构成了整个传统哲学的最深层次的内在矛盾。从整个哲学史看，哲学正是在追求崇高和“消解”崇高的异化的过程中发展的。这就是哲学的追求和确立崇高、批判和消解崇高的异化、重新寻求和确立崇高的否定之否定的辩证法。

在论述哲学的反宗教的历史任务时，马克思曾提出，“彼岸世界的真理消逝以后，历史的任务就是确立此岸世界的真理。人的自我异化的神圣形象被揭穿以后，揭露非神圣形象中的自我异化，就成了为历史服务的哲学的迫切任务。于是对天国的批判就变成对尘世的批判，对宗教的批判就变成对法的批判，对神学的批评就变成对政治的批判”①。

在这里，马克思为我们反思哲学的历史演进，提供了一个极其重要的透视角度。这就是：近代以前的哲学，特别是中世纪哲学，是一个塑造“神圣形象”的过程；近代哲学本身，则是一个消解“神圣形象”，并以种种“非神圣形象”取而代之的过程；一个半世纪以来的现代哲学，则是在消解“神圣形象”的基础上，进而消解诸种“非神圣形象”的过程。从哲学寻求崇高和消解被异化了的崇高的双重过程去透视哲学史，将深化我们对哲学“发展”的理论内涵的理解。

传统哲学对崇高的追求，具有这样的根本性特征，即：以崇高与渺小的绝对两极对立为前提，以确立崇高的某种终极性存在为目标，以自身的理论形态作为崇高的终极实现而自期自许。传统哲学的这种根本性特征，集中地表现为传统哲学的提问方式。传统哲学向自己提出的问题是：什么是绝对之真、至上之善和最高之美？在传统哲学看来，只有当哲学为人类揭示出这种绝对之真、至上之善和最高之美，并且人类按照这种绝对之真、至上之善和最高之美来裁判和实践自

---

① 《马克思恩格斯选集》第1卷，第2页。

己的全部生活,人类才能够崇高起来。这样,传统哲学就把对崇高的挚爱与追求,变成种种亘古不变的哲学理念,把崇高的历史性内涵异化为统治人的思想与行为的种种僵化的教条和崇拜的偶像。由此便造成了传统哲学的崇高的追求与异化的崇高的内在矛盾。

崇高在中国传统哲学中的异化,主要表现为"君权"、"经典"、"纲常"等伦理关系的神圣化;崇高在西方传统哲学中的异化,则主要表现为"本体"、"共相"、"逻辑"等认知关系的神圣化。"上帝"作为被异化了的崇高——人的全部思想与行为的最高规范和最高裁判——只不过是被神圣化了的"本体"、"共相"或"逻辑"。

崇高的异化,首先是集中地表现为在宗教中的异化,即崇高被异化为"神圣形象"的"上帝"。因此马克思提出,"对宗教的批判是其他一切批判的前提","反宗教的斗争间接地也就是反对以宗教为精神慰藉的那个世界的斗争"①。马克思同时指出,在人的自我异化的"神圣形象"被揭穿以后,揭穿"非神圣形象"中的自我异化,即揭穿人在"尘世"中的"法"、"政治"等等"非神圣形象"中的自我异化,就成了现代哲学的历史任务。

如果我们把哲学的塑造"神圣形象"、消解"神圣形象"和消解"非神圣形象"的发展过程,同马克思的关于人的存在形态的"人的依赖关系"、"以物的依赖性为基础的人的独立性"和以"个人全面发展"为基础的"自由个性"的发展进程联系起来,就会更为深切地理解哲学在寻求崇高的过程中所实现的对人类存在的自我意识的理论把握。

在"人的依赖关系"中,个体对崇高的追求,就是对群体的崇拜,被崇拜的群体则被异化为超人的"神圣形象"(从图腾到上帝)。这样,作为理论形态的人类自我意识的哲学,它对崇高的寻求和崇高的异化,就表现为以"人的依赖关系"为基础的对"神圣形象"的崇拜。

在"以物的依赖性为基础的人的独立性"的历史形态中,人对人的依赖变成了人对物的依赖,因此,人对"神"的崇拜也变成了人对"物"的崇拜,崇高在"神圣形象"中的异化也变成了崇高在"非神圣形象"中的异化。

正因如此,哲学的历史进程,就由塑造"神圣形象"而演进为消解"神圣形象",又由消解"神圣形象"而演进为消解"非神圣形象"。哲学的这个演进过程,正是理论地表征着人类社会从人对人的依赖性走向人对物的依赖性,并进而改变人对物的依赖性的历史进程。然而,20 世纪的哲学理性在消解"非神圣形象"的过程中,又承受着失落了"崇高"的种种精神困倦,因此,当代哲学正在重新确立"崇高"位置的理论反思中实现自己的发展。

---

① 《马克思恩格斯选集》第 1 卷,第 1 页。

第三节　哲学发展的基本特征

一、哲学观的变革与哲学理论的发展

哲学的发展是与哲学观的变革密不可分的。这是哲学发展的一个突出特征。真正的哲学家,都把“哲学究竟是什么”作为自己的哲学思考的首要问题,并以自己的哲学观去创建自己的哲学理论,由此便形成了哲学史上的多姿多彩的哲学理论。正是这些多姿多彩的哲学理论,表现和推进了人类对自身的追问、人类对世界的求索以及人类对自身与世界的相互关系的理解,从而塑造和引导了新的时代精神,实现了哲学自身的发展。

古今中外的哲学家所创造的哲学观或“哲学理念”是多种多样的;但是,这些各种各样的哲学观或“哲学理念”,并不是哲学家主观任意的创造,恰恰相反,任何一种产生重要影响的“哲学观”或“哲学理念”,都是形成于哲学的人类性、民族性、时代性和个体性的某种统一之中。按照我们的理解,任何一种哲学观或“哲学理念”,都是形成于哲学家以时代性的内容、民族性的形式和个体性的风格去求索人类性问题的某种“聚焦点”上。

在哲学发展史上,哲学家们的哲学观,曾经发生过历史性的重大变革。以具有划时代意义的古希腊哲学、西方近代哲学、马克思主义哲学以及现代西方哲学为标志,我们对“哲学观”的重大变革,可以作出这样的概括:被黑格尔称作“一切哲学家的老师”的古希腊哲人亚里士多德,把哲学定义为“寻取最高原因的基本原理”的学术;被恩格斯称作“以最宏伟的形式概括了以往哲学全部发展”的黑格尔,则把亚里士多德以来的全部哲学归结为这样一句话:“真理的王国是哲学所最熟悉的领域,也是哲学所缔造的,通过哲学的研究,我们是可以分享的”①;恩格斯在总结包括黑格尔哲学在内的整个哲学史的基础上,则明确地提出:“全部哲学,特别是近代哲学的重大的基本问题,是思维和存在的关系问题”②;与此同时,马克思在被恩格斯称作“包含着新世界观的天才萌芽的第一个文件”的《关于费尔巴哈的提纲》一文中,则在哲学史上第一次提出:“人的思维是否具有客观的真理性,这并不是一个理论的问题,而是一个实践的问题”,“哲学家们只是用不同的方式解释世界,而问题在于改变世界”③;20 世纪的西方现代哲学,在对哲学的多元理解中,出现了“分析”运动和“解释”理论,形成了人们

---

① 黑格尔:《小逻辑》,第 35 页。

② 《马克思恩格斯选集》第 4 卷,第 219 页。

③ 《马克思恩格斯选集》第 1 卷,第 16、19 页。

通常所说的"科学主义"与"人本主义"的对峙与融合,并在对现代化的反思中蔓延起一种被人们称之为"后现代主义"的哲学思潮。

我国在古代就形成了极为丰富和深邃的哲学思想。我国最早的哲学可以上溯到殷周之际,距今已有3 000年以上的历史。春秋战国时期,诸子百家争鸣,形成了内涵丰厚的中国传统哲学。但是,由于中国古代文、史、哲不分,没有表示"哲学"的专有名词,在先秦称为子学,以后相沿流传,称为经学、玄学、理学、心学等等。汉语"哲学"一词,是由日本学者西周对希腊文 Philosophia 的译名而来,并大约在19世纪80年代传入我国。

自19世纪末叶以来,特别是在"五四"运动以后,哲学观或"哲学理念"的论争,愈益显著地成为现代中国哲学的突出的重要问题。"五四"以来的中国,马克思主义哲学以其不可遏止的生机而传播于中国,形形色色的西方哲学思潮如放闸之水而流行于学界,中国传统哲学则在时代的剧变中而被重新阐扬。社会生活的空前震荡,国家民族的救亡图存,中西文化的猛烈撞击,新旧学术的砥砺契合,汇之于寻求改造中国、创造中国新哲学之路的聚焦点上,由此便构成了思路各异、学派纷呈、各具规模、论战迭起的现代中国哲学。综观现代中国哲学,似可概括为以融汇中西哲学、沟通新旧文化为底色,以传播和应用马克思主义哲学为主流,以引进和品评西方哲学、重释和阐扬中国传统哲学、介绍和发展马克思主义哲学为基本内容,以哲学为武器而改造社会与人生为目的的总体性特征。

在现代中国哲学的发展史上,最为重要的是马克思主义哲学在中国的传播、应用与发展。由李大钊、陈独秀、瞿秋白、恽代英、邓中夏、张太雷等中国早期共产主义者介绍到中国的马克思主义哲学,经过李达、艾思奇等人的系统整理与通俗解释,在毛泽东的《实践论》、《矛盾论》等哲学名著中得到全面的论述和广泛的发挥,并在毛泽东的《中国革命战争的战略问题》、《论持久战》、《新民主主义论》等著作中得到具体应用和较为全面的发展。毛泽东哲学思想是现代中国哲学的最可珍贵的精华。

与马克思主义哲学在中国的传播相并行的是对形形色色的西方哲学思想的介绍、评论与融合。上起古希腊的苏格拉底、柏拉图、亚里士多德,中经近代的培根、笛卡尔、康德、黑格尔,下至尼采、柏格森、斯宾塞、罗素、杜威,凡西方哲学之先哲今贤,皆有人引进之、评述之、发挥之。金岳霖、冯友兰、贺麟、胡适、张东荪等人介绍、品评、发挥西方各流派思想之作成果累累,蔚为大观。由于上述学者功底深厚,学贯中西,或博采众长以成一家之言,或独倡一派而能阐幽发微,或以西为用阐扬中学之体,高举远慕,体会真切,其所倡言的哲学观颇多启发后学之睿见。

在中西文化及其哲学的激烈撞击中,中华传统文化的新一代饱学之士直面"西化狂飚",既颇为理智地承认西方文化之优长,更恪守中华文化之本位,以坚实的学问根基和丰硕的研究成果,致力于阐扬中国传统文化特别是儒家哲学,力图返传统儒学之本而开科学民主之新。由梁启超、梁漱溟、张君劢、熊十力、冯友兰及贺麟等哲学重镇为主要代表人物的“返本开新”派,构成时人所谓“现代新儒学”。张君劢的人生论,熊十力的新唯识论,梁漱溟的东西文化论,冯友兰的新理学,贺麟的新心学,比较中西,融合中印,重释程朱,阐扬陆王,殚精竭虑,各有建树,构成现代中国哲学不可或缺之重要部分,并在当代世界哲学中产生不容忽视的影响。

自本世纪 70 年代末的改革开放以来,中国哲学界以当代社会生活的深刻变革为根基,以中国传统哲学和现当代西方哲学为主要的理论背景,在重新理解马克思的哲学变革的聚焦点上,展开了日趋深化的哲学观的论争。正是由于人们在哲学观或者说“元哲学”的层面上进行了深入的思索和激烈的论争,因而大大地推进了关于人的存在方式、关于社会发展、关于科学主义与人本主义两大思潮、关于中西两种文化等重大问题的研究,从而也大大地推进了当代中国哲学的发展。

二、时代精神的理论表征

任何一种哲学理论,都凝聚着哲学家所捕捉到的该时代人类对人与世界相互关系的自我意识,都贯穿着哲学家用以说明人与世界相互关系的独特的解释原则和概念框架,都熔铸着哲学家用以观照人与世界相互关系的价值观念、审美意识和终极关怀。因此,任何一种真正的哲学理论,都是黑格尔所说的“思想中所把握到的时代”,都是马克思所说的“时代精神的精华”。

关于“时代”、“时代精神”及其“精华”,人们有各种不同的理解与解释。但是,如果从人类的全部“生活活动”及其所创造的“生活世界”的历史发展去思考,我们就会比较清楚地看到:所谓“时代”,就是人类的全部“生活活动”及其所创造的“生活世界”具有相对的质的区别的社会发展阶段;与这个“时代”概念相对应,所谓“时代精神”,就是标志社会不同发展阶段的、具有特定历史内涵的“生活世界”的“意义”;与这个“时代精神”概念相对应,所谓“时代精神的精华”,就是对时代性的生活世界的“意义”的理论把握。

一般说来,任何时代的“时代精神”,都以三种基本方式存在:(1)人类把握世界的各种方式所创造的具有时代内涵的生活世界的“意义”,其中主要是该时代的科学精神、艺术精神、伦理精神等等;(2)该时代的普遍性的、倾向性的“意义”的个体自我意识,即该时代占主流的关于“意义”的个体自我意识,如普遍的社会心理等等;(3)该时代的理论形态的关于“意义”的社会自我意识,即关于时代“意义”的哲学理论。

每个时代的哲学精神,当然是该时代的“时代精神”;但是,作为一种“时代精神”的“哲学精神”,却不仅仅是一种“时代精神”,而且是“时代精神”的“精华”。这是因为:其一,每个时代的哲学精神,既是“聚焦”人类把握世界的各种方式所创造的具有时代内涵的生活世界的“意义”的“普照光”,又是对该时代的普遍性的、倾向性的“意义”的个体自我意识的理论升华。这就是说,在“时代精神”的三种基本的存在方式中,作为“意义”的社会自我意识,哲学最为集中地、最为深刻地、最为强烈地表现了每个时代的时代精神,因而成为“时代精神的精华”。其二,哲学作为人类的反思的思维方式,它以“社会的自我意识”的理论形态,批判性地反思“时代精神”,创造性地塑造和引导“时代精神”,因而成为“时代精神的精华”。

三、哲学问题的自我相关和自我超越

哲学史是哲学问题自我扬弃的过程,因此,哲学问题总是表现出自我相关和自我缠绕的特点,即:“老”问题总是以胚芽的形态蕴含着“新”问题,研究和回答“新”问题总是要反省“老”问题,以至“老”问题“青春永驻”;“新”问题又总是以成熟的形态展开了“老”问题,解决“老”问题总是有赖于探索“新”问题。这就是哲学问题的自我相关和自我缠绕。

哲学问题的自我相关和自我缠绕,深层地表现为哲学的解释原则的自我循环,即:哲学作为世界观理论,它在每个历史时代的各种文化样式中,总是充当解释和评价一切的根据、标准和尺度;因此,没有任何别的文化样式来充当解释哲学的根据、标准和尺度,哲学解释只能是自我解释,这就是哲学原则的解释循环问题。它在深层决定了哲学问题的自我相关和自我缠绕,即:哲学解释是自我相关的,它必须通过自我的反思与批判,来实现自身的发展。而这种哲学对自身解释原则的批判,也就是哲学问题自我相关和哲学原则解释循环的超越。

哲学问题自我相关和哲学原则解释循环的超越,首先是在不同时代的哲学理论的历史性转换中实现的。从哲学史上看,古代的本体论追究的哲学被近代的认识论反省的哲学所取代,近代的认识论反省的哲学又被德国古典哲学的逻辑学反思的哲学所取代,德国古典哲学又被马克思主义哲学和现代西方哲学所取代,都是哲学解释原则的自我超越。

哲学解释原则的自我超越并不是简单地抛弃先前的哲学解释原则,而是极为复杂的“扬弃”关系。首先,新的哲学解释原则总是否定了先前的哲学解释原则,并且否定了先前的解释原则得以形成的思维方式,实现了哲学自身的反思层次的跃迁。例如,近代哲学的解释原则,是从思维对存在的关系出发去提出和回答全部的哲学问题。它否定了先前的哲学离开思维对存在的关系而直接断言存在的解释原则,也否定了据以形成这种解释原则的非反思的思维方式。这样,近代哲学就使哲学进入到自觉的反思的逻辑层次。但是,这种哲学自身反思层次的跃迁，并不是抛弃了哲学对“存在”的追问，而是使这种追问自觉地提升到“思维和存在的关系问题”中来实现。因此，哲学解释循环的自我超越是一个“扬弃”的过程。

哲学问题自我相关和哲学原则解释循环的超越，又是在哲学的提问方式的历史性转换中实现的。哲学问题的人类性，决定了哲学的新、老问题的自我相关和自我缠绕；而哲学中的新问题与老问题的自我相关中的“内在差别”，则在于它们是以不同的方式去提出哲学问题。例如，古代哲学从“世界本身”提出问题，因而它探寻和回答“万物的统一性”问题；近代哲学从“思维和存在的关系”提出问题，因而它探寻和回答“思想的客观性”问题；马克思主义哲学从“现实的人及其历史发展”出发，因而它探寻和回答“人类解放”的问题；现代西方哲学从“历史文化的水库”即“语言”出发，因而它探寻和回答“文化的多样统一性”问题。而现代哲学与传统哲学的根本区别，则在于传统哲学总是以超历史的“两极对立”的方式提出问题，追究终极之真、至上之善和最高之美。与此相反，现代哲学则以历史的、中介化的思维方式提出问题，把哲学所追求的真善美视为一种相对的绝对性——自己时代的绝对和历史过程的相对。这样，现代哲学就把人类对自身存在的“最高支撑点”的探索，由传统哲学对终极真善美的占有，改变为自己时代水平的相对性理解和历史性的不懈追求。

哲学问题的自我相关和哲学原则的解释循环，深深地植根于哲学自身的本性，这就是，哲学虽然具有时代性的内容、民族性的形式和个体性的风格，但它却蕴含着人类性的问题。哲学问题的人类性，是哲学问题的自我相关和哲学原则的解释循环的深层根据。

哲学始终要求探索和回答人类性的问题，因而它的问题永远是自我相关的；哲学的解释原则，始终是对人与世界关系的根本性解释，因而它只能在自我超越中来达到对人与世界相互关系的新的理解。马克思说：“凡是把理论导致神秘主义方面去的神秘东西，都能在人的实践中以及对这个实践的理解中得到合理的解决。”①从哲学理论与人类生活的统一中去理解哲学历史演进，就会深切地把握到哲学发展的历史与逻辑的统一。

小结：

哲学是历史性的思想，哲学史则是思想性的历史。哲学的历史演进过程，是各个历史时代的“哲学理念”或“哲学原则”被扬弃的过程，也就是各种“哲学理念”作为历史与逻辑相统一的环节而保存在哲学的思想性的历史之中的过程。这就是哲学“发展”的基本涵义。

① 《马克思恩格斯选集》第1卷，第18页。

关于哲学的发展史,可以从多重角度去透视,其中最主要的有三个角度:一是从哲学基本问题即思维和存在的关系问题去透视哲学史。哲学的“古代”、“近代”与“现代”之分,具体地表现为近代哲学的“认识论转向”和现代哲学的“实践转向”、“语言转向”。哲学的“转向”的真实意义就在于深化了对思维与存在的矛盾关系的认识;二是从人类存在的历史形态透视哲学史。哲学作为理论形态的人类自我意识,它以理论的形式表征了人的存在方式的历史性转换,以及这种转换的深层文化内涵;三是从哲学寻求崇高的进程透视哲学史。哲学的历史是寻求崇高的历史,而哲学在寻求崇高的过程中又总是把崇高异化为某种超历史的存在,因而哲学又总是以消解被异化了的崇高的方式而重构人类精神生活中的崇高。

哲学的历史演进是在哲学的自我反思、自我批判和自我超越中实现的。哲学的自我批判,最重要的是哲学观的自我扬弃,以新时代的哲学理念去构建新时代所要求的哲学理论,因此哲学总是以理论的形式表征自己时代的时代精神,并塑造和引导新的时代精神。在哲学的历史发展进程中,充分地体现了哲学的时代性、民族性、个体性与人类性的统一,即:哲学总是以时代性的内容、民族性的形式和个体性的风格去求索人类性的问题,并在哲学问题自我扬弃的进程中实现对人的存在方式及其与世界的相互关系的新的理解。

思考题:

1. 哲学的“古代”、“近代”与“现代”的划分标准是什么?
2. 怎样理解哲学的历史是寻求崇高的过程?
3. 试从人类存在的历史形态分析哲学的历史演进。
4. 怎样理解哲学的时代性、民族性、个体性与人类性的关系?为什么说哲学既是时代精神的理论表征,又是对新的时代精神的塑造与引导?

第八章　哲学的现代革命

第一节　现代哲学的理论前提

人们常常把西方近代哲学发生的重大变革称作“认识论转向”，与此相适应，人们又常常把现代哲学的重大变革称作“实践转向”和“语言转向”。这里所说的“实践转向”，是指马克思在人类思想史上所实现的哲学革命；这里所说的“语言转向”，则是指现代西方哲学所实现的哲学变革。

现代哲学的“实践转向”和“语言转向”，从哲学发展的逻辑上看，都是以解决近代哲学的主-客二元对立为理论出发点的，并直接地以黑格尔哲学为批判对象而实现其“转向”的。

近代哲学自觉地提出了“思维和存在的关系问题”，并使之获得了“完全的意义”。但是，近代哲学的一个突出特征，是在“思维”与“存在”、“精神”与“物质”、“主观”与“客观”、“主体”与“客体”、“人”与“世界”的二元对立中去探索“思维和存在的关系问题”。这里，我们主要是以近代哲学中的唯物主义与唯心主义的基本理论内容及其相互关系来说明这个问题。

近代唯物主义所理解的“存在”，是“意识外的存在”，即作为客观实在的“物质”的存在；与这种“意识外的存在”相对应，近代唯物主义所理解的“思维”，则是“意识界的存在”，即作为“意识内容”的存在。因此，近代唯物主义所理解的“思维”和“存在”的关系，其实质是“精神”和“物质”的关系，更确切些说，是“意识内容”与“意识对象”的关系。

由于近代唯物主义把“思维”和“存在”的关系理解成“意识内容”和“意识对象”的关系，因此它必然把“思维”和“存在”视为彼此对立的存在，并进而寻求二者的统一。在近代唯物主义看来，“思维”和“存在”作为“意识内容”和“意识对象”，它们的对立就是“精神”与“物质”的对立，它们的统一则只能是“意识内容”与“意识对象”的统一，也就是使“意识对象”成为“意识内容”。因此，近代唯物主义离开人的实践活动及其历史发展，把“思维”和“存在”的统一描述和解释为意识对“意识外的存在”的被动的直观反映。正因如此，恩格斯提出，18 世纪的唯物主义（也可以说是整个近代的唯物主义）“只限于证明一切思维和知识的内容都应当起源于感性的经验"①。

与近代唯物主义相反,近代唯心主义所理解的存在,是"意识界的存在"即"意识内容"的存在,而不是近代唯物主义所理解的"意识外的存在"即"意识对象"的存在;与这种"意识界的存在"相对应,近代唯心主义所理解的"思维",只能是把握和统摄这种"意识界的存在"的思维活动,而不是"意识界的存在",即不是近代唯物主义所理解的"意识内容"。因此,近代唯心主义所理解的"思维"和"存在"的关系,并不是近代唯物主义所理解的"精神"和"物质"、"意识内容"和"意识对象"的关系,而是"精神"、"思维"的活动与"意识界的存在"的关系,即思维活动与"意识内容"的关系。正因为近代唯心主义撇开"意识外的存在"而探寻思维活动与"意识内容"的关系,所以它必然是像马克思所批评的那样,"抽象地发展了""能动的方面","因为唯心主义当然是不知道真正现实的、感性的活动本身的"②;同时,它又像恩格斯所肯定的那样,从"形式"方面去研究了"思维和存在的关系问题"③。

近代唯心主义把"存在"归结为"意识界的存在"而排斥"意识外的存在",这是在对"经验"的反思中所造成的一个理论后果。这种理论后果,最集中地体现在近代英国唯心主义哲学家贝克莱的哲学命题之中:"存在就是被感知"。

贝克莱的命题揭示了人类认识活动中的一个悖论,即:如果人的认识全部都来源于经验,因此,关于经验之外是否有某种不依赖于经验而独立存在的东西的问题,也仍然只能是求助于经验;而经验对于"超越经验"的"超验"问题却无法回答,因此不能不"沉默"了。那么,究竟人的认识能否超越"经验"而追问经验之外的存在呢?要解决这个问题,从根本上说,首先是解决近代哲学自身的主-客二元对立问题。

德国古典哲学的奠基人康德,试图在"超验"的层面上来提出问题和解决问题。"他把物质与精神的对立,修改成了物自体与纯形式的对立,即把原来各自的规定性明确的对立,修改成了没有任何经验实在性的纯逻辑的两极。不过,这没有任何经验实在性的两极一旦结合起来,相互作用,两者便都获得了经验实在性。"④这样,康德就以"超验"的方式,一举回答了近代哲学无法协调的两个问题:一方面,他以"超验"的方式肯定了"意识外的存在"即"物自体"的存在,也肯定了先于认识活动的"纯形式"即"感性"、"知性"和"理性"的存在,从而在没有任何"经验"参与的前提下,肯定了认识活动得以成立的对立的双方的存在;另一方面,他又使"超验"的两极——"物自体"和"纯形式"——在认识的活动

① 参见《马克思恩格斯选集》第3卷,第564页。

② 参见《马克思恩格斯选集》第1卷,第16页。

③ 参见《马克思恩格斯选集》第3卷,第564页。

④ 参见朱德生:《关于思维与存在同一性问题的思考》,《哲学研究》1997年第3期。

中构成经验内容。

然而，这种由“纯形式”与“物自体”结合而成的“现象界”，只能是具有“主观逻辑”的意义，而不具有“客观逻辑”的意义。这就是康德的“不可知论”。正是针对康德无法解决的问题，黑格尔提出，思维和存在必须首先是自在同一的，然后才能实现自为的同一。这就是黑格尔的“思维和存在的同一性”的“逻辑先在性”，也就是黑格尔对“思维和存在的同一性”的“本体论承诺”。

“思维和存在的同一性”的“逻辑先在性”，是指思维和存在的自在的同一性，即：在人的认识活动中实现思维和存在的自为的统一之前，也就是在思维和存在还没有实现经验内容中的统一之前，从逻辑上对思维和存在的同一性的判定。这种纯粹逻辑上的思维和存在的同一性，只能是“纯存在”与“纯思维”的统一。

“纯存在”和“纯思维”，它们作为没有任何经验内容、没有任何逻辑规定的存在，二者是直接的（没有任何中介的）、自在的（没有任何建构的）同一。然而，一旦进入现实的、自为的认识过程，思维和存在就变成以经验内容和逻辑规定为中介的统一。

黑格尔认为，思维和存在的现实的统一过程，是一个思维构成自己的双重否定过程：一方面，思维不断地否定自己的虚无性，使自己不断地获得越来越具体、越来越丰富的规定性；另一方面，思维又不断地反思、批判、否定自己所获得的规定性，从而在更深刻的层次上重新构成自己的规定性。由此便构成了思维运动的建构性与反思性、规定性与批判性、渐进性与飞跃性、自在性与自为性的辩证统一。这个思维自己运动的过程，就是思维和存在的自在自为的统一过程，就是黑格尔以概念运动的辩证发展所描述的人类思想运动的逻辑。它以唯心主义辩证法的理论形态解决了思维与存在的二元对立。

黑格尔哲学之所以能够“以最宏伟的形式概括了哲学的全部发展”①，首先就在于他以唯心主义辩证法的理论形态描述了人类思想运动的逻辑，以辩证法、认识论和逻辑学相统一的方式回答了“思维和存在的关系问题”。但是，黑格尔的哲学史意义又不止于此。他以自己的哲学理论体系，既构建了“人类思想运动的逻辑”，又构建了“法国革命的德国理论”，还构建了“使人崇高起来”的哲学理念。正是这种新的“三位一体”，使黑格尔哲学成为传统哲学向现代哲学转化的中介，成为现代哲学的“实践转向”和“语言转向”的直接理论对象。

黑格尔在自己的哲学体系中，用人类思维的普遍性去消解个体思维的有限性，用精神历程的内在性去消解认知过程的外在性，从而展现了个体理性认同普遍理性的精神历程，以及历史理性展现普遍理性的逻辑进程。这样，黑格尔就以

---

① 参见《马克思恩格斯选集》第 4 卷，第 216 页。

“绝对理念”的自我运动和自我认识的方式,实现了个体理性与普遍理性的辩证融合,并对哲学所寻求的崇高作出了辩证唯心主义的解释:崇高的存在,就是既超然于个体理性和历史理性之外,又内在于个体理性和历史理性之中的“绝对理念”;崇高的标准,就是作为普遍理性的“绝对理念”的自身存在和自我认识;崇高的实现,就是个体理性认同普遍理性的辩证融合过程。

应当而且必须看到,黑格尔关于个体理性认同普遍理性、历史理性展现普遍理性的“这一思想”,既是极其荒谬的——它导致了哲学的彻底的唯心主义和崇高的彻底的异化形态,又是极为深刻的——它提供了哲学的辩证的思维方式并提示了追求和实现崇高的新的道路。这条新的道路是:以“类主体”(而不是黑格尔的“普遍理性”即“绝对精神”)的方式去实现“每个人”的全面发展(而不是黑格尔的“个体理性”与“普遍理性”辩证融合的精神历程)。这条新的道路,是马克思开辟的。

探寻和研讨黑格尔哲学的多重内涵,对于理解现代哲学的革命是极为重要的。这首先是因为,黑格尔哲学以最宏伟的形式概括了以往哲学的全部发展,它凝聚了二千多年来的哲学成果,也凸现了整个传统哲学的内在矛盾。从黑格尔哲学中,既可以发现现代哲学的最直接的理论渊源,又可以发现现代哲学的最直接的批判对象。这还是因为,长期以来人们还没有充分重视黑格尔哲学的多重内涵。人们往往把黑格尔哲学简单地归结为“泛逻辑主义”或“理性的放荡”,其结果是既阉割了黑格尔哲学及其所代表的整个传统哲学追求崇高的理论目标和理论使命,又忽略了造成黑格尔哲学“泛逻辑主义”的根源,即忽略了崇高在黑格尔哲学及其所代表的整个传统哲学中的异化。这样,就既不能深刻地批判黑格尔哲学,也不能真正地继承黑格尔哲学,因而也就不能从哲学发展的内在逻辑上去理解现代哲学的革命。我们在这里探讨黑格尔哲学的多重内涵,正是为了深刻地理解现代哲学所实现的“实践转向”和“语言转向”,以及在此基础上去探讨当代哲学的发展趋向。

第二节 “实践转向”和马克思的哲学革命

一、“实践转向”的哲学论纲

20 世纪 80 年代以来,人们常常把马克思在哲学史上所实现的哲学革命称作“实践转向”。这种“实践转向”,既是以人的存在方式(实践)为中介去解决近代哲学的主-客二元对立,更是从人的实践活动及其历史发展出发去寻求人类解放的道路。因此,这种“实践转向”的真实意义,深刻地凝聚在马克思的这句名言之中:“哲学家们只是用不同的方式解释世界,而问题在于改变世界”①。

卡尔·马克思写于1845年春的《关于费尔巴哈的提纲》,被恩格斯称作“包含着新世界观的天才萌芽的第一个文件”②。正是在这个极其珍贵的文件中,凝聚着马克思对全部哲学史的高度概括性总结,熔铸着马克思对哲学本身的深切反思,表达了马克思对全部旧哲学的根本性批评,显露出马克思的哲学革命的标志性特征——“实践转向”。

马克思的“实践转向”的哲学论纲,是从批判全部旧哲学出发的。马克思说:“从前的一切唯物主义——包括费尔巴哈的唯物主义——的主要缺点是:对事物、现实、感性,只是从客体的或者直观的形式去理解,而不是把它们当作人的感性活动,当作实践去理解,不是从主观方面去理解。所以,结果竟是这样,和唯物主义相反,唯心主义却发展了能动的方面,但只是抽象地发展了,因为唯心主义当然是不知道真正现实的、感性的活动本身的。”③

在这段简洁精辟的文字中,马克思既尖锐地指出了旧唯物主义的“主要缺点”,又深刻地揭露了唯心主义“抽象地发展了”能动的方面的本质。而这二者的共同之处,则在于它们都不懂得“革命的”、“实践批判的”意义。因此,马克思从人的实践活动及其历史发展出发,去批判全部旧哲学和开拓现代意义的新哲学。

传统的唯物主义哲学和唯心主义哲学,分别从对立的两极去思考自然界与精神的关系问题,因而始终僵持于“本原”问题的自然本体与精神本体的抽象对立,并以还原论的思维方式去说明二者的统一。旧唯物论以自然界为精神的本原,力图把精神还原为自然,用自然来解释人类的精神活动,从而把物的尺度当作人类全部行为的根据。与此相反,唯心论则以精神为本原的存在,试图把一切都还原为精神,从而把精神的尺度当作人类全部行为的根据。

由于旧唯物论以自然为本体,只是从被动的观点去理解人与世界的关系,取消了人的能动性,因此它所坚持的是一种单纯的、自在的客体性原则;由于唯心论以精神为本体,只是从能动的观点去理解人与世界的关系,抽象地发展了人的能动性,因此它所坚持的是一种单纯的、自为的主体性原则。这样,旧唯物论和唯心论就不仅固执于“本原”问题上的自然本体与精神本体的抽象对立,而且造成了思维方式上的客体性原则与主体性原则的互不相容。它们把这种本原问题上的抽象对立和思维方式上的互不相容扩展到全部哲学问题,就使它们自身成为片面夸大两极的哲学理论。

① 《马克思恩格斯选集》第1卷,第19页。

② 《马克思恩格斯选集》第4卷,第208-209页。

③ 《马克思恩格斯选集》第1卷,第16页。

18世纪末到19世纪初的德国古典哲学,曾试图克服本原问题上的自然本体与精神本体的抽象对立,扬弃思维方式上的客体性原则与主体性原则的互不相容,以新的思维方式去开拓新的哲学道路。这种探索的积极成果就是自觉形态的辩证法理论。它要求从主体的活动出发去体认自然与精神、客体与主体的交互作用,阐发其间的辩证转化。

黑格尔认为,消解自然本体与精神本体的抽象对立,克服客体性原则与主体性原则的互不相容,必须诉诸把它们统一起来的中介环节——概念的世界。概念是自在的客观世界对自为的主观世界的生成,即外部世界转化成思维规定;同时,概念又是自为的主观世界对自在的客观世界的生成,即以观念的形态构成思维中的客观世界。自在的自然与自为的精神、单纯的客观性与单纯的主观性统一于自在自为的概念世界之中。

概念作为自然与精神双向生成的中介,它既是物的尺度与人的尺度的和解,又是合规律性与合目的性的统一,所以它首先是具有客观意义的主观目的性,即以"真"为根基的"善"的要求。这种"善"的要求是在思维中所达到的自然与精神、客观与主观的统一,它通过概念的"外化"、"对象化"即外部现实性活动而生成人所要求的世界。列宁说,在黑格尔逻辑学的概念论中包含着历史唯物主义的"萌芽"①。这个萌芽,就在于黑格尔对概念的实践理解中,具有把实践活动作为自然与精神、客观与主观统一的中介,并通过这个中介来说明世界对人的生成的"天才猜测"。正是这种天才猜测使黑格尔哲学成为"聪明的"即辩证的唯心主义理论,并构成传统哲学向现代哲学转化的中介环节。它不自觉地为现代哲学指出了一条本体中介化的现实道路。开拓这条道路,则是现代哲学所实现的哲学革命。

马克思和恩格斯坚定不移地承认外部自然界对人及其精神的"优先地位",并以是否承认这种"优先地位"作为划分唯物主义哲学和唯心主义哲学的标准。但他们认为:(1)在自然界与精神谁为"本原"的意义上区分的唯物主义和唯心主义,不能"在别的意义上"使用;(2)抽象的、孤立的、与人分离的自然界,对人来说也是无,关于自然界"优先地位"的证明,必须诉诸于实证科学和人类的全部实践活动;(3)包括科学活动在内的人类实践活动,以自身为中介而扬弃了自然与精神的抽象对立,并实现为人类历史发展中的具体统一;(4)正是由于旧唯物论和旧唯心论离开人类的实践活动和人类的历史发展去解决自然界与精神的关系问题,才把二者在"本原"问题上的抽象对立夸大、扩展和膨胀为整个哲学理论的互不相容,从而造成了各自无法克服的局限性(旧唯物论无法容纳能动性,旧唯心论则只能抽象地发展能动性);(5)其结果,是造成了自然本体与精神

① 参见《列宁全集》第38卷,第202页。

本体、客体性原则与主体性原则的抽象对立和互不相容,并构成了“非此即彼”的形而上学的思维方式;(6)因此必须“拯救”和改造德国古典哲学,特别是黑格尔的概念辩证法理论,在对实践的重新理解中创建新的哲学。

在马克思看来,黑格尔仅仅把概念作为客观主观化和主观客观化的中介环节,以概念自身的生成和外化去实现思维与存在、主观与客观、真与善的统一,就把概念的辩证发展变成了“无人身的理性”的自我对置、自我运动,从而也就把人与世界的现实的辩证关系神秘化了。因此,必须把被黑格尔哲学神秘化了的概念辩证法扬弃为实践辩证法的内在环节,不是用概念的辩证运动去说明人类的实践活动,而是用人类的实践活动去解释概念的辩证发展。

概念规定作为实践的内在环节,它既是实践主体对实践客体的规律性认识的结晶,又是实践主体对实践客体的目的性要求的体现,因而它才是合规律性与合目的性的统一。正是在这种统一中,物的尺度与人的尺度才熔铸成人给自己构成的客观世界的图画,才升华出人在观念中所创造的、要求世界满足自己的、对人说来是真善美相统一的新客体。而所谓概念的“外化”、“对象化”,在其现实性上,也只能是实践作为外部现实性活动,把观念中的新客体(概念规定)转化成现实的新客体(满足主体需要的劳动产品)。因此,马克思不仅以实践范畴去扬弃旧哲学中的自然本体与精神本体、客体性原则与主体性原则的抽象对立,而且把实践活动本身视为人与世界对立统一的根据,用实践的观点去解决全部哲学问题。

马克思的“实践转向”,首先是以实践的唯物主义回答了哲学的基本问题——思维和存在的关系问题。在其直接性上,就是回答和解决了德国古典哲学所遗留的问题。

在黑格尔看来,思维和存在的关系问题,就是以概念自身为中介的“无人身的理性”与其“逻辑规定”的关系。费尔巴哈则认为,“要理解思维和存在、精神和物质、人和自然界的统一,不应该从观念出发,而应该从有感觉的人和自然界出发;精神应能在物质中找到自己的位置,而物质在精神中却找不到自己的位置;人及其思维、感觉和需要应是这种统一的有机反映”①。这样,费尔巴哈就把思维和存在的关系当作“抽象的个人”与其“感性的直观”的关系。而在马克思所实现的“实践转向”中,思维和存在的关系问题,则是“现实的人”以“感性的活动”为基础的与“现实的世界”的关系问题。

所谓“现实的人”,就是从事实践活动并在实践活动中发展自身的人;“感性的活动”,就是这种“现实的人”所进行的社会实践活动;“现实的世界”,则是“现实的人”的“感性的活动”的对象。这样,贯穿于全部哲学史、并在近代哲学

① 参见科尔纽:《马克思的思想起源》,中国人民大学出版社 1987 年版,第 57 页。

中被明确地提了出来的哲学的基本问题,就在马克思的“实践转向”中获得了现实性:思维和存在的关系,就是以实践为基础的人与世界之间的、历史地发展着的关系;思维和存在的关系问题,就是以实践为基础的人与世界之间的、历史地发展着的关系问题。

思维和存在的关系问题的最本质最切近的基础是人类自己的实践活动。人类自己的实践活动是一个辩证的、历史的发展过程,思维和存在的关系问题所蕴含的全部矛盾关系,都植根于人类的存在方式——实践活动——的辩证本性,都展开在人的实践活动的历史发展过程中。因此,只有从“现实的人及其历史发展”出发,达到对哲学基本问题的实践论理解,才能合理地提出和回答思维和存在的关系问题。

马克思的“实践转向”,又以实践观点的思维方式实现了哲学的世界观、认识论和方法论的统一。

以实践论的观点去看待思维和存在的关系问题,我们就会懂得,在人类自己的实践活动及其历史发展的过程中,思维反映存在而又创造存在、思维肯定存在而又否定存在,从而使思维与存在的统一成为动态中的统一、发展中的统一。因此,哲学自身也是动态的而不是静止的、发展的而不是凝固的世界观、认识论和方法论的统一。

由于马克思主义哲学所揭示的思维自觉反映存在运动的规律凝聚着、积淀着人类在其前进的发展中所创建的全部科学反映世界的认识成果,是“对世界的认识的历史的总计、总和、结论”,因此,在其客观内容和普遍意义上说,马克思主义哲学就是关于自然、社会和思维发展的普遍规律的理论,即哲学世界观;由于马克思主义哲学从认识和实践的主体与客体交互作用的丰富关系及其历史发展来研究思维自觉反映存在运动的规律,为人类的全部历史活动提供认识基础,因此,从其研究对象和理论性质上看,它就是关于思维与存在统一规律的理论,即哲学认识论;由于马克思主义哲学所揭示的思维自觉反映存在运动的规律,既是对思维的历史和成就的总结,又是思维自觉地向存在接近和逼近的方法,因此,就其理论价值和社会功能上看,它又是人类认识世界和改造世界的伟大工具即哲学方法论。

二、“实践转向”的哲学革命

马克思的“实践转向”,以实践自身的矛盾性为基础,深刻地揭示了现实世界的二重化、人类自身的二重性和社会历史的二象性,从而真正地建立了恩格斯所说的“关于现实的人及其历史发展”的哲学理论。这就是马克思在哲学史上所实现的伟大变革。

在《路德维希·费尔巴哈和德国古典哲学的终结》一书中,恩格斯曾经这样批评费尔巴哈:“他紧紧地抓住自然界和人;但是,在他那里,自然界和人都只是空话。无论关于现实的自然界或关于现实的人,他都不能对我们说出任何确定的东西。但是,要从费尔巴哈的抽象的人转到现实的、活生生的人,就必须把这些人当做在历史中行动的人去研究。”①正是在“实践转向”中,马克思和恩格斯把“人”从费尔巴哈的“抽象的人”转到“现实的、活生生的人”,并把“人”当做“在历史中行动的人”去研究。

从实践的观点去看待人及其与世界的关系,我们就会发现,人类是在自己的实践活动中,首先是在自己的生产劳动中,把自身提升为认识世界和改造世界的主体,从而把整个自然界(包括人自身的自然)变成认识和改造的对象即客体。这样,人类的实践活动就否定了世界的单纯的自在性,而使之变成“人化了的自然”、“属人的自然”,变成人类生活的历史文化的世界。这就是由于人类实践活动所造成的现实世界的二重化,即自在世界与自为世界、自然世界与属人世界、客观世界与主观世界的分裂与对立。同时,又正是在人类的实践活动及其历史发展的过程中,人类不断地使自己的目的、理想和要求转化为现实,使世界变成自己所憧憬的世界,即实现被实践活动二重化的世界的新的统一。

从实践的观点去看待人及其与世界的关系,我们还会发现,实践活动不仅造成了现实世界的二重化,也造成了人类自身的二重性。人类作为物质世界链条上的特定环节,是自在的或自然的存在;人类作为认识世界和改造世界的主体,则是自为的或自觉的存在。这就是人类自身的二重性。在实践活动中,人以自身的“物质自然”、“感性存在”,并通过“感性活动”的中介,去改变“感性存在”的世界。但是,无论是人的“感性存在”、人的“感性活动”,还是“感性活动”的对象,又都是人类自己实践活动的产物。这又是人对自然的“超越性”。正是从实践的观点去看待人及其与世界的关系,马克思合理地揭示了现实的人及其历史发展的规律。

从实践的观点去看待人及其与世界的关系,特别重要的是解决了社会历史的二象性问题。人是社会历史的主体,“历史不过是追求着自己的目的的人的活动而已”②。然而,人们创造历史的活动又不是随心所欲的,不是在他们选定的条件下进行的,因此历史又表现为不以人们的主观意志为转移的历史过程,表现为制约和规范人们的创造活动的历史规律。那么,到底是人的活动决定历史,还是历史决定人的活动?或者通俗些说,到底是英雄造时势,还是时势造英雄?正是在社会历史的二象性问题上,不仅是唯心主义哲学,而且包括全部旧唯物主义哲学,都陷入了无法解脱的“二律背反”,并作出了唯心主义历史观的回答;也

① 《马克思恩格斯选集》第4卷,第236-237页。

② 《马克思恩格斯全集》第2卷,第113页。

正是在旧唯物主义陷入“二律背反”并由此而导向历史唯心主义的地方，马克思以实践的观点作出了历史唯物主义的回答。

马克思从人类的现实存在及其历史发展出发，提出“人的存在是有机生命所经历的前一个过程的结果。只是在这个过程的一定阶段上，人才成为人。但是一旦人已经存在，人，作为人类历史的经常前提，也是人类历史的经常的产物和结果，而人只有作为自己本身的产物和结果才成为前提”①。在这里，马克思正是针对困扰着哲学家们的历史观的“二律背反”，深刻地阐发了人作为历史的“前提”和“结果”的辩证关系。

人作为“历史的经常前提”，总是“前一个过程的结果”，他们的历史活动总是决定于在他们以前已经存在、不是由他们创立而是由前一代人创立的历史条件。因此，人们的历史活动并不是“随心所欲”的，人们的历史活动的结果表现为不以人们的意志为转移的历史发展规律。人作为“人类历史的经常的产物和结果”，他获得了创造历史的现实条件和现实力量，并凭借这种现实条件和现实力量去改变自己和自己的生存环境，实现社会历史的进步，并为自己的下一代创造新的历史条件。因此，人们又是自己创造自己的历史，历史就是追求自己的目的的人的活动过程。现实的人既是历史的前提又是历史的结果。他作为历史的结果构成新的历史前提，他作为历史的前提又构成新的历史结果。人作为历史的前提与结果的辩证运动，就是人及其历史的辩证法。

马克思从人的历史发展出发，提出了人类存在的三种历史形态的学说，指出人类由“人的依赖关系”到“以物的依赖性为基础的人的独立性”再到“自由个性”的发展进程。从马克思的“关于现实的人及其历史发展”的哲学理论出发，我们不仅在实践的基础上合理地提出和回答了思维和存在的关系问题，而且能够在实践的基础上合理地提出和回答哲学一向所追求的崇高的问题。

马克思和恩格斯终生恪守的“始终如一”的目标是“为全人类而工作”，他们所创造的马克思主义是关于人类自身解放的学说。他们不仅炽烈而执着地坚守人类及其哲学对崇高的追求，而且把崇高的实现作为其毕生的事业以及哲学探索的立足点和出发点。追求和实现崇高，在最深刻的层次上构成了马克思和恩格斯对整个传统哲学的批判继承关系，也在最深刻的层次上构成了他们为现代哲学开拓的正确道路。依据马克思主义的关于人类解放的学说，我们可以对崇高的追求、异化与实现作出这样的解释：崇高的追求，就是对人自身的全面发展的追求；崇高的异化，就是把人对自身全面发展的追求变成对各种非人的“神圣形象”或“非神圣形象”的崇拜；崇高的实现，就是在消解崇高的异化形态的过程中实现人自身的全面发展。因此，人类及其哲学追求崇高的过程，就是消解崇高

① 《马克思恩格斯全集》第 26 卷，第 545 页。

的异化形态的过程;消解崇高的异化形态的过程,也必须是追求和实现崇高的过程。追求崇高和消解崇高异化形态的统一,就是崇高的历史重构、也就是人自身的历史发展。因此,人类及其哲学必须坚韧不拔地承担起双重的使命:在坚守哲学对崇高的现实的追求中消解崇高的异化,在消解崇高的异化中坚守哲学对崇高的现实的追求。

三、实践论的反思方式

马克思的哲学变革,既是哲学世界观的变革,也是哲学思维方式的变革,这就是由马克思所创立的实践论的反思方式。所谓实践论的反思方式,就是从人的思维的最本质最切近的基础——实践——出发,以实践观点的思维方式去揭示思维与存在、人与世界之间的矛盾关系,从而达到对思维与存在、人与世界之间的否定性统一的辩证理解。

实践论的反思方式,首先是基于人的悖论性存在的反思方式。人依赖于自然又超越于自然,人创造自己的历史又不能随心所欲,人是现实的存在又总是以自己的理想去改变现实,因而人总是处于矛盾之中。实践论的反思,正在以人的实践的存在方式和发展方式为基础,不断地揭示人的悖论性的存在,从而深化人对自身存在方式的理解。

实践论的反思方式,是基于“为我关系”的反思方式。马克思和恩格斯提出:“凡是有某种关系存在的地方,这种关系都是为我而存在的;动物不对什么东西发生‘关系’,而且根本没有‘关系’;对于动物说来,它对他物的关系不是作为关系而存在的”①。“为我关系”,是人的实践的存在方式和发展方式所创造的人与世界之间的关系。实践论的反思,是从这种“为我关系”出发的关于人与世界之间的关系的反思。

人的“生活”是“自己的意志和意识的对象”,人的“生产”是“用内在固有的尺度来衡量对象”的生产,因此,人的“生活”和“生产”是以“我”的“自我意识”为前提的活动过程,是在改造世界的活动中“实现自我”和“发展自我”的过程,是把自在的世界变成“人化了的自然”或“属人的世界”的过程。实践论的反思方式,既是基于人对世界的“为我关系”的反思,又是以这种“为我关系”作为实质内容的反思方式。

实践论的反思方式,是基于人的存在方式和发展方式的“从后思索”的方式。马克思说:“对人类生活形式的思索,从而对它的科学分析,总是采取同实际发展相反的道路。这种思索是从事后开始的,就是说,是从发展过程的完成结

---

① 《马克思恩格斯选集》第1卷,第35页。

果开始的。"①人是历史性的存在,也就是不断地变革自己和重塑自己的存在。正因如此,马克思说,"整个历史也无非是人类本性的不断改变而已"②。马克思以前的哲学,总是试图以"还原论"的思维方式去寻求"始基"、"本原"、"本体"、"本性",也就是试图从某种"原始状态"来解释人的存在与发展。然而,人的存在方式和发展方式,恰恰是"人类本性"、"原始状态"的"改变"的方式。因此,实践论的反思方式,是一种"从后思索"的方式,是一种从发展了的形态去思索整体发展过程的方式。这正如马克思所说,"人体解剖对于猴体解剖是一把钥匙"③。

实践论的反思方式,是"对现存的一切进行无情的批判"的彻底的辩证法的思维方式。人类作为创造性的存在,人及其世界永远处于不断创造的过程之中,"现存的一切"都具有"暂时性",都是"必然灭亡"的。因此,实践论反思的辩证法,就要在对事物的"肯定"的理解中,同时包含对它的"否定"的理解,也就是从历史的"暂时性"去看待现存的一切。因此,实践论的反思方式也就是辩证法的思维方式。

马克思以实践观点的思维方式去思考问题,也就是以"合理形式"的辩证法的思维方式去思考问题。他对宗教的批判、对德国古典哲学的批判、对英国古典政治经济学的批判和对英法空想社会主义的批判,为我们提供了实践论的(也就是辩证法的)反思方式的典范,并引导我们永远敞开人类自我批判和自我超越的空间。

第三节 "语言转向"与现代西方哲学

一、"语言转向"的根据与意义

19世纪中叶以来的现代西方哲学,在近代哲学所实现的"认识论转向"的基础上,实现了人们通常所说的"语言转向"。关于现代西方哲学"语言转向"的根据与意义,我们可以作出如下四个方面的分析:

第一,现代西方哲学之所以高度重视从哲学上研究语言,首先是因为,它们形成了这样的一种基本认识:虽然世界在人的意识之外(世界不依赖于人的意识而存在),但世界却在人的语言之中(人只能在语言中表述世界);语言既是人类存在的消极界限(语言之外的世界对人来说只能是存在着的无),又是人类存

① 《马克思恩格斯全集》第23卷,第92页。
② 《马克思恩格斯选集》第1卷,第138页。
③ 《马克思恩格斯选集》第2卷,第108页。

在的积极界限(世界在语言中使自己成为对人来说的真正的存在);正是在语言中才凝聚着自然与精神、客观与主观、存在与思维、真与善等等的深刻矛盾,才积淀着人类思维和全部文化的历史成果(语言是历史文化的“水库”)。因此,它要求从语言出发去反省人与世界的关系。

这种“语言转向”的出发点表明,它是以“倒退”的形式而推进了哲学的自我认识。“古代”哲学离开对人类意识的反省,直接地从认识对象出发去寻求“万物的统一性”,因此它所能达到的只是素朴的实在论或“野蛮”的理念论,即把“万物的统一性”归结为德谟克利特的“原子”或柏拉图的“理念”。“近代”哲学从古代哲学的直接地断言“万物的统一性”而“倒退”回对人类意识的认识论反省,从思维与存在的二元对立中去寻求二者的统一性即追究“思想的客观性”,因此,近代哲学以“倒退”的形式而自觉地提出了哲学的基本问题——思维和存在的关系问题,从而实现了哲学发展史上的“认识论转向”。“现代”哲学则又把近代哲学的认识论反省“倒退”到对人类语言的“分析”或“解释”,从人类文化的多样统一性去寻求人的自我理解,因此,现代哲学是以“倒退”的形式把思维和存在相统一的诸种中介环节凸现出来,在语言的批判中深化对人的存在及其与世界的相互关系的理解。

第二,现代西方哲学之所以高度重视从哲学上研究语言,这还是因为,他们试图通过对语言的反省而“治疗”传统哲学。在本世纪初,许多著名的现代西方哲学家如罗素、维特根斯坦、石里克、卡尔纳普等就明确地提出,哲学问题从根本上说是语言问题。他们的见解可以大致归纳如下:其一,在“本原”的意义上,哲学并不提供知识或理论,而只是“分析”和“澄清”人们表达的含义。他们认为,苏格拉底的“诘问法”为后世一切真正的哲学树立了榜样,即追究语言的含义的榜样;其二,古往今来的思辨哲学家们制造了种种无法解决的哲学问题,原因就在于他们“错误地使用语言”;其三,由于现代逻辑的发展,人们已经能够正确地把握语言的本质和结构,从而能够厘清由于“误用语言”而产生的“形而上学困惑”①。在这种概括中,比较明确地表达了现代哲学语言转向所要回答和解决的三个主要问题:哲学是什么;传统哲学的误区何在;现代哲学转向的根据。

第三,现代西方哲学之所以高度重视从哲学上研究语言,这还是因为,他们不仅从批判传统哲学和实现“哲学科学化”的视角去看待哲学中的“语言转向”,而且愈来愈深切地从“文化批判”和“人文研究”的视角去看待哲学中的“语言转向”。现代的哲学解释学认为,人类运用语言来理解世界和表达人类对世界的理解,反过来看,语言又是对人的理解方式和理解程度的表达。因此,对于语言的分析,就不仅仅是分析人所理解的世界,而且首先是分析人对世界的理解。这

① 参见徐友渔:《评“哲学中的语言转向”》,载《哲学研究》1991年第7期。

后一种分析,就是对理解的理解。正是从这种认识出发,哲学解释学给自己提出的任务是,在谈论人如何理解世界和人如何理解自己之前,必须首先考察理解本身和理解的可能性条件。理解的前提是历史给予人的延续历史的能力。语言保存着历史的文化积淀,历史的文化积淀由语言去占有个人。语言的历史变化,规定着人的"前理解",因而也就体现着人的历史性变化和规范着人的历史性发展。

第四,现代西方哲学之所以高度重视从哲学上研究语言,这还是因为,"语言"与"观念"相比,具有更为广阔和深切的哲学反思价值。近代哲学的"认识论转向",是从"观念"出发去反省"观念"与"存在"的关系,因此,"观念"是近代哲学研究的重心和出发点。在这个意义上,近代哲学的"认识论转向",也可以称作"观念论转向"。与近代哲学不同,现代哲学的"语言转向",是从"语言"出发去透视"观念"与"存在"的关系,"语言"是现代哲学研究的重心和出发点。对比"观念"和"语言",我们可以发现,对"语言"的分析或解释,具有更为广阔和深切的哲学反思价值。这主要表现在:观念的内在性与语言的可表达性;观念的主观性与语言的客观性;观念的一极性与语言的中介性;观念的当下性与语言的历史性;观念的私人性与语言的公共性;观念形式的单一性与语言形式的多样性;观念的非批判性与语言的可批判性;观念的自然性与语言的超自然性;观念的非自主性与语言的自主性。语言作为历史文化的"水库",构成人与社会发展的重要前提。

在现代哲学的"语言转向"中,人类存在的矛盾性以"语言"为载体而获得深刻的揭示。这具体地表现在:

(1) 语言的社会性与言语的个体性的矛盾,使社会与个人、传统与现实、共性与个性的矛盾获得了具体内容。"语言"表述的是外在于个人的社会性存在,它作为制约人的存在的"制度"而存在,作为人的存在的"规则"而存在。在这个意义上,是"语言"占有个人,个人是历史的"结果"。"言语"表述的是历史性存在的个人的语言实践,它作为个人的物理的、生理的和心理的统一性活动而存在,作为个人活动而存在。在这个意义上,是个人占有"言语",言语是语言的现实。

在语言与言语的关系中,语言的共时性与言语的历时性、语言的结构性与言语的事件性、语言的形式性与言语的实质性、语言的系统性与言语的过程性、语言的规则性与言语的事实性、语言的齐一性与言语的多样性、语言的内在性与言语的外在性、语言的自主性与言语的受制性、语言的潜在性与言语的现实性、语言的静态性与言语的动态性等关系,为深切反思人的存在方式提供了丰富的理论内容。

(2) 语言的存在与功能的关系,是现代哲学理解人类存在和人的世界的多样统一性的重要出发点。人们通常把语言视为交流的“工具”,而不是把语言视为人的存在方式,因而总是离开人的存在方式去看待语言。在现代哲学的“语言转向”中,特别是在欧陆哲学的“语言转向”中,则突出地探讨了语言与历史文化的关系、语言与人的思想方式和行为方式的关系,语言与人类文化的多样性和统一性的关系。

(3) 语言的逻辑性与人文性的关系,是现代哲学中的科学主义与人本主义“双峰对峙”的重要根源,也是它们相互融合的重要基础。现代哲学中的科学主义思潮与人本主义思潮的冲突,直接地聚焦于对“语言”的理解。科学主义思潮强调语言的逻辑特性,因而要求语义的单一性、概念的确定性和意义的可证实性;与此相反,人本主义思潮则强调语言的人文性,因而突出语义的隐喻性、概念的非确定性和意义的可增生性。对语言的逻辑性与人文性的辩证理解,在一定的意义上,是实现科学主义思潮与人本主义思潮合流的前提,也是实现对人的“理性”与“非理性”、“逻辑”与“直觉”、“意识”与“无意识”等等辩证理解的前提。

在现代哲学的“语言转向”中,科学哲学把自然与精神的抽象对立扬弃为“科学世界”中的思想与实在的统一;文化哲学则把科学世界中的人性实现扩展成人性活动的圆周,构成扬弃人与自然抽象对立的“文化世界”;哲学解释学进而从历史文化对个人的占有出发,以理解作为人的存在方式而提出“意义世界”。可见,现代哲学在其发展和进程中愈来愈深入而具体地显现了人类存在的三重时空世界:人作为自然存在物,同其他存在物一样生存于“自然世界”;人作为超越自然的社会存在物,生活于自身所创造的“文化世界”;人作为社会—文化存在物,既被历史文化所占有,又在自己的历史活动中展现新的可能性,因而生活于历史与个人相融合的“意义世界”。这表明,人类是以自己的历史活动所创造的社会存在为中介,构成人与世界的对立统一关系。现代哲学的根本特征,就在于以人类的社会存在为中介而扬弃了自然与精神、客观与主观的抽象对立,并把社会存在本身作为哲学所追寻的本体。

二、现代西方哲学的反思方式

现代西方哲学的“语言转向”,以“语言”为对象而深化了哲学的反思的思维方式,我们可以将其概括为语言论的反思方式、存在论的反思方式和文化论的反思方式。

所谓语言论的反思方式,就是从“语言”出发去思考和解释思维和存在、人和世界的关系。它是在现代西方哲学的“语言转向”中所形成的哲学反思方式。具体地说,它主要包括以“语言”为基本对象和基本内容的“分析”的方式和“解释”的方式。

近代哲学的“认识论转向”使哲学关注对“观念”的反思,“语言转向”则使哲学集中于对“语言”的反思。对比“观念”与“语言”,我们首先会发现语言论反思的广度、深度和力度。如果说“观念”具有内在性、主观性、私人性、自然性、非自主性和非批判性,那么,“语言”则具有外在性、客观性、公共性、超自然性、自主性和可批判性与可解释性。因此,语言论的反思,是对人的文化性、社会性和历史性的存在的反思,也就是从“语言”出发的对人的实践的存在方式和发展方式的反思。

在人的存在方式的意义上,“转向观念”和“转向语言”,还显示出更深层的生存论意义的区别。这就是“观念”和“语言”在人的存在方式的意义上的如下区别:个体理性把握世界与社会理性把握世界;个体私德维系社会与社会公德维系社会;个体的审美愉悦与社会的审美共享;交往的私人性与交往的世界性;主体占有文化与文化占有主体;客体给予意义与主体创造意义;主体和客体的二元对立与主体间关系的凸出;实践意志的扩张与实践意志的反省。这表明,在时代转换的意义上,以“观念”为对象的“认识论的反思方式”,是由前现代性向现代性转换过程中的反思方式;以“语言”为对象的“语言论的反思方式”,则是现代性的反思方式和对现代性本身进行反思的方式。

所谓存在论的反思方式,就是在对“存在”的追问中澄明存在的“意义”。存在主义大师马丁·海德格尔说,人们都认为“存在”是最普遍最空洞的概念,所以谁要是追问存在的意义,就会被指责为在方法论上有失误;但是,对“自明性”的分析却恰恰是“哲学家的事业”,因此,在哲学的基本概念范围内,尤其涉及到“存在”这个概念时,求助于“自明性”就实在是一种可疑的方法;所以,对于哲学来说,“存在”问题不仅尚无答案,而且甚至这个问题本身还是晦暗和茫无头绪的。①

正因为“存在”粗看起来是“自明”的,而细想起来却是“晦暗”和“茫无头绪”的,所以海德格尔以来的现代哲学形成了强劲的以“存在”为反思对象的存在主义哲学。这种存在论的反思方式,首先是寻求能够“破解存在的意义”的“存在者”,就是被海德格尔称作“此在”的人的存在。人的存在是存在论反思的对象,存在论要从对人的反思中寻求存在的意义。这是存在论反思方式的基本对象和基本内容,也是存在论反思方式的基本特性。

在现代的存在主义看来,古希腊以来的对“存在”的追问,存在着两大问题:一是没有确认“破解存在的意义”的“存在者”,即没有真正确认被海德格尔称之为“此在”的人为反思的真正对象;二是把对“存在”的追问变成对“存在”的“本质”的追问,从而造成了“存在的遗忘”。在存在主义看来,以追究“人的本质是

① 参见海德格尔:《存在与时间》,三联书店 1987 年版,第 3-6 页。

什么"为出发点的哲学都是"本质主义"哲学,这种"本质主义"哲学一直可以追溯到古希腊哲学家柏拉图的"理念论"。这种"本质主义"的"柏拉图主义",既表现为古代的"理念论"和中世纪的"上帝本体论",又表现为近代的"理性本质论"和黑格尔的"泛逻辑主义",还表现为胡塞尔的"现象学的还原"和以科学为样板的"科学主义"。总之,在存在主义看来,除存在主义以外的哲学都是"本质主义"哲学。批判地反思种种"本质主义"哲学,构成存在论反思的理论对象。

所谓文化论的反思方式,是指现代哲学中把哲学理解为一种"文化样式",并以文化批判为主要内容的众多哲学流派的思维方式。

人是历史文化的存在,人的存在表现为各种文化样式的存在。在诸种文化样式中,"哲学"既是"一种"文化样式,又是一种"特殊"的文化样式。现代哲学的许多流派认为,哲学作为一种文化样式的特殊性,在于它是沟通各种文化样式的文化样式,也就是实现各种文化样式"对话"的文化样式。因此,文化论的反思,首先是以"对话"的方式实现的。这种以哲学为中介的"对话",主要表现为下述几个方面:一是哲学作为文化批判的特殊样式,它与常识、艺术、宗教、伦理和科学等等文化样式的"对话";二是哲学作为弗兰克所说的沟通自然科学与人文科学的"缺少的环节",与各种不同科学部类之间的"对话";三是哲学作为主体的自我意识,与个体心灵和个体体验的"对话";四是哲学作为"社会良知"、"社会自我意识"和"社会自我批判理论",与社会现实(包括政治、经济、文化等等)的"对话";五是哲学作为"历史性的思想",与自己的"思想性的历史"的"对话",也就是哲学的"自我对话"。

三、"后现代主义"哲学思潮

20世纪80年代以来,在现代西方哲学的演进过程中,出现了被称之为"后现代主义"(post-modernism)的哲学思潮。这种哲学思潮,是作为当代西方社会、思想文化领域的后现代主义思潮的重要方面或重要内容而出现的。

从字面上看,"后现代"当然就是"现代之后";然而,作为一种理论思潮的"后现代主义",它并不是产生于"现代之后",而是形成于"现代之中"。它并不是呼唤或预测"现代之后"的"后现代",而是反思和批判盛行于"现代之中"的"现代主义"。因此,当代思想家所论述的"后现代",主要地并不是指历史中的一个时代,而是指对待"现代主义"的一种态度,即反"现代主义"的态度。

"后现代主义"所批判的"现代主义",就是"现代社会"和"现代人"的"主义"。它把"现代社会"、"现代人"及其所实现的"现代化"和"现代性"作为反思的对象,从而对"现代主义"进行前提批判。

这种"后现代主义"思潮的出现决非偶然。从历史的角度看,"现代社会"是相对于"传统社会"而言的。传统社会是以自然经济为基础的社会,现代社会则是以市场经济为基础的社会。在自然经济的条件下,由于生产力水平的低下、科学技术的不发达以及与此相适应的人的社会关系的等级化,“传统主义”的本质上是经济生活的禁欲主义、精神生活的蒙昧主义和政治生活的专制主义的“三位一体”。

以市场经济为基础的现代社会,在市场机制的作用下,以传统社会无法想象的广度和深度推进了生产力水平的提高、促进了科学技术的发展并改变了人们的社会关系。“现代主义”作为“传统主义”的历史性超越,它在经济生活中反对禁欲主义而要求现实幸福,它在精神生活中反对蒙昧主义而崇拜理性权威,它在政治生活中反对专制主义而诉诸法治建设。功利主义的价值态度、理性主义的思维方式和法治主义的政治思想,构成了以市场经济为基础的“现代主义”的新的“三位一体”。而从人的历史发展形态上看,以自然经济为基础的“传统主义”是理论地表达了马克思所说的“人的依附性”,以市场经济为基础的“现代主义”则是理论地表达了马克思所说的“以物的依赖性为基础的人的独立性”。

毫无疑问,相对于“传统社会”和“传统主义”,“现代社会”及其“现代主义”是一种巨大的历史进步。然而,同样不容否认的是,建立在对“物的依赖性”的基础上的“人的独立性”,并不是真实的、普遍的“人的独立性”,以市场经济为基础的“现代社会”,并不是实现每个人的全面自由发展的“乐土”。马克思的资本主义批判的科学社会主义理论,正是从经济、政治、文化和思想等方面深刻地揭露了资本主义的“现代社会”的种种矛盾及其内在的否定性,并深刻地阐述和论证了以社会主义的“现代社会”去取代资本主义的“现代社会”的历史必然性。在这个意义上,马克思的学说是迄今为止最深刻的“现代主义”批判理论。正因如此,许多被称之为“后现代主义”的代表人物,如马尔库塞和哈贝马斯,福柯和德里达,各以不同的方式去“引伸”和“发挥”马克思的某些思想去批判“现代主义”和构建其“后现代主义”理论。

20世纪的发达工业社会,既以“现代性的酸”消解掉传统社会中一向被视为神圣事物的灵光,又以市场经济的存在方式和运行规则构建出“非神圣形象”的社会模式,并使人成为马尔库塞所说的失去了否定性、批判性和超越性向度的“单向度的人”。

马尔库塞把当代发达工业社会称作“新型的极权主义社会”,并从政治领域、生活领域、文化领域和思想领域进行了全面的论证。马尔库塞提出,当代工业社会在政治领域消除作为对立面的政治派别,并从而使之失去否定自身的阶级基础;在生活领域使人的生活方式得到同化,从而使现代社会失去对其提出抗议的生活基础;在文化领域使一向与现实保持“间距”的高层文化与现实相同一,并从而使表达理想的高层文化不再想象另一种生活方式;在思想领域使多向度的语言清洗为单向度的语言，并从而使人们失去否定现实的思想维度。① 因此，人们要想有能力去追求一种与现实不同的另一种生活，当然就必须对“现代性”进行批判。

一些西方学者认为，现代性的突出特征是它使我们中的大多数人都陷入了大量我们没有完全理解的事件，其大部分似乎都在我们的控制之外。现代性带来的生活形态以前所未有的方式，把我们抛离了所有可知的社会秩序的轨道。对于这种历史性的巨大变化，人们越来越深切地感受到、认识到它的“双重性”：它既“为人类创造了数不胜数的享受生活的机会”，又给人类带来了一个“问题与麻烦层出不穷的时代”。面对“现代性”所造成的“全球问题”和“人的物化”的双重性矛盾，形成了世界性的哲学层面的“现代主义批判”。这种批判所要解决的主要问题，是现代社会中的个人自由与社会的模式化之间的矛盾。就此而言，“后现代主义”的“现代主义批判”，仍然是消解“人在非神圣形象中的自我异化”。

从哲学演进的逻辑上看，近代以前的哲学可以称之为“信仰的时代”即形成和确立“神圣形象”（上帝）的时代；近代哲学本身则可以称为“理性的时代”即消解“神圣形象”（上帝）的时代；近代之后的现代哲学则是一个建构与消解“非神圣形象”的双重性过程，即，它一方面是建构诸种的“非神圣形象”去取代原来的“神圣形象”（如以“哲学”取代“神学”），另一面又在消解自己所建构的“非神圣形象”（如对“哲学”和“科学”的批判性反思）；现代哲学中的“后现代主义”思潮，其突出特征就在于把消解“非神圣形象”作为根本的甚至是唯一的哲学使命。

具体地说，作为“后神学文化”的近代以来的哲学，其根本的时代内涵是消解人在超历史的“神圣形象”中的自我异化，把异化给“上帝”的人的本质归还给人本身。这就是所谓“人的发现”。然而，这种“发现”的结果，却是用对各种“非神圣形象”（哲学、科学、理性等等）的崇拜去代替对“神圣形象”（上帝）的崇拜，因而仍然是以某种超历史的和非人的存在去解释和规范人的存在。现代西方哲学认为，在这种所谓“后神学文化”中，仍然是各种形式的柏拉图主义或黑格尔主义、表象主义或基础主义、本质主义或逻辑中心主义在规范人的存在，仍然是把个人视为某种“本体”或“共相”或“本质”或“意义”的摹仿者或相似物，因而必须消解以普遍性淹没个体性的“哲学”。在这个以“哲学”为对象的“消解”运动中，反表象主义、反本质主义、反中心主义、反根源主义和反基础主义，构成了“消解”的基本内容。分析这种“消解”的方式与内容，就可以具体地和深入地理解所谓的“后现代主义”哲学思潮。

① 参见马尔库塞：《单向度的人》，上海译文出版社 1989 年版。

所谓“反表象主义”,就是消解主体与客体的认识的二元对立,也就是消解哲学所追求的“思想客观性”。后现代主义的重要代表人物之一理查·罗蒂说:“作为一门学科的哲学,把自己看成是对由科学、道德、艺术或宗教所提出的知识主张加以认可或揭穿的企图”,而它之所以能够把自己视为这种裁判其他学科的特殊的文化样式,是因为“它企图根据它对知识和心灵的性质的特殊理解来完成这一工作”①。罗蒂认为,正因为人们通常是把全部知识都视为“标准地再现心以外的事物”,而同时又把哲学视为是“一门有关再现表象的一般理论”,所以才把哲学当作所谓的“一级真理”②。正是从这样的基本认识出发,后现代主义的哲学批判,首先地和集中地表现为“反表象主义”。

从“反表象主义”出发,后现代主义激烈地反本质主义、反中心主义、反根源主义和反基础主义。具体地,我们可以作出如下的总结概括:所谓反本质主义,就是消解现象与本质的逻辑二元对立,亦即消解哲学所追求的超验的“本体”;所谓反中心主义,就是消解中心与边缘的结构二元对立,亦即消解哲学所追求的“全体的自由性”;所谓反根源主义,就是消解本源与派生的历史二元对立,亦即消解哲学所追求的“发展的规律性”;所谓反基础主义,就是消解深层与表层的文化二元对立,亦即消解“知识分类表”或“自然等级秩序”对哲学的“诱惑”。

“后现代主义”对“哲学”的“消解”,从根本上说,是把“哲学”作为“普遍性”、“规律性”、“必然性”、“根源性”、“基础性”、“统一性”以及“崇高”的代名词,因而试图通过对“哲学”的“消解”,而实现对一切“非神圣形象”的“消解”,即消解普遍对个别的规范,现实对根源的依赖,必然对偶然的支配,规律对创造的制约,统一对选择的排斥,崇高对渺小的蔑视等等,重构甚至是倒置普遍与个别、现实与根源、必然与偶然、规律与创造、统一与选择、崇高与渺小的关系。这是后现代主义哲学“消解哲学”的实质。

当代的发达工业社会,在市场经济、科技文明和大众文化的交互作用中,创造了一个前所未有的“人造物的世界”,并使一切神圣的事物都失去了原来笼罩着的灵光。两极对立模式的消解,英雄主义时代的隐退,高层精英文化的失落和理性主义权威的弱化,使得一向是以崇高的化身而自期自诩的“哲学”,变成了“往昔时代旧理想的隐退了的光辉”(宾克莱语)。就此而言,以消解“哲学”及其所表征的“崇高”为目标的后现代主义哲学,不过是“哲学”被遗弃的理论表征。

由于失去了对崇高的追求并从而也失去了选择的标准,因而造成了后现代主义的难以挣脱的理论困境。正视这种理论困境,可以引发出对未来哲学走向

① 罗蒂:《哲学和自然之镜》,三联书店 1987 年版,第 1 页。

② 参见罗蒂:《哲学和自然之镜》,三联书店 1987 年版,第 1 页。

的总体展望:重新寻求和确立崇高在人类生活精神坐标上的位置。

第四节　当代中国的哲学改革与哲学走向

自1978年以来,在改革开放的进程中,中国的经济生活、政治生活、文化生活和整个社会生活,发生了举世瞩目的重大变革。作为这种重大变革的理论表征,当代中国的哲学承担起推进社会的解放思想和实现自身的思想解放的双重使命,已经和正在经历着自身的变革。

当代中国的哲学改革,首先是在哲学原理内部形成了以变革通行几十年的哲学教科书体系为基本指向和主要任务的哲学改革的潮流。这场哲学改革的出发点和归宿点,是重新理解和重新建构马克思主义哲学体系。这场哲学改革的理论重点,是以实践为核心范畴,重新理解人与世界、思维与存在、主体与客体、主观性与客观性、自由与必然、历史规律与人的历史活动等一系列重大的关系问题,并以此为基础去重构马克思主义哲学体系。这场哲学改革的现实基础,在于当代人类的社会实践、特别是当代中国改革开放的社会实践,已经和正在变革人们的思维方式、价值观念和审美意识,它要求哲学理论地表征这种时代性的变革,并理想性地塑造和引导这种时代性的变革。

在哲学原理方面所实现的教科书体系改革的同时,包括中外哲学史在内的各个哲学分支学科也出现了自身的改革,从而深化了哲学原理界的教科书改革。西方哲学领域在翻译和评述现代西方哲学论著的基础上,逐步地从研究对象自身出发,把一系列新的哲学范畴、新的哲学问题和新的哲学提问方式渗透到哲学理论探索之中,展开了马克思主义哲学与现代西方哲学的对话。中国哲学领域以介绍和评论现代新儒学为突破口,对中国传统哲学乃至整个传统文化的利弊得失进行反思,探索"返本开新"、"融汇中西"的途径与意义。

80年代的哲学改革,从其根本的指向性上看,是以新的教科书体系取代旧的教科书体系,也就是重构教科书体系。进入90年代的中国哲学界,则在理论探索中出现了较为明显的转向。这突出地表现在,不是以争论教科书的利弊得失和如何重构教科书体系为研究的出发点,而是把教科书作为某种退入背景的理论框架,从现实生活或现代哲学中提出问题,形成了由"体系意识"到"问题意识"的转换,"元哲学问题"、"人的存在方式问题"、"社会发展问题"、"两大思潮问题"、"中西文化问题"成为90年代中国哲学研究的主要问题。这些源于现代社会生活的哲学问题,不断地开拓了哲学基本理论研究的新领域,从而为马克思主义哲学的当代研究注入了生机和活力。

在80年代以前,哲学的各个学科处于界限分明、壁垒森严、互不介入的状态。在80年代反思教科书的哲学改革过程中,这种状况虽有所改变,但仍然是以各自的“研究领域”为对象。进入90年代,某些共同的“问题”开始成为哲学研究的出发点,从而形成了一种双向融合的趋向:一是哲学原理在探索现代社会生活和现代哲学提出的重大理论问题的过程中,显著地拓宽了自己的研究视野和背景知识,不仅注重于史论结合,以及哲学原理与具体科学的结合,而且注重于从文化哲学、科学哲学、语言哲学、逻辑哲学以及伦理学、心理学、宗教学、逻辑学和美学等多重视角去讨论问题,并且融注了这些学科的研究成果,从而改变了哲学原理的研究方式和自身形象;二是哲学史和哲学的各个分支学科强化了自身的“原理意识”,在探索某些共同问题的过程中,力求在“原理”的意义上形成某种哲学思想。这在中国哲学和西方哲学的研究领域中,以中西哲学比较研究的方式,表现得尤为突出。

在突破哲学各分支学科壁垒森严的进程中,当代中国的哲学研究还出现了“专门化”的趋向。这主要是表现在:一是注重研究人类文化的某个成分或某个侧面,并从这种研究中寻求当代哲学的生长点。这种研究趋向的突出特征,是在汲取现代西方哲学积极成果的基础上,通过对语言、逻辑、观念、科学、技术、艺术、宗教、伦理、政治、法律、经济等的哲学探索,形成马克思主义的语言哲学、逻辑哲学、科学哲学、艺术哲学、政治哲学、经济哲学和法哲学等等;二是注重研究现代哲学的各种流派及其所提供的理论成果,其中主要是深化了对胡塞尔的现象学、索绪尔的结构主义、海德格尔的存在主义、维特根斯坦的日常语言分析、伽达默尔的解释学、罗蒂的新实用主义和德里达的解构主义的研究。哲学研究的“专门化”,强化了哲学研究的职业化和技术化,从而突出了各种“具体问题”在哲学研究中的地位。这种“专门化哲学”的兴起,为中国哲学界走出简单、抽象、空洞的哲学论争,在坚实的哲学研究的基础上形成更富于创造性和启发性的世界观理论,提供了必要的理论准备。

人类的历史是进步和发展的历史,人类的哲学是历史地进步和发展的哲学,因此,只有塑造和引导新的时代精神的哲学才是真正的“时代精神的精华”,才能历史地为人类提供“最高的支撑点”,才能把人类不断地推进到更为崇高的境界。这就是哲学发展的历史与逻辑。

小结:

哲学史意义的“现代哲学”是与整个“传统哲学”相比较而存在的。传统哲学总是以两极对立的方式去寻求绝对之真、至上之善和最高之美,把哲学所寻求的“本体”变成某种僵死凝固、永恒不变的存在。现代哲学的根本特征则在于,它把真善美理解为自己时代的绝对与历史过程的相对的统一,以中介的、过程的观点去看待哲学对“本体”、“崇高”的追求。

人们经常把马克思在哲学史上实现的哲学革命称作“实践转向”。在马克思的“实践转向”中,实现了对思维和存在关系问题的实践论理解,深刻地揭示了现实世界的二重化、人类自身的二重性和社会历史的二象性,从而真正地建立了“关于现实的人及其历史发展”的哲学理论。因此,马克思主义哲学对崇高的追求,就是对人自身的全面发展的追求;马克思主义哲学对异化的崇高的消解,就是对使人异化的各种“神圣形象”和“非神圣形象”的无情批判,这是马克思所创立的“合理形式”的辩证法,也是马克思所实现的哲学史上的伟大革命。

现代西方哲学的“语言转向”凸现了思维与存在关系中的诸种中介环节。“语言”与“观念”相比,具有更为广阔和深切的哲学反思价值,因而现代西方哲学在语言的批判中深化了对人的存在及其与世界的相互关系的理解。以人的历史活动为中介而探索人与世界的关系问题,是现代哲学的共同特征。由于现代西方哲学的各种流派往往从人类文化的某一环节出发而夸大其在人与世界关系中的地位与作用,因而总是显示出理论的局限性。

现代哲学中的后现代主义思潮,本质上是对“现代性”、“现代化”予以前提批判的思潮。它以反表象主义、反本质主义、反中心主义、反根源主义、反基础主义的方式去消解包括“哲学”在内的各种“非神圣形象”,理论地表现了现代人的精神焦虑与困倦。这意味着,寻求崇高的位置是跨世纪的哲学理性的思考焦点。

当代中国哲学在改革开放的进程中,以变革通行几十年的哲学教科书体系为基本指向和主要任务,承担起推进社会的解放思想和实现自身的思想解放的双重使命,并逐步地实现了从体系意识到问题意识的转换,以丰富多彩的哲学研究成果繁荣了当代中国哲学。

思考题:

1. “现代哲学”与“传统哲学”的根本区别在哪里?
2. 为什么说马克思主义哲学的产生是哲学史上的伟大革命?
3. 怎样理解现代西方哲学的“语言转向”?
4. 简要评述当代中国的哲学改革。

第九章　哲学的修养与创造

哲学，它不是抽象的名词、枯燥的条文和现成的结论，而是人类思想的批判性的反思的维度、理想性的创造的维度。它要激发而不是抑制人们的想象力、创造力和批判力，它要冲击而不是强化人类思维中的惰性、保守性和凝固性，它要推进而不是遏制人们的主体意识、反思态度和创造精神。学习哲学，需要高举远慕的心态，慎思明辨的理性，体会真切的情感，执着专注的意志和洒脱通达的境界，需要不断地激发自己的理论兴趣，拓宽自己的理论视野，撞击自己的理论思维和提升自己的理论境界。

第一节　哲学的品格

一、向上的兼容性：深厚的历史感

任何一种真正的哲学理论，都是人类认识史的结晶，都积淀着人类智慧的理论成果。所谓“向上的兼容性”，就是每个时代的哲学都必须以巨大的历史尺度去批判地考察全部哲学史，吸收哲学史的全部积极成果，揭露先前哲学所蕴含的内在矛盾，发现先前哲学所遇到的真实的理论困难，从而以解决这种理论困难的方式去推进哲学的发展。

总结全部哲学史，我们会深切地感受到哲学的这种“向上的兼容性”，以及哲学由此而获得的“深厚的历史感”。列宁曾以描述哲学上的“圆圈”的方式，刻画了哲学的这种向上的兼容性。列宁所描述的三个“圆圈”是：古代，从德谟克利特到柏拉图以及赫拉克利特的辩证法；文艺复兴时代，笛卡尔对伽桑狄（斯宾诺莎）；近代，霍尔巴赫到黑格尔（经过贝克莱、休谟、康德），以及从黑格尔经过费尔巴哈到马克思①。哲学上的“一串圆圈”，表现的是哲学的批判继承关系，也就是由哲学的新问题与老问题的自我相关和自我缠绕所决定的“向上兼容”的关系。

恩格斯曾经提出，黑格尔哲学的理论力量，在于它的“巨大的历史感”。读一读黑格尔的《精神现象学》、《哲学史讲演录》与《逻辑学》，我们不能不折服于一种历史性的思想与思想性的历史的相互辉映的理论征服力量。在黑格尔哲学

---

① 参见《列宁全集》第38卷，第411页。

中，尽管有许多“猜测”的甚至是“神秘”的东西，但是，这种由“史论结合”所形成的理论力量，却是发人深省的。正是在系统总结和深刻反思包括黑格尔哲学在内的人类思想史的基础上，恩格斯明确地指出，所谓“辩证哲学”，就是一种“建立在通晓思维的历史和成就的基础上的理论思维”①。通晓思维的历史和成就，这不仅使哲学自身获得了深厚的历史感，而且也为哲学的现实感、逻辑感和境界感奠定了坚实基础。

哲学作为“思想中所把握到的时代”或“时代精神的精华”，它所把握到的“现实”，并不是对“实存”的各种事例的罗列或关于“实存”的各种统计数据的堆积，而是以“通晓思维的历史和成就的理论思维”去把握现实、观照现实、透视现实，使现实在哲学理论中再现为马克思所说的“许多规定的综合”和“多样性的统一”的“理性具体”。哲学的“历史感”规范着它在何种程度上洞察到现实的本质与趋势，因此，离开“历史感”的所谓的“现实感”，只能是一种外在的、浅薄的、时髦的赝品，那样的“哲学”只能制造某种“明星”式的“轰动效应”，而无法构成“思想中的时代”。

二、时代的容涵性：强烈的现实感

哲学从来不是超然于世界之外的玄思和遐想，而是“思想中所把握到的时代”，或者更简洁地说，是“思想中的现实”。这就是哲学所具有的“时代的容涵性”和“强烈的现实感”。

哲学是“思想中的现实”，这个命题具有两层含义：其一，任何一种真正的哲学都具有时代性的内容，而不是纯粹的思辨的产物；其二，任何一种真正的哲学又都是以“思想”即“理论”的方式所把握到的“现实”，而不是简单的关于“现实”的“表象”。这两方面的含义，对于理解和把握“哲学是思想中的现实”这个命题是缺一不可的。

具体地说，哲学是“思想中的现实”的第一层含义，表明了哲学与现实的不可割裂的密切关系，因此，人们只有从时代的历史性特征及其历史性转换出发，才能理解哲学的理论内容及其历史演化；哲学是“思想中的现实”的第二层含义，则是表明了哲学与现实之间的关系的特殊性，即：哲学家以理论的形式所表现的现实，蕴含着哲学家用以观察和解释现实的概念框架和解释原则，因此现实在哲学理论中会得到不同的表现和解释。正是这第二层含义，为哲学的实际状况作出了必要的理论解释。这就是，为什么同一时代的哲学会形成迥然有别或截然相反的理论观点。

哲学作为“思想中的时代”，它的“现实感”并不是“表象”或“再现”现实，而

① 参见《马克思恩格斯选集》第3卷，第533页。

在于它对时代的整体性的把握、批判性的反思和理想性的引导。

哲学作为世界观理论，它同现实之间是有“间距”的。全部理论、特别是哲学理论与现实之间具有并保持一定的“间距”，这是全部理论、特别是哲学理论得以产生、发展和对现实发挥作用的基本前提。正是由于这种“间距”，哲学才能使人超越感觉的杂多性、表象的流变性、情感的狭隘性和意愿的主观性，才能全面地反映现实，深层地透视现实，理性地解释现实，理想地引导现实，理智地反观现实，才能实现“思想中所把握到的时代”，才能成为“时代精神的精华”。

当代著名哲学家伽达默尔曾经提出，“一切实践的最终含义就是超越实践本身”①。这个论断是意味深长的，值得深思的。实践活动作为追求自己的目的的人类历史过程，人类的历史发展过程也就是实践活动的自我超越，即历史地否定已有的实践方式、实践经验和实践成果，又历史地创造新的实践方式、实践经验和实践成果。在实践自我超越的历史过程中，理论首先是作为实践活动中的新的世界图景、思维方式、价值观念和目的性要求而构成实践活动的内在否定性。这种内在否定性就是理论对实践的理想性引导。正因如此，伽达默尔又说，“理论就是实践的反义词”②。

理论作为实践的“反义词”，并不仅仅在于理论的“观念性”和实践的“物质性”，更在于理论的“理想性”和实践的“现实性”。人是现实性的存在，但人又总是不满足于自己存在的现实，而总是要求把现实变成更加理想的现实。理论正是以其理想性的世界图景和理想性的目的性要求而超越实践，并促进实践的自我超越。

理论对现实的超越，还在于它以自身与现实的“间距性”而批判性地反思实践活动和规范性地矫正实践活动。人类的任何一种实践活动都具有“二律背反”的性质，并因而表现出正、负“双重效应”。无论是当代人类所面对的“全球问题”，还是市场经济所形成的“以物的依赖性为基础的人的独立性”，都显著地表现出了实践活动的二重性。因此，实践需要理论的“反驳”，即理论地批判反思实践活动并促进实践活动的自我超越。

三、理论的系统性：巨大的逻辑感

任何一种真正的哲学理论，都表现为概念发展的有机组织，因此，理论的深厚的历史感和强烈的现实感，都实现在它的逻辑化的概念展开过程之中。哲学的力量，是一种理论的逻辑力量，一种理论的说服力量，一种撞击人的理论思维的力量。“逻辑感”，是哲学的最为基本的重要品格。

---

① 伽达默尔：《赞美理论》，三联书店 1988 年版，第 46 页。

② 伽达默尔：《赞美理论》，三联书店 1988 年版，第 21 页。

哲学的逻辑力量，首先是一种撞击人的理论思维的力量。人类思维面对千差万别、千变万化的世界，总是力图在最深刻的层次上把握到世界的统一性，并以此去解释世界上的全部现象。宇庙之谜，历史之谜，人生之谜，对于具有理论思维能力和求知渴望的人类来说，是一种巨大的、不可遏止的精神上的诱惑和智力上的挑战。面对这种种的诱惑和挑战，人类以思维的逻辑去揭开笼罩着自然、历史和人生的层层面纱，并以思维的逻辑去展现自然、历史和人生的本质与规律。哲学的逻辑，是智力探险的逻辑，思维撞击的逻辑，理性创造的逻辑，它对人类智力具有巨大的吸引力。

哲学的逻辑力量，又是一种人类理性自我反省的力量，理论思维自我批判的力量。“批判”，是人类特有的活动方式。人类既以“实践批判”的方式现实地否定世界的现存状态，从而把世界变成自己所要求的现实，又以“精神批判”的方式在观念上否定世界的现存状态，为实践批判提供理想性图景和目的性要求。“哲学批判”则是对“实践批判”和“精神批判”的出发点——这两种批判活动得以进行的根据、标准和尺度——的批判。这样的批判，是对人类的全部活动——实践活动和认识活动——的“前提”批判。在哲学的“前提批判”中，改变了人类的思维方式、价值观念、审美意识和整个生活方式。

“向前提挑战”，这是哲学家的“爱智”，也是哲学家的“高明”。镌刻在人类思想史上的苏格拉底式的机智，亚里士多德式的渊博，笛卡尔式的怀疑，康德式的批判，黑格尔式的深刻，尼采式的苦痛，弗雷格式的明晰，维特根斯坦式的锐利，卡西尔式的通达，海德格尔式的深沉，都是在执著的自我反思中对常识、科学和哲学的前提挑战，都是在睿智的前提批判中表达出各自时代的人类对自己的生存状况、焦虑与期待的自我意识。正是这种“前提批判”的逻辑力量，实现了哲学推进人类文明的历史作用。

哲学的逻辑力量，还是一种人类思想构建自己、否定自己和发展自己的力量。古希腊哲人苏格拉底、柏拉图和亚里士多德，曾经分别地探寻概念的定义、类概念的意义和思维的形式逻辑。培根、笛卡尔以来的近代哲人则以人类理性自我反省的方式去开拓施展理性力量的广阔道路。在康德、费希特、谢林和黑格尔的德国古典哲学中，则以批判地反省形式逻辑的“同一律”为出发点，深化和发展了笛卡尔所开创的“内涵逻辑”，并在黑格尔的哲学中，形成了人类思想运动的逻辑——概念发展的辩证法。

四、思想的开放性：博大的境界感

哲学是一门寻根究底、追本溯源的学问。这种永无止境的求索，这种思想的永远的开放性，构成了哲学的博大的境界感。

哲学思想的开放性，首先是由哲学思维的反思性质所决定的，并突出地表现为哲学的反思过程。哲学是人类思想的反思的维度,它不是具体地去实现思维和存在的统一,而是把常识、科学、艺术等等所实现的思维与存在相统一的认识成果,作为再思想、再认识的对象。不仅如此,作为前提批判的哲学反思,它总是不断地追究思想构成自己的诸种前提,批判地反思蕴含在思想之中的思维方式、价值观念和审美意识等等。这种指向思想前提的批判是无尽无休的,因而哲学思想自身是无限开放的。例如,哲学对"一"的寻求,就是对"前提"的无限的追问:古代哲学所寻求的是"万物的统一性";近代哲学则认为,离开思维对存在的关系而直接断言"万物的统一性",是一种哲学的"独断论",必须以意识的统一性"问题为前提,才能回答"世界的统一性"问题;现代哲学则认为,无论是追究"万物的统一性",还是寻求"意识的统一性",都没有找到思维和存在统一的中介,因而整个传统哲学对"一"的寻求都是抽象的,必须从思维和存在统一的基础(实践)或思维和存在统一的中介(语言)出发,才能深切地理解和把握哲学所寻求的"一"。

哲学思想的开放性,又是由哲学理论的理想性决定的。人类的实践活动具有无限的指向性。人类总是不满足于现实的存在,而力图把现实变为更加理想的现实。基于人类实践本性的哲学思维,总是竭力在最深刻的层次上或最彻底的意义上把握世界、解释世界和确认人在世界中的地位与价值。因此,哲学总是寻求"天人合一"、"知行合一"、"情景合一"的理想境界,总是试图"为天地立心,为生民立命",总是渴求自己成为人类的"安身立命之本"。正是这种永无止境的理想性追求,使得哲学思想具有无限的开放性,并使哲学获得了最为博大的境界感。

哲学思想的开放性,与哲学自身的特性和功能是密切相关的。关于哲学,恩格斯曾经强调它的培养和训练人的理论思维的功能。恩格斯说,理论思维作为一种"天赋的能力",是"必须加以发展和锻炼"的,"而为了进行这种锻炼,除了学习以往的哲学,直到现在还没有别的手段"①。这是因为,哲学本身是"一种建立在通晓思维的历史和成就的基础上的理论思维"。哲学的本性与功能表明,每个时代的哲学都必须具有双向的开放性:既向整个的哲学史开放,以使自己"通晓思维的历史和成就";又向哲学的未来开放,以使自己获得新的理论内容和理论形式。

哲学思想的开放性,更深层地源于哲学自身发展的逻辑——哲学的自我追问、自我批判和自我超越。在哲学家关于"什么是哲学"的追问中,历史地构成了各种"类型"的哲学;历史上的每一种"类型"的哲学,又在新的哲学自我追问中,遭到无情的批判,从而实现了哲学思想的历史性的自我超越。这就是哲学思

① 参见《马克思恩格斯选集》第3卷,第465页。

想的无限的开放性，这也是由哲学思想的开放性所构成的哲学的博大的境界感。

第二节　哲学思维的训练

一、哲学的求真态度

哲学要“以学术培养品格”和“以真理指导行为”，首要的就是一种求真的态度，即真实的研究、真诚的探索和真切的思考。

哲学的求真，是以“三个面向”为基础的。这就是：面向“本文”，面向“现实”，面向“自我”，在“三个面向”的聚焦点上进行真实的研究、真诚的探索和真切的思考。

一是“面向本文”。

哲学理论，是经由哲学家思维着的头脑所创建的关于人与世界相互关系的概念逻辑体系。每种哲学理论，都凝聚着哲学家所捕捉到的该时代人类对人与世界相互关系的自我意识，都贯穿着哲学家用以观察和说明人与世界相互关系的基本立足点和出发点，都体现着哲学家用以解决全部哲学问题、建构哲学范畴体系的独特的解释原则和方法论，都在不同的程度上或不同的水平上或不同的侧面上体现着该时代的时代精神。离开古今中外的哲学家所提供的汗牛充栋的哲学“本文”，仅凭个人的“思辨”或“体悟”去苦思冥想，是不可能形成“建立在通晓思维的历史和成就的基础上的理论思维”的。

关于哲学“本文”的重要性，我们有必要体会一下恩格斯曾经作过的一段评论。恩格斯说，由于“对哲学史的不熟悉”，“在哲学中几百年前就已经提出了的、早已在哲学上被废弃了的命题，常常在研究理论的自然科学家那里作为全新的智慧出现，而且在一个时候甚至成为时髦的东西”①。恩格斯所批评的这种情况，真可以说比比皆是。由于缺乏面向“本文”的长期努力，许多人苦思冥想出来的“哲学创见”，恰恰是“早已在哲学上被废弃了的命题”。

在阅读“本文”的过程中，人们会发现，对于同一“本文”，会产生迥然有别甚至是截然相反的理解。这是因为，不仅“观察渗透理论”，而且“阅读”也是“渗透理论”的。人们并不是以“空白”的头脑去接受“本文”，而是以已经占有的理论去理解和解释“本文”，因而人们会对“本文”作出不同的理解和解释。

对于哲学“本文”的不同理解和解释，最为直接的是取决于阅读者的“通晓思维的历史和成就”的程度或水平。阅读者的“背景知识”越宽厚，“参照系统”越丰富，他对“本文”的理解就越全面、越深刻。反之，则会偏狭地或浅薄地对待

① 《马克思恩格斯选集》第3卷，第466页。

哲学“本文”。这恰好表明,哲学的求真态度,首先必须是认认真真地、踏踏实实地“面向本文”。

二是“面向现实”。

哲学是“思想中的时代”,是“时代精神的精华”。任何真正的哲学理论,总是以理论的方式表征着自己的时代,因而也必须首先以理论的方式去面向现实。

以理论的方式面向现实,这既是强调哲学必须面向现实,又是强调哲学必须用自己的方式——理论的方式——面向现实。这二者是不可分割的。由于人们常常以两极对立的思维方式去理解哲学与现实的关系,所以在哲学“面向现实”的问题上,常常陷入两种“误区”:一是把“哲学”当作某种不变的“原理”和抽象的“教条”,以教条主义的方式去“应用”哲学,即用既定的理论模式去回答和解决各种现实问题;二是把“现实”中的某些具体问题(而不是具有时代意义的问题)作为哲学研究的出发点,使哲学思考沉湎在琐屑细小的各种事件的纠缠之中。由此造成的后果是严重的。许多人苦于哲学理论无法直接地、具体地解决各种现实问题,因而或者放弃哲学面对现实的责任而去追求所谓的“纯学术”,或者放弃对哲学的理论研究而去搞哲学的“对号入座”。

哲学所面向的现实,是时代的现实,是每个时代的人类关于自身存在的自我意识。然而,只要我们面对这样的现实,就会发现,每个时代都存在着极为错综复杂的各种各样的矛盾的现象与趋势,每个时代的人类自我意识也都处于纷繁复杂的矛盾状态,每个时代的是非、利害、福祸、毁誉、荣辱、进退,总是纷至沓来,扑朔迷离。这就要求面向现实的哲学,既要具有深厚的历史感,又要同现实保持“间距”。

具有理论力量的哲学,总是形成于两个基本向度的统一,即“向上的兼容性”与“时代的容涵性”的统一。“向上的兼容性”,是以巨大的历史尺度和恢宏的历史内容去观照哲学所面向的现实;“时代的容涵性”,则是以敏锐的洞察力审度时代的种种矛盾,理论地再现时代的本质及其发展趋势。哲学的历史感规范着自己在何种程度上洞察到现实的本质和趋势,哲学的现实感则规范着自己在何种程度上实现自己。哲学的历史感由于其现实感而获得把握和表征时代的意义,哲学的现实感则由于其历史感而获得把握和表征时代的力度。离开历史感的所谓现实感,只能是一种外在的、浅薄的、时髦的赝品;离开现实感的所谓历史感,也只能是一种繁琐的、经院的、教条的说教,它只能作为学究式的自我欣赏,也不能构成“思想中的时代”和“时代精神的精华”。

三是“面向自我”。

哲学是人类自我意识的时代水平的理论表达,即以理论形态所表达的人类关于自身存在的自我意识。任何真正的创造性的哲学理论,都是哲学家在“通晓思维的历史和成就”的基础上,以其独特的心灵体验、独立的反思意识和独到的理论解释，去表达自己时代的人类的自我意识，去建构“思想中所把握到的时代”，为人类揭示新的理想境界和展现新的可能世界，也就是塑造和引导新的时代精神。这表明，哲学创造与哲学家的自我实现是融为一体的，创造哲学的哲学家必须具有炽烈而执著的主体自我意识。

阅读哲学“本文”，人们会深切地感受到，哲学理论从来不是一种冷冰冰的逻辑，而是熔铸着哲学家的理想、信念和情操，并表现为特定的思维方式、价值观念和审美情趣。在马克思主义哲学中，熔铸着它的创始人及其后继者的崇高理想、坚定信念和深厚教养，因而具有一种气势恢宏、博大精深、睿智通达的理论境界。哲学，是以时代性的内容、民族性的形式和个体性的风格去求索人类性的问题；没有个性的哲学，既不会有理论的独创性，也不会有理论的征服力量。

在相当长的时期里，由于把通行的哲学教科书当作唯一的“哲学原理”，以至研究哲学的人不是以展示新的世界和提示新的理想为己任，而是以既定理论的解释者和“客观真理”的占有者自居；不是把哲学研究理解为以自我实现的形式去表征当代人类的自我意识，而是把哲学研究视为丢弃自我并宣示与我无关的“客观真理”的过程。哲学研究者丢弃了自我的独特的心灵体验、独立的反思意识和独到的理论解释，就丢弃了哲学的炽烈的“爱智”精神，当然也就无法形成具有创造性的哲学理论。

这种“无我”的哲学，既不能激发人们的理论兴趣，更不能撞击人们的理论思维。而“有我”的哲学，则必须进行艰难的哲学探索。它是哲学家的“爱智之忧”的结果。它熔铸着哲学家对人类的存在状况、焦虑和期待的真切的感受、体验、领悟和反思，而决不是个人的空疏虚幻的玄想和聪明智巧的卖弄。它需要的是呕心沥血的思考和愈挫愈奋的探索，而不是追赶时尚的炫耀和随波逐流的赝品。

科学巨匠爱因斯坦曾经提出，真正的科学探索，既不是显示个人的智力和才能，也不是为了纯粹的功利目的，而是一种“抑制不住的渴望”①。作为“真有见者”的哲学家，他的“抑制不住的渴望”，是对人类的生存与发展的关切与思考。因此，哲学家的主体自我意识，主要包括两个方面：一是哲学家作为社会的自我意识所具有的对现实和理论进行否定性思维的忧患意识和对象批判意识，二是哲学家作为个人的自我意识所具有的对个人占有的理论进行否定性思维的创新意识和自我批判意识。正是这种强烈的主体自我意识，促使哲学家百折不挠地以其创造性的哲学思考去塑造和引导新的时代精神。

创造哲学需要炽烈而执著的主体自我意识，学习和研究哲学同样需要这样的主体自我意识。只有“面向自我”，才能深切地理解“本文”和“现实”，才能在

① 参见《爱因斯坦文集》第1卷，商务印书馆1994年版，第100-101页。

自我的独立反思中激发浓厚的理论兴趣,才能在自我的独立反思中撞击自己的理论思维,不断地提高自己的理论思维能力和提升自己的哲学理论境界。

二、哲学的反思取向

哲学的反思取向,就是自觉地从反思的维度去看待全部哲学问题。例如,在哲学与常识和科学的关系中,哲学不是常识的变形,也不是科学的延伸,而是对常识和科学的超越。哲学的超越,就是向常识和科学的"前提"不断地提出挑战。常识和科学,为人类提供各种"是什么"的知识和各种"怎么办"的行为规范。哲学的反思取向,就是对常识和科学据以形成其"是什么"和"怎么办"的前提提出质疑和挑战。因此,培养和训练哲学的反思取向,从根本上说,就是锻炼追究"前提"和批判"前提"的能力。

哲学的追究和批判"前提"的反思取向,首先是注重于对"自明性"的追究与批判。这具体地表现在对人们所"熟知"的各种最基本的概念的意义的追问。黑格尔说,"哲学的特点,就在于研究一般人平时所自以为很熟悉的东西。一般人在日常生活中,不知不觉间曾经运用并应用来帮助他生活的东西,恰好就是他所不真知的,如果他没有哲学的修养的话"①。例如,学习和研究哲学的人,都需要追问"哲学是什么"。在这种追问中,我们就会发现,通行的关于"哲学"的基本理解,都是以区分"哲学"与"科学"的"普遍性"程度为前提的,即:"哲学"是以"整个世界"为对象,并以"普遍规律"为理论内容;而"科学"则以"具体领域"为对象,并以"特殊规律"为理论内容。由此我们就可以对这个"前提"本身进行追问:以"普遍性"程度来区分"哲学"与"科学",哲学是否就成了具有最大普遍性的"科学"?如果是这样,哲学与科学是否还是人类把握世界的两种不同的"基本方式"?"哲学"还有什么独立存在的根据?进一步看,如果承认人类是以包括科学、艺术、伦理、宗教和哲学等不同的"基本方式"把握世界,那么,能否仅仅从哲学与科学的二者关系中去规定哲学?在这种对基本概念的反思中,不仅能够获得对概念的新的理解,而且能够培养和训练人的哲学反思的能力。

哲学的追究和批判"前提"的反思取向,还要注重于对基本理论的追究与反省。例如,在关于"哲学的思维方式"的论述中,我们曾经专门地分析过"哲学基本问题"。针对关于哲学基本问题的通常解释,我们以恩格斯的论述为基础,追究和反省了一系列问题:为什么"思维和存在的关系问题"是"哲学的基本问题"?哲学是把"思维"和"存在"作为自己的研究对象,还是专门研究"思维和存在"的"关系问题"?能否简单地把"思维和存在的关系问题"归结为"精神和物质的关系问题"?恩格斯为什么特别强调"思维和存在的关系问题"只是在近

---

① 黑格尔:《哲学史讲演录》第1卷,商务印书馆1959年版,第25页。

代才被"清楚地提了出来"并使之获得了"完全的意义"？为什么恩格斯说"唯物主义"和"唯心主义"这两个概念只能在"精神"和"自然界"谁为"本原"的意义上使用，否则就会造成思想的"混乱"？我们应当怎样在当代的水平上重新理解和阐述"哲学基本问题"？在对关于"哲学基本问题"的通常解释的追究与反省中，我们就会展开对唯物主义与唯心主义、经验论与唯理论、科学主义与人本主义、理性主义与非理性主义等各种哲学问题的系统性的前提批判。

三、哲学的批判精神

哲学在本质上是批判的。学习和研究哲学的过程，是形成哲学的批判精神的过程，也是运用哲学进行批判的过程。

哲学的批判精神，是一种"清理地基"的渴望与要求。人类文化的各种样式，都有构成其自身的根据，也有评价其自身的标准，还有规范其自身的尺度。各样文化样式构成其自身的根据、标准和尺度，可以说是各种文化"大厦"得以构建的"地基"。哲学的批判，就是批判地反思这些作为"地基"的根据、标准和尺度，进行"清理地基"的工作。这种"地基"的"清理"工作是无尽无休的。它要在这种无穷无尽的"清理地基"的工作中，使人类文明奠定在更为坚实的基础之上。

哲学的批判精神，是一种"带有敬意的批判"。哲学史上的任何有价值的哲学理论，都可以说是一种"合法的偏见"——它既有历史的合理性，又具有内在的否定性。任何一种真正需要批判的哲学，都是具有某种哲学史地位的哲学。互相批判的双方，往往是"高尚心灵的更迭"、"思想英雄的较量"。哲学是人类的艰难而曲折的自我认识的历史。每个时代的哲学的永恒魅力，并不在于它为人类的知识宝库增添了多少财富，而在于它适应历史的发展和时代的要求，以敏锐的洞察力发现人类存在和人类理性面对的巨大困难，以深刻的哲学批判去寻求新的思维方式和价值观念，为人类提供自己时代的"安身立命之本"或"最高的支撑点"，并为人类的进一步发展提示新的道路。因此，对于以往的哲学，既要深切地揭示它的内在矛盾，又要充分地理解它的历史合理性，从而予以"带有敬意的批判"。

四、哲学的创新意识

哲学创造，从根本上说，就是哲学家从新的视角、以新的方式、用新的综合为人类展现新的世界，提示新的理想。因此，哲学创造内涵着以否定性的思维去对待人类的现实，揭示现实所蕴涵的多种可能性；以否定性的思维去检讨各种理论的前提，揭示理论前提的多种可能性；在现实与理论多种可能性的某种交错点上，揭示人与世界之间的新的意义，提示可供人们反省和选择的新的理想。

理论同历史一样,都是以片面性的形式而实现自身发展的,都不可避免地具有时代的局限性。任何理论又都是经由理论家的头脑所创造出来,因而又不可避免地具有理论家自身的局限性。因此,评价一种理论,并不在于它是否具有"片面性"、"局限性",而在于它是否具有独创性、深刻性和启发性。如果把哲学理论设想成毫无片面性和局限性的绝对真理,并以"绝对真理"的全面性去裁判富于独创性的各种假说,一切假说(特别是作为反思理论的哲学假说)都只能是被扼杀于摇篮之中。

包括哲学在内的任何理论的发展,都表现为理论体系的建构——解构——重构的否定之否定的过程,也就是理论的自我否定和自我重建的双重化过程。其中,否定性的"解构"是重构理论体系的必要前提和中介环节。哲学发展史表明,哲学理论体系的重构的水平,直接地取决于理论自我否定的解构的水平。

哲学理论体系的重建,并不是外在的"体系"的重新构造,而是哲学理论本身的变革与创新,是哲学理论在自身的变革与创新中形成新的概念体系。人们之所以对许多"体系化"的"理论建设"表示反感和厌倦,从根本上说,就是因为这种"建设"失去了理论自身的变革与创新,只是"为体系而体系"。因此,发展哲学,决不是堆积木式地构建"体系",必须注重于哲学理论自身的变革与创新。

哲学理论的创新,是同哲学反思的综合性密不可分的。哲学以批判性的反思综合人类把握世界的诸种方式及其历史成果,在这些方式及其成果的相互观照和相互理解中,展现它们各自的片面性和狭隘性,显现它们各自的保守性和暂时性,从而暴露它们的内在矛盾,使之处于自我反省的紧张状态。因此,哲学的超越性综合与批判性反思,本质上是从新的视角、以新的方法为人类展现新的世界,提示新的可能。这就是哲学的启发性和引导性功能。

哲学在自身的发展过程中,不断地在自己时代的水平上创造性地综合和批判性地反思人类把握世界的诸种方式及其历史成果,从而使自己容涵着巨大的"世界历史内容",成为一种恩格斯所说的"建立在通晓思维的历史和成就的基础上的理论思维"。

五、哲学的分析方式

哲学的批判性的反思,是把既定的"思想"作为再思想、再认识的对象,通过对思想据以形成自己的"前提"的批判,变革人们的思维方式、价值观念和审美意识。在这种寻求思想前提和批判地反思思想的诸种前提的过程中,需要具体的、细腻的、深切的哲学分析。

哲学的分析方式,突出地表现为语言分析、心理分析、逻辑分析和社会分析。哲学的语言分析,决不是没有意义的语言游戏。恰好相反,哲学主要是通过语言分析而实现它对思想的前提批判。当代著名美学家苏珊·朗格曾经提出"什么样的问题才是哲学问题"的问题。她的回答是:"一个哲学问题必然会涉及到我们所探求的事物的含义,因此,它与那些仅涉及到事实的科学问题是很不相同的。在提出一个涉及到事实的科学问题时,我们当然明白我们指的是什么,也就是说,我们知道我们正在说的这件事实是什么。举例说,如果有人问道:'太阳离我们这儿有多远?'我们就会作出有关这件事实的回答:'太阳离我们 90 亿哩'。当我们作出这样的回答时,我们自然知道'太阳'、'哩'、'离这儿多远'等词句的含义;即使我们的回答是错误的……我们仍然知道我们说的话是什么意思,因为我们运用了量度单位,并找到了自以为是符合事实的答案。但是,假如有人提出下述问题,如'什么是空间?''这儿'是什么意思?'从这儿到某地之间的"距离"的含义是什么?'等等,这些问题就不能通过度量、试验值或通过其他方式发现的事实去回答。……在绝大多数情况下我们总感到自己对这些词的含义根本就没有一个清晰的概念,甚至还时常把某些含义模糊的词相互混淆起来。在这种情况下,每当我们开始对它们进行分析的时候(即每当我们想搞清楚它们的含义时),就会发现,它们不是矛盾百出,就是荒诞离奇或毫无意义。……这就是说,除非我们能够赋予诸如'距离'、'点'、'空间'、'速度'以及其他一些为我们所熟知的然而又对此感到十分模糊的词语以某些含义,否则就谈不上什么科学。确定这样一些基本含义的工作是由哲学承当的,因此,现代科学中的哲学应当是我们时代中最为辉煌的脑力劳动之一。"①

作为美学家,苏珊·朗格还特别地追问时常为人们所争论的有关"创造"的含义的问题。如果模仿这种提问方式,我们同样可以提问:"发现"这个词的意思是什么?科学家在科学研究中"发现"了什么?他"发现"这些东西的目的是什么?这些东西是怎样"发现"出来的?如果我们回答说:"发现"就是"认识到了";科学家"发现"的是事物的"规律";他"发现""规律"的目的是改造世界或造福人类;他是通过观察、实验和科学抽象"发现""规律"的。那么,这就必然会引发出一系列的柏拉图式的、亚里士多德式的、笛卡尔式的、休谟式的、康德式的、黑格尔式的,乃至波普式的、库恩式的、皮亚杰式的问题:科学家发现的是"理念世界"吗?一般与个别是何关系?世界是我思的结果吗?规律是一种因果联想吗?人的认识何以可能?思维与存在是自在统一的吗?科学是猜测性的假说吗?科学发展是信念的转换吗?认识是同化与顺应的统一吗?人们常以"思辨"二字概括哲学思维的特点,其实,"思辨"就是对思想的辨析、分析。哲学的思辨与分析是密不可分的。

哲学的分析,是在对语言、心理、逻辑和社会的分析中,去追究思想构成自己的前提。"分析"是实现哲学对思想的前提批判的手段,哲学对思想的前提批判

① 苏珊·朗格:《艺术问题》,中国社会科学出版社 1983 年版,第 1-2 页。

则是哲学分析的目的。

六、哲学的辩证智慧

学习和研究哲学,既不是为了背记某些现成的结论,也不是为了搬弄某些抽象的名词,而是为了形成真正的哲学智慧——辩证智慧。

哲学的辩证智慧,从根本上说,就是对"知性思维"的超越。然而,值得深思的是,人们通常恰恰是以"知性思维"去理解和解释哲学的辩证智慧;其结果,哲学的学习并没有使人们超越"知性思维"而达到"辩证智慧",反而是固守于"知性思维",往往把哲学的辩证智慧变成恩格斯所批评的"在缺乏思想和实证知识的时候及时搪塞一下的词汇语录"①。

所谓"知性思维",主要是指孤立地看待事物的规定性,或者虽然使各种规定性处于关系之中,"但仍然保持那个规定性的孤立有效性"②。以这种"知性思维"去看待和对待"辩证法",就形成了对辩证法的种种误解。这些误解一直在阻碍人们形成哲学的辩证智慧。

辩证法的"矛盾",是"具体的同一",而不是"抽象的同一"。"抽象的同一",是排除差别和具体内容的同一,是形式的和知性的同一。在这种"抽象的同一"中,人的思维始终是"从相同转到不相同",寻找外在的区别。黑格尔认为,这样的"区别"只是"杂多",即:它只是表象思维所把握到的事物现象形态的多样性,而不是对象本质自身的关系,亦即不是事物规定性的自相矛盾。与此相反,辩证法的"具体的同一",是把握到事物的任一规定的"自相矛盾",即事物的任一规定都既是自我规定又是自我否定。例如,现代社会中的功利主义与理想主义,在它们的对立统一中,矛盾着的双方都是既自我规定又自我否定的,因而在对功利主义和理想主义的理解中,必须保持"必要的张力",以达到某种"微妙的平衡"。

以"知性思维"去看待"辩证法",往往把辩证法误解为是一种"外在的技术"。在这样的误解中,人们常常"通过主观的任性使确定的概念发生混乱,并给这些概念带来矛盾的假象。从而不以这些规定为真实,反而以这种虚妄的假象和知性的抽象概念为真实"③。

任何概念都是在特定的"概念框架"中形成相互规定和自我规定,并获得相互理解和自我理解。在任何特定的关系中,概念都具有特定的内涵即规定性。然而,在以"知性思维"看待"辩证法"的时候,却以"主观的任性"去制造概念的

① 参见《马克思恩格斯选集》第2卷,第119页。

② 参见黑格尔:《小逻辑》,商务印书馆1980年版,第176页。

③ 黑格尔:《小逻辑》,商务印书馆1980年版,第176页。

“矛盾的假象”。例如,人们常常不以“外延逻辑”与“内涵逻辑”的区分为前提,而简单地断言形式逻辑认为“A 就是 A”,辩证法则认为“A 也是非 A”。这样的解释,不能不使人对“辩证法”产生怀疑:难道太阳既是太阳又不是太阳吗?或者,月亮既是月亮又不是月亮吗?

其实,辩证法的“A 也是非 A”,既不是指表象与对象的关系,也不是指概念的外延与对象的关系。在这两种关系中,都只能是“A 就是 A”。与此相反,辩证法作为概念的“内涵逻辑”,作为人类思想运动的逻辑,它是从概念的具体的(历史的)规定性中,也就是从概念的相互的(过程的)规定性中去理解概念的规定性,因此,它肯定任何概念的任何规定性都具有“内在的否定性”,并从而提出“A 也是非 A”的辩证命题。例如,人对自己的理解是一个不断深化的历史过程,“人”的概念内涵是不断发展的。在现代哲学中,“人”被理解为实践的、历史的、文化的存在。而如果没在这种“辩证智慧”,就会以“知性的抽象概念为真实”,把“人”视为某种抽象的存在。因此,只有在“内涵逻辑”的意义上,“人”这个概念才可以说“A 也是非 A”。

以“知性思维”去看待“辩证法”,又常常把“辩证法”看成是一种“主观任性的往复辩难之术”,也就是把辩证法变成“诡辩术”。黑格尔说,“这种辩难乃出于机智,缺乏真实内容,徒以单纯的机智掩盖其内容的空疏”①。这种把辩证法视为“往复辩难之术”的观点与做法,应该说是比比皆是的,并因而极大地败坏了“辩证法”和“辩证智慧”的声誉。

本来,辩证法的“形式是具有内容的形式,是活生生的实在的内容的形式,是和内容不可分离地联系着的形式”②。然而,在“知性思维”的理解中,辩证法却变成了“缺乏真实内容”的、纯形式的“往复辩难之术”。例如,人们在运用“辩证法”时,常常是抽象地“这一方面”与“那一方面”地“往复辩难”,而根本不去触及事物的本质和概念的“联系的必然性”和“差别的内在的发生”。这正如恩格斯所尖锐批评的“官方的黑格尔学派”那样,“从老师的辩证法中只学会搬弄最简单的技巧,拿来到处应用,而且常常笨拙得可笑”③。与此相反,“批判的和革命的”辩证法,是建立在“通晓思维的历史和成就”的基础上,需要艰苦的哲学思维的训练才能获得,并进而自觉地和合理地予以运用的。

第三节　哲学态度的培养

哲学是一种思维方式,更是一种生活态度。学习和研究哲学,需要训练哲学

① 黑格尔:《小逻辑》,商务印书馆 1980 年版,第 176 页。

② 参见《列宁全集》第 38 卷,第 89 页。

③ 参见《马克思恩格斯选集》第 2 卷,第 119 页。

的思维方式,更需要培养哲学的生活态度。具体地说,就是要培养高远的气度、高明的识度和高雅的风度,对宇宙之谜、历史之谜和人生之谜进行永无止境的求索,对思想的诸种前提进行永无止境的批判性反思。

一、高举远慕的心态

哲学,尽管人们对于它应该完成和能够完成的使命有大不相同的看法,然而,它需要以时代性的内容、民族性的形式和个体性的风格去求索人类性的问题,却是它作为人类把握世界的一种基本方式的本性。以人类性问题为对象的哲学,要求它的学习者或研究者培养自己的高远的气度、高明的识度和高雅的风度。

高远的气度,是一种高举远慕的心态,而不是那种锋芒毕露、盛气凌人的姿态。

按照中国传统哲学的看法,所谓"哲学",应该"判天地之美,析万物之理","为天地立心,为生民立命";因此所谓"哲人",应该"究天人之际,通古今之变,成一家之言",为人们提供"安身立命之本"。哲学是要使人超越"自然境界"、"功利境界"和"道德境界"而达于"天地境界"。

按照西方传统哲学的看法,所谓"哲学",应该以"寻取最高原因的基本原理"为己任,并以"使人崇高起来"为目标的。古希腊哲人苏格拉底提出,未经反省的生活是无价值的生活。另一位哲人柏拉图认为,在人的"爱财富"、"爱荣誉"和"爱智慧"的欲求中,"爱智慧"是人的最重要也是最高尚的需求。整个西方传统哲学的集大成者黑格尔满怀激情地提出:"追求真理的勇气,相信精神的力量,乃是哲学研究的第一条件。人应尊敬他自己,并应自视能配得上最高尚的东西。"①

马克思主义是关于人类解放的学说。马克思和恩格斯提出:"代替那存在着阶级和阶级对立的资产阶级旧社会的,将是这样一个联合体,在那里,每个人的自由发展是一切人的自由发展的条件。"②这个伟大的理想不仅要求把人从物的统治下解放出来,使人的劳动变成自主活动,而且要求最终地消除个人向完整的个人、全面发展的个人迈进过程中的一切阻碍。因此,马克思主义哲学具有"对现存的一切进行无情的批判"的彻底性。

哲学是一门追本溯源、寻根究底的学问,是一门为人类寻求"安身立命之本"和"使人崇高起来"的学问。学习和研究哲学,需要有与"哲学"相称的博大的胸怀、开阔的视野和"万物皆备于我"的气概。这就是学习和研究哲学所需要

---

① 黑格尔:《小逻辑》,商务印书馆 1980 年版,第 36 页。

② 《马克思恩格斯选集》第 1 卷,第 273 页。

的高远的气度和高举远慕的心态。

学习和研究哲学的高举远慕的心态，首先是一种坚韧不拔的理想性追求。人类的“哲学”，植根于人类的实践活动和理论思维的无限的指向性。它永远是以理想性的追求去反观现实的存在，永远是以“历史的大尺度”去反省历史的进程，永远是以人类对真善美的渴求去反思人类的现实。哲学，它使人由眼前而注重长远，由“小我”而注重“大我”，由现实而注重理想，从而使人从琐屑细小的事物中解放出来，从蝇营狗苟的计较中解放出来。黑格尔说，“哲学所要反对的”，首要的就是“精神沉陷在日常急迫的兴趣”，“太忙碌于现实”，“太驰骛于外界”①。在当代，如果人们像马尔库塞所说的那样，丢掉内心中的否定性、批判性和超越性的向度，成为所谓的“单向度的人”②，“哲学”就会变成“往昔时代旧理想的隐退了的光辉”。哲学是赋予人的生活以目的和意义的世界观。它永远是理想性的。它要求学习哲学的人永葆理想性的追求。

二、慎思明辨的理性

学习和研究哲学，既需要高远的气度，又需要高明的识度。高明的识度深层地植根于高远的气度，高远的气度则生动地体现为高明的识度。

“哲学贵高明”。凡事望得远一程，看得深一层，想得透一成，阐幽发微而示之以人所未见，率先垂范而示之以人所未行，此即“高明之说”。这就是哲学的“识度”。

高明的识度是需要培养的，也是能够培养的。高明的识度，首先是离不开老老实实、堂堂正正地做人。中国文人一向强调“为学与做人，其道一也”。其实，古今中外，凡做学问，都是“其道一也”。这个“道”，就是真诚、真实、真切。没有艰苦卓绝、呕心沥血地“面向本文”、“面向现实”和“面向自我”，就没有高明的识度。

高明的识度，必须以广博的知识为前提。哲学是“建立在通晓思维的历史和成就的基础上的理论思维”。提出和解决任何哲学问题，都离不开深厚的哲学史背景。在学习和研究哲学的过程中，我们都会深切地感受到，一个人能否提出有价值的哲学问题，能否对哲学问题作出有见地的分析与论述，直接地取决于他的哲学“参照系”——有多少哲学家的思想构成他的“背景知识”。就此而言，没有深厚的哲学史背景，就没有深刻的哲学理论，当然也就不可能有高明的哲学识度。

高明的识度，不仅需要深厚的哲学史背景，多重的哲学“参照系”，而且必须

---

① 参见黑格尔：《小逻辑》，商务印书馆 1980 年版，第 32、31 页。

② 参见马尔库塞：《单向度的人》，上海译文出版社 1989 年版。

培养“激活背景知识”的能力。从一定的意义上说,所谓“识度”,就取决于“激活背景知识”的能力。

“激活背景知识”的能力,就是思维的创造能力。人的“智力”主要地是由观察能力、记忆能力、思维能力、想象能力、直觉能力和实践能力等等构成的。其中的“思维能力”,又包括抽象能力、概括能力、分析能力和综合能力等等。而超越于所有这些能力之上、并融汇于所有这些能力之中的最重要的能力,则是创造能力。它能使观察变得敏锐,记忆变得灵敏,思维变得敏捷,想象变得丰富,直觉变得深刻,实践变得卓有成效。哲学的高明的识度,直接地取决于这种“激活背景知识”的能力。

“激活背景知识”的能力,首先是表现为“检索”背景知识的能力。人的知识是通过记忆而储存在人的大脑之中,并成为人们发现问题、提出问题、分析问题和解决问题的“背景知识”。所谓“激活背景知识”的能力,就是灵活地调动记忆的能力和创造性地运用知识的能力。在“激活”背景知识的过程中,“检索”的能力是重要的前提。“检索”,就是对“背景知识”的调动、组织和重组。它把记忆网络中的相关知识迅速、准确、有效地调动到所学习或所研究的“问题”上来,在知识的重新组合中,活化已有的知识,使知识产生新的联系,从而引发出创造性的联想和想象,提出新的问题,并形成具有独创性的“假说”。

“激活背景知识”,就要以被“激活”的知识为基础,驰骋自己的想象力。爱因斯坦认为,在科学研究中,“想象比知识更重要”。这同样适用于哲学的学习与研究。创造性的想象,“它不用想象某种真实的东西而能够真实地想象某种东西”①。几千年来,哲人们以其“爱智之忱”去寻求“万物的统一性”、“意识的统一性”和“文化的统一性”。古代的哲人就以其“想象的真实”,把“万物的统一性”归结为“水”、“火”、“数”、“理念”……。正是这种哲学的“想象的真实”,不仅激发了人们对追本溯源、寻根究底的哲学智慧的热爱与追求,而且培养和锻炼了人类的理论思维能力的进步与发展。作为“形上”思考的哲学,它永远需要以创造性的想象去激活作为自己的背景知识的哲学史。

“激活背景知识”,更为重要的是以被“激活”的知识为基础,提出具有重要意义的哲学问题。爱因斯坦在倡言“想象比知识更重要”的同时,特别突出地强调,“提出问题比解决问题更重要”。爱因斯坦关于科学研究的这句名言,同样适用于哲学的学习与研究。哲学的历史,就是发现问题和提出问题的历史;哲学的历史之所以是发展史,就在于它历史地发现新的问题和提出新的问题,并历史地转换自己的提问方式和理论“范式”。而在哲学的发现问题和提出问题的历史发展进程中,最根本的就是不断地发现隐含在哲学自我理解中的问题,不断地

① 参见《马克思恩格斯选集》第1卷,第36页。

向自己提出"哲学究竟是什么"的问题。在追究和回答"哲学究竟是什么"的过程中，历代的哲人不断地发现和揭示出对"哲学"的不同理解，也就是不断地发现和揭示出人类自己对人与世界关系的不同理解，从而历史地转换了作为哲学的解释原则的"范式"。

哲学的"识度"，集中地表现在提出新的问题的能力和提出新的解释原则的能力。任何时代的任何一种具有独立存在价值的哲学理论，都凝聚着该种理论用以回答全部哲学问题并建立哲学范畴体系的独特的解释原则。哲学解释原则的创新性和深刻性，决定着该种哲学理论的向上的兼容性、时代的容涵性、理论的逻辑性和思想的开放性，也就是决定着该种哲学理论的"识度"。因此，培养哲学的"识度"，最重要的，就是培养发现和透视、批判和反思、扬弃和创建哲学解释原则的能力。

培养发现哲学问题和提出哲学问题的能力，应当注重以下几个方面：一是要善于从各种"本文"中捕捉到别人视而不见的问题，善于从逻辑分析中提出别人漠然置之的新问题；二是敢于向人们习以为常的观念提出挑战，善于对"自明性"的观念进行"前提批判"；三是敢于驰骋"想象的真实"，善于联想人们认为是没有任何关系的思想，以自己的真切体会去提出新的问题。在学习和研究哲学的过程中，特别是在培养发现和提出哲学问题的过程中，不仅需要慎思明辨的理性，而且需要体会真切的情感和执著专注的意志。"知"、"情"、"意"在哲学的学习与研究中，都需要处在"激活"状态。

三、永无止境的求索

在追问"哲学究竟是什么"的思想历程中，我们能够确有体会地说："哲学"，这确实是一个我们既熟知而又无知的名词；对"哲学究竟是什么"的追问，是我们的也是人类的永无止境的求索。这样，我们的思想就再一次返回到"进入哲学思考"的种种追问，但这的确不是简单的重复，而是"仿佛向旧东西的回复"，是在"否定之否定"的意义上的回复。

哲学，它是对智慧的真挚、强烈、忘我之爱，是人类的"爱智之忱"的集中体现。这种"爱智之忱"，是探索宇宙的奥秘和洞察人生的意义的渴望，是促进历史的发展和提升人类的境界的渴望，是超越现实和向前提挑战的渴望，是悬设新的理想和创建新的生活世界的渴望，是为人类寻求"安身立命之本"和确认"最高的支撑点"的渴望。正是这种"抑制不住的渴望"，燃烧起古往今来的伟大哲人对"哲学"的永无止境的求索。"爱智之忱"和"抑制不住的渴望"是哲学的修养与创造的原动力。

哲学，它是对"无知"的自知，是对"熟知"的超越，因而是对"自明性"的反思。在追问"哲学究竟是什么"的思想历程中，我们已经发现，"存在"、"思想"、

"真理"、"意义"、"价值"、"规律"等等这些"熟知"的名词,的确是我们最"无知"的。它们的哲学意蕴需要永无止境的求索。因此,哲学的修养与创造,最需要的是"不以有知自炫","常以无知自警","常自疑其知","虚怀而不自满"。然而,在学问中的"严以律己"和"宽以待人"又是最为困难的。这是因为,"为人的谦虚宽容"与"学问的博大精深"是融为一体的。"当一个人没有足够的知识又要维护自己的权威地位时,当一个人并没有掌握真理而又以真理的化身自居时,当一个人固守陈腐的教条而拒绝历史的进步时,当一个人目空一切自作井底之蛙时,这个人必然是不宽容的"①。哲学的修养与创造,是在对哲学的永无止境的求索中,为人与为学融为一体的过程。

哲学,它是"对假设的质疑"、"向前提的挑战",因而它是永无止境的反思。在追问"哲学究竟是什么"的过程中,我们愈来愈亲切地体会到,哲学是思想的自我反思的维度,是思想的自我批判的维度。哲学所进行的思想的自我反思和自我批判,是指向思想的"前提"的反思与批判,是追究"理论思维的不自觉的和无条件的前提"的反思与批判,因而它探索各种知识的根据,反思历史进步的标准,追问生活信念的前提,审讯评价真善美的尺度,防止信仰变成教条、想象变得呆滞、智慧陷入贫乏、社会陷入僵化。哲学对"前提"的反思与批判是无穷无尽的。正是在对"前提"的无穷无尽的反思与批判中,人们实现了哲学的修养与创造。

哲学,它对"智慧"的挚爱,它对"熟知"的超越,它对"前提"的批判,是同人类的存在方式——实践活动及其历史发展——密不可分的。实践作为人的存在方式,它不仅蕴含着实践主体的自然性与超自然性、实践活动的合规律性与合目的性、实践过程的物的尺度与人的尺度、实践结果的客体主体化与主体客体化的矛盾,而且深层地蕴含着实践的现实性与理想性、有限性与无限性的矛盾。人类的实践活动是把理想变为现实、把现实变成理想的过程。因而人类是以实践的方式构成了人与世界之间的独特的否定性统一关系,即:人类通过实践活动"否定"世界的现存状态,从而把世界变成人所理想的现实。正是人类的无限的"否定"世界现存状态的实践活动,需要人类对创造性的"智慧"的强烈的挚爱,对已有的"知识"的不断的超越,对承诺的各种"前提"的永无止境的反思与批判。因此,对哲学的永无止境的求索,决不是超然于世界之外的玄思与遐想,而是植根于生活之中的探索与追求。

哲学,它是以时代性的内容、民族性的形式和个体性的风格去求索人类性的问题,因此,它求索的问题是永无止境的,它对问题的回答总是具有时代性的。哲学创造,就是哲学家在通晓人类思维的历史和成就的基础上,以其独特的心灵体验、独立的反思意识和独到的理论解释去表达自己时代的人类的自我意识,去

① 参见梁小民:《一代学人风范长存》,《读书》1998年第2期。

建构“思想中所把握到的时代”，为人类揭示新的理想境界和展现新的可能世界，也就是塑造和引导新的时代精神。因此，哲学创造与哲学家的自我实现是融为一体的，创造哲学的哲学家必须有炽烈而执著的主体自我意识。哲学作为人类心灵的最深层的伟大创造，其主旨即在于使人的精神境界不断地升华。哲学给予人以理念和理想，从而使人在精神境界的升华中崇高起来。因此，哲学的修养与创造，是人们追求崇高的过程，也是使人们自己崇高起来的过程。

哲学，它既是人类的光辉灿烂而又迂回曲折的文明史的理论表征，又是人类精神的庄严崇高而又艰苦卓绝的不尽追求的理论表现。古往今来的伟大哲人，无不具有巨大的、崇高的使命感和强烈的、执著的主体自我意识。对人类进步的关注，对人类命运的深思，对人类未来的憧憬，是哲学家的不可或缺的“人文情怀”；对自己所从事的哲学事业的挚爱，对自己所承担的历史使命的自觉，对自己所进行的哲学探索的自信，这是哲学家的极为重要的心理品质；对流行的思维方式、价值观念和审美意识进行前提的追问，对人类的哲学理念进行创造性的重构与再建，对自己所承诺的哲学理念进行前提的批判，则是哲学家的永无止境的求索。

小结：

学习和研究哲学，首先需要体悟哲学的品格。任何一种真正的哲学都具有向上的兼容性、时代的容涵性、理论的系统性和思想的开放性，并因而形成哲学的深厚的历史感、强烈的现实感、巨大的逻辑感和博大的境界感。

学习和研究哲学的过程，直接地是培养和训练哲学思维的过程。由于哲学是一种反思的智慧、批判的智慧、变革的智慧，所以，哲学思维的培养与训练主要地是形成哲学的求真态度、反思取向、批判精神、创新意识和分析方式，并逐步地使哲学的辩证智慧成为内在的教养。

学习和研究哲学的过程，重要的是培养哲学的生活态度的过程，也就是使自己具有高举远慕的心态、慎思明辨的理性、体会真切的情感、执著专注的意志和洒脱通达的境界，从而使自己“能配得上最高尚的东西”。

哲学是以时代性的内容、民族性的形式和个体性的风格去求索人类性的问题，学习和研究哲学，更为重要的是对人类进步的关注、对人类命运的深思和对人类未来的憧憬，并以寻求崇高的“抑制不住的渴望”去进行永无止境的求索。

思考题：

1. 真正的哲学具有哪些重要品格？
2. 怎样培养和训练哲学思维？
3. 为什么说哲学是一种生活态度？怎样培养哲学的生活态度？
4. 结合“哲学通论”的课程内容，谈谈你对哲学的理解。

后 记

这本《简明哲学通论》是已出版的《哲学通论》的改写本。

1998年9月,辽宁人民出版社出版了由我撰写的《哲学通论》。在那部书的“后记”中,我曾明确地告诉读者,那是一部“专著性的教材”;对此,我还作出这样的解释:“强调这部教材的专著性,包含两层含义:既是肯定它作为专著的创造性和开拓性,也是承认它作为教材的探索性和试验性。”因此,如何把这部“专著性的教材”改写成更为宜于接受和推广的教材,就成为摆在我面前的一项任务。

经过半年多的努力,我主要是从下述三个方面改写了已出版的《哲学通论》,并以简明读本的方式呈现给读者:一是重新设计了简明本的体系结构,主要是取消了原来的第三章“哲学的生活基础”,把第一章“哲学的自我理解”中的第二节和第三节改写为现在的第三章“超越常识的哲学”和第四章“反思科学的哲学”,把第四章“哲学的主要问题”改写为现在的第五章“追寻本体的哲学”,并把第六章改为现在的第七章“哲学的历史演进”和第八章“哲学的现代革命”。二是重新确定了简明本的理论内容,主要是大篇幅地删除了过于专门化的或容易引起争议的理论论证,并同时删改了某些带有重复性质的论证和引文,适量地增写了一些概括性的或解释性的或知识性的文字。由于在改写中深化了对某些问题的理解,因而对这些问题的论证也发生了相应的变化。三是力争更为通俗地叙述本书的理论观点和思想内容,并在每章结束时分别写了一个“小结”和相应的参考题,以便读者更好地掌握每章的基本内容和更为深入地思考相关的哲学问题。

当代中国学人,多喜爱冯友兰先生的《中国哲学简史》。在这部书的“自序”中,冯先生对“简史”作过这样的解释和评论:“小史者,非徒巨著之节略,姓名、学派之清单也。譬犹画图,小景之中,形神自足。非全史在胸,曷克臻此。惟其如是,读其书者,乃觉择焉虽精而语焉犹详也。”冯先生这里所倡言的“择焉虽精而语焉犹详”,不仅是每个读过《简史》的人的共同感受,也应该是各种“简史”或“简论”的努力方向。如有机会重新修订这部《简明哲学通论》,再以此为方向作出更大的努力吧!

最后,我向出版《哲学通论》的辽宁人民出版社和出版《简明哲学通论》的高等教育出版社,向精心编辑这两部书稿的刘杨同志和马俊华同志,表示诚挚的感谢!